广东金融学院成人高等教育系列教材编委会名单

广东金融学院成人高等教育系列教材

经济应用文写作

（第二版）

jingji yingyongwen xiezuo

杨 林 主编

暨南大学出版社
JINAN UNIVERSITY PRESS

中国·广州

《经济应用文写作》（第二版）编委会名单

主　编：杨　林

副主编：黄雄杰

编　委：（按姓氏笔画排列）

朱　蓓　李春华　杨　林　张　卫

陈利娟　黄雄杰　彭　云

总　序

经济的全球化发展，使得国际竞争的实质在很大程度上是各国科学技术力量的竞争、人才的竞争。发展教育事业，不断完善人们的知识结构、提高人们的知识水平已成为时代的要求。随着我国经济的迅速发展、产业结构的不断调整、传统产业部门的改造、新兴产业部门的建立，数以千万计的各种岗位劳动者需要通过边工作边学习的方式来调整自己的知识结构和提高自己的知识水平，以适应这种现代经济与社会发展的要求。我国成人高等教育的发展面临着可贵的机遇，也肩负着重大的历史使命。

为了适应成人高等教育事业蓬勃发展的需要，打造我院成人高等教育品牌，实现“规模扩大、结构合理、效益显著”的奋斗目标，在学校领导和有关部门的大力支持下，经过周密筹划和积极准备，我院继续教育学院正式启动“成人高等教育系列教材”编写工作，计划用三年时间，聘请学校各专业长期从事成人教育的专家、学者，在总结我院成人教育教学经验的基础上，编写公共基础课和专业基础课教材及学习辅导书十五本左右，力求使这批教材从内容到形式真正符合成人学习的特点和要求。

2008 年，第一批推出的“广东金融学院成人高等教育系列教材”包括以下七种：《计算机应用基础》、《计算机应用基础习题解答与上机实验》、《微积分》、《微积分辅导》、《中国特色社会主义理论体系论纲》、《经济应用文写作》、《经济应用文写作范例与练习》。

2009 年，第二批将推出的“广东金融学院成人高等教育系列教材”包括以下六种：《统计学》、《会计学基础》、《会计学基础习题集》、《西方经济学》、《西方经济学习题集》、《管理学原理》。

本系列教材吸收了同类教材的优点，具有简明扼要、条理清晰、深入浅出、通俗易懂的特点。在内容的选择上，本教材注意面向大多数学生，既确保落实教学大纲的基本要求，又具有适当的弹性，能够适应学生进一步提高的要求，也给授课教师留有较大的选择和发挥空间。

本系列教材的使用对象主要为成人高等教育的专科学生，同时，本系列教材也可作为其他层次成人教育学生的参考书。

广东金融学院成人高等教育系列教材编委会

2008 年 5 月

前　言

随着经济社会的快速发展，人才需求的结构性发生重大变化。与传统教育看重“知识”，培养“知识型人才”不同，现代社会更注重知识与能力的并重，也就是要培养大批的“能力型、应用型、技能型”人才。这个要求体现在大学生写作课程的设置上，就是要注重应用写作能力的培养。经济应用文写作是提高学生应用写作能力的一门重要课程。学习这门课程，可使学生系统地掌握经济领域常用的应用类文章的内涵和写作要领，培养和提高必备的文本写作能力和材料的分析、处理能力，以适应当今日新月异的经济社会发展的需要。本书在2008年第一版的基础上，吸收了近年来一些新的写作资料和研究成果，围绕经济、社会发展的需要，从成人高等教育大学生自身的实际水平出发，在体例的编排、文种的选定、内容的阐述、例文的更新、思考题的设置等方面都进行了一定的尝试，力争做到特点突出、例证丰富、实用性强，能有效提高大学生的实用写作能力。

第二版教材对与专业相关的应用文体进行了深入详细的阐述，要求学生掌握其文体的内涵、特点及写作要求，强化写作能力，最终能熟练地使用各种文体处理业务，提高工作效率，进行信息交流。本教材尤其注重实际操作能力，避免“一看就懂，一写就错”的“理论型”写作教育，使学生既能较为系统地学到应用类文章写作的基础知识，又能培养阅读、分析和写作应用文的实际能力，真正实现学以致用。

本教材由专业教师集体协作撰写完成。全书由主编负责纲目、体例的确定，前言的撰写和最后的统稿。各章作者是：第一章经济应用文写作概论和第六章调查报告由朱蓓撰写，第二章公文（上）和第三章公文（下）由黄雄杰撰写，第四章工作计划和第五章工作总结由陈利娟撰写，第七章经济新闻和第八章经济合同由彭云撰写，第九章礼仪文书和第十章经济论文由张卫撰写，全书的校对由李春华负责。本教材虽经由第二版完善，缺点和不足仍在所难免，在此恳请同行专家和读者批评指正。

本教材在编写过程中得到了暨南大学出版社经济管理事业部潘雅琴、郑小燕等编辑的大力支持和协助，在此一并表示诚恳的感谢。

编　者

2012年5月

目　录

第一章　经济应用文写作概论

【本章学习要点】

1. 了解应用写作与文学写作的区别以及应用文的特点

2. 理解应用文的主旨和材料，学习应用文的结构方式，掌握应用文的语言特征

3. 深刻领会主旨在文章中的“主帅”、“灵魂”作用

写作，作为人类的一种特殊的社会实践活动，历史悠久，源远流长。文字的出现，结束了“结绳记事”的原始方式，人类进入了用文字表达自己在生产和生活中所见、所闻、所感的新阶段。甲骨刻辞、吉金铭文的出现，说明了中华民族早在四五千年前，就已开始了写作活动。

所谓写作，就是人们用语言符号把感受、认识主观世界和客观世界的思维结果有选择地记录、表述出来的精神活动，其成果就是文章，其目的在于传播——传递信息，交流思想。从制作精神产品这个意义上说，写作是创建人类精神文明、发展文化、科学的一种不可缺少的活动。

写作可分为两大类：一是文学创作，指诗歌、散文、小说、剧本等文学作品的创作；二是应用文写作，又称实用写作。

第一节　应用写作的含义、特点

一、“应用写作”概念的阐释

应用写作，也称应用文体写作、实用文体写作，是指国家机关、社会团体、企事业单位或个人在工作、学习、生活中广泛使用的，用以处理公私事务、传播信息、表述意愿而撰写的具有一定的惯用体式的实用性写作。

应用文在我国已有3 000多年的历史，我国最早的文字甲骨文，就其内容和形式来看，是原始应用文的雏形。随着社会经济的发展和国家的产生，适应国家

机关公务需要的应用文发展很快。在我国应用文发展的历史上，曾经产生了不少优秀作品，如李斯的《谏逐客书》、司马迁的《报任少卿书》、贾谊的《论积贮疏》、诸葛亮的《出师表》、魏徵的《谏太宗十思疏》、王安石的《答司马谏议书》等，都是千古名篇。

1911 年辛亥革命后，南京临时政府颁布了公文程式条例，专门规定了公文名称和使用范围，废除了几千年封建王朝使用的制、诏、诰、刺、题、奏、表、笺等名目，是公文制度上的一次重大改革。1928 年国民党中央政府对公文程式又作了一些新规定，其中比较重要的一点是规定公文的写作要用白话文并使用新式标点符号。1942 年，陕甘宁边区政府颁布了《陕甘宁边区新公文程式》，为以后文书工作的健全和发展奠定了基础。新中国成立后，国家对公文工作十分重视，进行了一系列改革和健全工作。2000 年国务院又重新修订并发布了《国家行政机关公文处理办法》，自 2001 年 1 月 1 日起施行。2012 年 4 月 6 日，中共中央办公厅、国务院办公厅联合印发了《党政机关公文处理工作条例》，同时废止了 1996 年中办印发的《中国共产党机关公文处理条例》和 2000 年国务院印发的《国家行政机关公文处理办法》（以下简称办法）。《党政机关公文处理工作条例》的发布施行，对推进党政机关公文处理工作科学化、制度化、规范化将发挥重要作用。

应用文写作随社会的需要产生和发展，它历史悠久，作用巨大（国家机器的正常运转、社会各项事业的稳定发展、人民生活的必需等），经世致用。应用文虽然在不同时期有着不同的内容与表现形式，但其社会价值始终不可低估，古人誉之为“经国之大业，不朽之盛事”。

应用文写作总体上具有“务实、适用”的共性特征，并依据其在不同领域（如在经济、文化、科技等各个领域）的实际运用，还将进一步发展、延伸出行业的个性特征。

经济应用文是对在经济领域所使用的应用文的总称。在以经济建设为中心的今天，经济因素在社会生活中无所不在，作用重大，因而经济应用文的使用面极为广泛，不仅为各经济部门所使用，就是老百姓个人也要与之打交道，其价值不容低估。随着我国经济的发展和对外交往的日益频繁，应用文的种类越来越多，新的文种不断涌现。

二、经济应用写作的特点

1. 专业性

经济应用文中包括大量的财政、税收、会计、金融、商业、贸易、营销、物流等多种业务文书，它们是各行业务工作的重要组成部分，专业性特点非常突出。例如：贷前调查报告、理赔查勘报告、经济活动分析报告、项目评估报告、财务报告、市场调查、招投标书、合同，以及财税、工商、审计、地产等部门的各种业务文书。

2. **政策性**

财政、税收、会计、金融、商业、贸易、营销、物流等每个行业都是社会经济的重要组成部分，各行业的各项工作都是党和国家经济方针政策具体贯彻实施的体现。以金融行业为例，无论是从货币发行量的控制到信贷资金的投放，还是从银行存贷款利率的调整到银行会计结算、核算方法的变更等，都具有很强的政策性。由此而形成的文书，自然也体现出鲜明的政策性。

3. **实用性**

实用性是应用文最大、最本质的特点，也是应用文与文学作品的主要区别之一。应用文的写作主要是为了解决实际问题，是“缘事而发”，因而突出一个“实”字——“以实告人”，旨在务实办事，解决实际问题，这是应用文区别于其他文体的主要标志。比如，写一篇请示，是为了向上级请求指示或批准办理某一事项；写一篇民事诉状，是为了解决所发生的纠纷。总之，应用文写作是为解决实际问题或达到某种目的，其对象明确。在某种意义上，这也意味着应用文写作必须杜绝弄虚作假，反对虚报浮夸以及不解决实际问题（等于不作为）的现象。

文学作品与应用文不同，文学作品的创作是“有感而发”，因而突出一个“情”字——“以情动人”，以审美为宗旨，关注的是人的精神与灵魂。其内容上重创新，形式上不拘一格，体现了作者对生活的审美观照，多数文学作品都是超越功利性和实用性的。

4. **时效性**

经济应用文大多是针对当时的情况，为解决现实问题而写的，所以它的时间性很强。一旦出现问题必须及时反映、快速解决，才可能带来经济效益和社会效益，否则可能会影响工作。随着现实问题得以解决或自行消失，与之相关的应用文也就完成了它的使命。

5. **规范性**

一般指体式的规范性。应用文除“务实、适用”的特点外，还有一大特点就是讲究格式的规范性。这是人们在长期实践的过程中约定俗成的。从某种意义上说，这种约定俗成有助于文书的统一管理和使用，使不同的文种清晰醒目，便于写作、阅读、承办、归档、查询。这也是应用文体与文学文体的最大区别。

第二节 经济应用文写作要素

具体地说，主旨、材料、结构与语言是一切文章的构成要素，经济应用文体也是如此。

主旨与材料是应用文内容的基本要素，结构与语言是应用文形式的基本要素。

一、主旨

（一）主旨的含义

主旨是文章的中心思想，是作者的意图、主张或看法在文章中的反映。换句话说，主旨就是通过文章的具体材料所表达的中心思想、基本观点或要说明的主要问题，是作者对客观事物的评价和态度。

主旨的作用主要表现在两个方面：

1. 主旨是文章的灵魂和生命

主旨决定着应用文的价值、质量和影响。应用文的主旨一经确立，就成为文章的中心，全篇文章会因为它而有灵魂。

如果主旨不好，材料再典型、结构再完善、语言再符合应用文的要求，也不可能是一篇好文章。

2. 主旨对行文产生制约作用

应用文的材料取舍、布局谋篇、技巧运用，乃至撰拟标题、遣词造句等，都受到主旨的制约，并服从表现主旨的需要。

下笔前先确定主旨，材料取舍、结构安排、方法运用、语言调遣就有了依据，写起来当然就可以“得举止闲暇”，从容成篇。如果主旨还没有确定就动笔写作，材料取舍、结构安排、方法运用、语言调遣就难免“手忙脚乱”，甚至无法成篇。

（二）对主旨的要求

1. 正确

指符合客观规律、法律法规和大多数人的意愿。

请看下面一篇公文：

××五金厂关于加强安全保卫工作的通告

近来，我厂连续发生盗窃、斗殴和小型失火事故。有数位职工被歹徒打伤，财物损失数万元，为保证工厂的正常生产秩序，特作如下通知：

一、凡是本厂职工进入厂门，均要佩戴厂徽标志，否则作违反厂纪处理，扣发奖金。

二、外来人员进入工厂时，必须持所属单位介绍信或证件登记；出厂时，应接受行李物品检查，甚至搜身检查。

三、来客投宿，有关人员应报厂保卫科批准。在此期间，如厂内发生盗窃、失火事故，来客不准离开工厂，并须集中接受审查。

四、厂内职工离开车间或办公室，应关好门窗，以防小偷破门而入。

本通告自××××年×月×日起生效。凡自觉执行本通告的给予表彰，拒不执行者予以经济处罚或行政处分。

××××年×月×日

显然，这则通告的有关条文有违法之处，如果公之于众，极可能引发或激化社会矛盾，产生消极甚至是破坏性的作用。

2. 单一（集中）

指一篇文章只能有一个中心，贯穿始终，不间断、不支离。写文章时应围绕一个主题把问题说清、说透，而不能把关系不大甚至毫不相干的几个问题写到一篇文章中去，使写出的文章多中心、多主题。

集中是同单一相联系的一个特点。一篇应用文只能有一个中心，而这个中心应是全文的“统帅”，对文章内容有制约作用，全文要不枝不蔓，紧扣这个中心。如果在文章中东拉西扯，写入一些与主旨无关的话，就会使文章内容芜杂，头绪纷繁，主旨被淹没或得不到充分表述。只有主旨集中，文章才能写得深刻，才容易被读者理解，有关事项才便于处理，相关规定才便于执行。

3. 明确

指文章的中心意思，即作者的意图和主张是什么，要使读者一看便知，而不必费心揣摩。应用文的主旨不能像文学作品的主题那样含蓄隐晦，而必须清楚、明白、突出，无论赞成或反对、提倡或禁止、肯定或否定，都要让人一目了然。

（三）显示主旨的主要方法

1. 标题点旨

指用标题概括点明主旨。如在“中国人民银行关于加强金融机构监管工作的意见”这一标题中，“加强金融机构监管工作”为该文的主旨。在“试论建立金融法庭——关于金融司法制度创新与完善的思考”这一标题中，“建立金融法庭”为该文的主旨。

标题点旨的形式，要求概括事由或概括主旨的文字要严密、准确。

2. 开宗托旨，开门见山

在应用文中，明白、准确地表达主旨的句子，叫主旨句。在正文开头用主旨句托出写作主旨，是一种开宗托旨，开门见山的方法。公文及工作总结、调查报告等常用此方法。例如：

为了认真贯彻落实《国务院关于金融体制改革的决定》，切实转换中国人民银行的职能，进一步加强对金融机构的监管，保持金融秩序的稳定，现就加强金融机构监管工作提出如下意见……（中国人民银行《关于加强金融机构监管工作的意见》）

该前言中“加强金融机构监管工作”就是该文的主旨句。

近年来，金融系统立案查处的重要案件触目惊心，而且作案者多系40岁以下的年轻人、业务骨干，这说明当前金融职工队伍的建设存在着误区。（《金融职工队伍建设的误区与对策》）

该段中的“当前金融职工队伍的建设存在着误区”就是该调查报告的主旨句。

随着我国社会主义市场经济的确立与发展，金融活动日益活跃，金融在整个国民经济中的作用越来越重要。但由于新旧体制的碰撞及金融执法不严，督法无力，金融合同纠纷、金融刑事犯罪不断增多，加上金融司法制度有待进一步完善，使部分已发生的纠纷与犯罪案件得不到及时的审理、判决与执行。本文试图通过对目前依法收贷与惩治金融犯罪存在问题的分析，论述建立金融法庭的思路，促进金融事业的健康发展。（《试论建立金融法庭——关于金融司法制度创新与完善的思考》）

这是该论文的绪论部分。其中，“建立金融法庭的思路”即主旨句。

3. 片言居要

指在文章的内容转换之处揭示主旨，同时起到承上启下的作用。如《××人民政府关于严厉打击加工销售注水猪肉非法行为的通知》一文，在提出问题，说明“我市加工销售注水猪肉的不法行为十分猖獗”之后，通过分析，指出其“危害极大，侵害群众利益，扰乱市场正常秩序”，然后转而提出“各级人民政府及其有关职能部门，要采取有力措施，坚决打击加工销售注水猪肉的不法行为”，之后便引出七条对策措施。这里的“坚决打击加工销售注水猪肉的不法行为”就是该文的主旨。

4. 篇末点旨

指在应用文书正文的结尾点明写作主旨。

另外，除了要突出文章主旨外，为了让阅读者更好地理解和领会，写作时常常需要将文章主旨分解成几个部分，在每部分的开头用一个小标题来概括这部分的观点。这种写法，就叫做“撮要标目法”。

值得注意的是，各个小标题的排序，必须注意体现合理的逻辑关系。例如下文：

关于200×—200×年任职期间的述职报告

我于200×年8月至200×年1月被农行××市分行聘任为××××支行副行长、经济师，主要分管办公室、风险管理、电脑储蓄、业务发展、国际业务工作。三年多来，在市分行和行长的正确领导下，通过全行员工的共同努力，所分管的各项工作取得了显著成绩，我于200×年被××市分行评为中共优秀党员，200×年被评为先进工作者。现就三年多的工作情况报告如下，请审查。

一、及时调整工作思路，统一业务经营思想（略）

二、狠抓储蓄专业化管理，调整负债结构（略）

三、深入企业调查摸底，认真抓好信贷管理（略）

四、抓好内部管理，调动员工的积极性（略）

五、坚持“干一行、爱一行、专一行”，提高自身的理论素养（略）

六、坚持原则，不贪不取，努力提高政治素质（略）

×××

××××年×月×日

上文的六个小标题，围绕任职期间所做的工作这一主旨表述了富有内在逻辑关系的六个思路和做法。各个小标题均是其下文字内容的概括。

二、材料

（一）材料的含义

所谓材料，是形成、支撑并表达主旨的各种事实与理论，即在一定写作目的引导下，所搜集、摄取并且写入文章中的一系列事实和论据。

材料是写作的基础。在形成观点阶段，材料是提炼主旨的基础；在写作阶段，材料又是说明观点、表现主旨的重要支柱。有了正确的观点，还要用恰当的材料来支撑，这样观点才能得到完美、有力的体现。有些文章的观点之所以有片面性，其中一个很重要的原因，就是作者在掌握很少材料的情况下匆匆写作，造成观点不全面、不完整。还有很多文章使人感到都是空话，也是因为材料不充实。古人说“立言之要在于有物”。这个“物”，其实就是用来表现“立言之要”的材料。

不同类型的材料往往要通过不同的途径获取。观察、调查是经济工作中获取宝贵的第一手材料的重要渠道，查阅文献则能够集中获取第二手材料。无论哪一种材料，其价值的大小都在于它是否能够真实地反映客观事实。

（二）对材料的要求

1. 真实

材料要准确无误，从大的事件到具体细节，甚至一句引语、一个数据，都不允许有丝毫的虚假。真实是应用文的生命，而材料的真实又是文章具有真实性的首要前提。

2. 有力

首先，必须有针对性，选用的材料必须能够准确地说明观点，决不能和观点脱节成为“两张皮”。与主旨无关的材料，再生动也不能选用，否则将与主旨南辕北辙。其次，要选用最能够反映事物的本质特征、最具有说服力的典型材料，给人以深刻的印象、清晰的认识。

3. 新颖

材料要有时代感，反映客观事物的最新面貌，以及现实生活中人们最关心的那些新人、新事、新思想、新成果和新问题。

（三）材料处理的常用方法

1. 恰当地选用材料

（1）选择点面结合的材料来说明观点。用点上的典型材料说明问题的深度，用面上的材料概括说明问题的广度。

（2）选择对比材料说明观点。有比较才有鉴别，在叙述事实、说明情况时，通过优劣、正反、新旧材料的互相映衬、比较，更能加深对事物的认识，将观点阐述得更加鲜明。

（3）选择定性材料和定量材料来说明观点。应用文在说明事物的现状和发展变化时，除了用文字材料加以定性说明、描述外，也大量使用数据甚至图表作定量说明，使得观点更严谨、更科学、更具说服力。例如，××××年10月16日《陕西日报》发表的调查报告《女性化老龄化值得重视——西安市小学教师队伍建设中的两个问题》一文，关于小学教师老龄化和女性化就列举了下面这些事实和数据：

以莲湖区师资情况为例，这个区共有区办小学42所，教师1 250人，其中40岁以上的占63.2%，45岁以上的占42%，而30岁以下的仅占17.12%，许多小学教师的平均年龄是47～48岁。小学教师的严重老龄化已成为突出问题。

据调查，到1993年，莲湖区各小学将有526名骨干教师退休，占现有教师总数的42%，如不及时补充，断层的局面将会接踵而至。

教师队伍的性别倾斜也是一个严重的问题。莲湖区小学教师中90%以上是女性，在男性比例较大的领导岗位上，男性也仅占26.6%，许多学校除体育教师外都为女性。男教师较多的青年路小学、丰禾路小学、西电二小也只有八九人，占教师总数的17%～20%，一般学校只有四五人，而五星街小学仅有一名男教师。

2. **撮要概述法**

这是对虽有价值但却非常纷繁的材料加以概括压缩，使精华部分更为突出的方法。在具体做法上，对叙述性的事实材料，往往保留主干，抓住要点，理清线索，剔除细节，变描写、详述为略述、概述，只要求简要交代事件的概貌和实质，而不求像文学作品那样细腻传神，形象感人。

先看下面一段文字：

去年2月，工人小李和他母亲突然不辞而别回老家去了。这消息在上千人的厂子里一下子传开了。有的说："这小子不请假，拍拍屁股就走，还有点纪律没有？"有的说："按规定，超过时间，旷工就开除呗！"有的说："还不是回去想当富翁？"也有的说："人家有难处，厂子解决不了，还不让人家走？"职工们议论纷纷。但是王厂长听到这些消息后，既没生气，也没马上表态，他想："为什么小李在这里干得好好的，突然带着妈走了呢？一定有什么难处。"他把小李的几个好朋友找来，又到小李住处仔细了解。原来是小李的母亲半身不遂已好几个月，小李白天上班，早晚伺候老人，可是老人白天离不开人，小李觉得请长假伺候又怕影响不好，万般无奈，只好连招呼也没打，带着老母亲就回家了。

王厂长了解到这些情况后，心情十分沉重。他责怪自己："我这个厂长怎么当的？小李有这么大的难处我都不知道，实在难为他了。"王厂长还想："小李实在是个好工人，他与母亲相依为命，是个懂得尽孝心的好青年。"想到这些，他毅然在厂办公会上对自己关心职工不够进行了自我批评，对小李孝敬老人的品德予以了表扬，对小李擅离岗位表示谅解。最后他提出解决的办法：一、派人到小李家探病；二、给小李补助1 000元为其老母看病；三、批准小李先请长假在家伺候母亲；四、在条件允许时接小李母子回厂。办公会一致同意王厂长的意见，并且在第二天就派人带着厂里的意见和1 000元出发到小李老家去。

这消息比小李不辞而别的消息在厂子里引起的反响更大。有人说："厂长这事办得地道，真得人心！"有的说："厂长体贴咱工人，咱就得豁出命干。"

三个月后，小李带着病情已有好转的母亲回到厂里，他克服了种种困难，坚持上整班了。

再来看经过处理的表述：

去年2月，工人小李带着母亲，突然不辞而别。经了解，他是在母亲半身不遂后被迫回老家的。王厂长认为，小李不请假擅自离厂是不对的，但他与母亲相依为命，尽孝心可以谅解，厂里对他照顾不周也有责任。王厂长主张派人去小李老家探病，带去1 000元补助款，再准小李长假在家照顾母亲，适当的时候把母子接回厂。这意见很快在厂长办公会议上得以通过并变成了现实。三个月后，小李克服了种种困难，带着病情已有好转的母亲回厂上整班了。

（四）材料与观点的结合形式

1. 先列材料，后亮观点

这种形式，先介绍事实，说明论据，列举数字，然后水到渠成地归纳出观点，推论出结论。这种安排由事到理，说服力强。

2. 先亮观点，后列材料

这种形式，常用层、段的首句先亮出观点或问题，然后列举事例陈述观点，或用理论材料和事实材料论述这个观点。这种写法，观点鲜明，头绪清晰，先声夺人，引人注目。

3. 边列材料，边亮观点

边列材料，边亮观点是指一边列举材料，一边亮出观点，即夹叙夹议的方式。这种方式的优点是既摆事实又讲道理，行文层层深入，使人便于理解。

三、结构

（一）结构的含义

文章要有主旨和材料，但不是主旨和材料的罗列和堆砌。写文章在明确主旨、选定材料之后，还要设置一个能把主旨和材料有机地结合在一起，能把材料有序地排列在一起的框架，这个框架就是文章的结构。简单地说，结构是文章内部的构造，安排结构，就是根据主旨表达的需要，合理地组织材料。

（二）对结构的要求

1. 合理

应用文的表现对象是客观事物，客观事物自有它的存在形式、特点和发展规律。因此，应用文结构的安排要符合客观事物的构成和发展规律。如写通报，必须在把事实叙述清楚的基础上，顺理成章地引出奖惩的决定。写通知，必须明确告知要做什么、怎么做、有什么要求。

2. 严谨

严谨是指结构的安排真正服从并服务于主旨表述的需要。从材料的取舍详略到排列次序，再到层次段落的划分等，都必须紧紧围绕主旨，让主旨贯穿全文始终。例如写请示，顺序上应先写理由，再叙事项，最后提出请求。详略上，理由部分应简明扼要，概括性强；请示事项部分包括拟处理的要求与意见，是全文重点，要详写，要写得具体明确。最后，以模式化请求语结束。

3. 完整

文章的各部分要成为一个统一的整体，共同表达一个主旨，或由统一的主旨统领，部分和部分之间不能互相矛盾或不相关联。或者说，文章从内容到结构都要周全，避免因遗漏而表达不全。例如，写一份请示，结构上要有请示缘由、事项和要求三个层次。有的请示，理由轻描淡写，不具备使上级机关批准的充分依据；有的没有写明要求，使上级机关不明白要批复什么。结构不完整，行文就难以达到目的。

4. 体式规范

在长期的写作实践中，各种应用文都形成了相对稳定的结构体式，一篇文章应该包括哪些部分，各个部分应该如何排列，都有固定的模式。如写调查报告，要写基本情况、分析评价和建议。如写规章制度，则一般要用条款式来写。

（三）结构的内容

1. 层次与段落

层次是文章结构环节中的重要一环。层次又称“逻辑段”、“部分”、“意义段”等。段落叫“自然段”。

段落和层次既有区别又有联系。层次是文章中表现思想内容的基本单位，而段落是文章中表达完整意思的最小单位；层次着眼于整篇文章内容先后次序的划分，而段落着眼于在表现某个相对完整的意思时的间歇、停顿、强调或转折。多数情况下，段落小于层次，几个段落表达思想内容上的一个层次；有时段落正好与层次的划分相一致，段落等于层次；个别情况下，段落大于层次，如篇段合一式的段落就是如此。

提行空格是段落的标志，但不是凡是提行空格的就是段落。例如法规、规章中的有些条文，各项或各目都分别提行标示，有时甚至一项一目还不是一句话。在这种情况下，一条或一项内的所有条文才是一个段落。

写作时，先要把文章的层次安排好，具体的段落在执笔时再斟酌、确定。

段落表达的思想叫段旨，表示段旨的句子叫“段旨句”。与其他文体相比，应用文特别注重使用段旨句。无论是自然构段还是分条列项的分段，应用文常常把体现全段中心意思的句子置于段首，使段落的中心意思明确醒目。

在概括层次的内容时，应用文常在每一层次之上使用小标题（即前面所说的“撮要标目”）。

层次的展开方式通常包括：

（1）递进式。

这是层次按纵向展开的方式，其特点是：在反映事物或事理时由浅入深、由表到里、由低到高、由小到大、由轻到重，层层递进、循序渐进，结构层次之间是延续、承接、深入的关系。该方式可以清晰地阐释某些比较复杂的事理，说明某些比较复杂的关系，有助于深刻认识事物的本质属性，使文章达到一定的深度。运用递进式时，各层次间要环环扣紧，先写哪一层次，后写哪一层次，顺序不能随意调换。具体的方式有：①按照时间先后顺序展开层次；②按照事物或矛盾发展的各个阶段展开层次；③按照作者认识的发展深化展开层次；④按照论证推理的各个步骤展开层次。

例如，在刘国光、刘树威的经济论文《论“软着陆”》中，其层次的展开就是按照作者认识的发展深化而来的：

××××年下半年以来，我国实施了以治理通货膨胀为首要任务的宏观调控。经过三年多的努力，宏观调控基本上达到了预期目标，国民经济的运行成功地实现了“软着陆”。（绪论）

↓（进入主体）

什么是“软着陆”

↓

为什么要“软着陆”

↓

怎么样“软着陆”

↓

“软着陆”的宝贵启示

（2）并列式。

这是按事物的逻辑联系进行分类归纳，按事物构成部分、特性、性质的不同侧面来安排层次，将材料横向排列的方式，结构层次间是平行、平等的关系。具体的方式有：①按照观察者立足点的转移或空间位置的变换展开层次；②按照事物各个构成部分展开层次；③按照材料的类属展开层次；④按照论述、说明的问题或各分论点展开层次。

（3）纵横交叉式。

这是将纵向递进式和横向并列式综合起来交叉展开层次的方式。采用这种纵横交叉式要注意有主有从：或是以纵向为主，以横向为辅；或是以横向为主，以纵向为辅，不能平均用力。一些内容复杂、时空变换较大、篇幅较长的应用文书，通常以一种结构为主来安排大的层次，而以另一种结构来安排小的层次。报告、总结、调查报告常采用这种模式。

（4）总提分承式。

这是一种按辐射形式展开层次的方式，能鲜明地体现出领属关系或整体与部分的关系，具有中心突出、层次分明、条理清楚的特点。这种层次展开方式在应用文书中用得较多的是先总后分，也有由总到分再到总，很少是先分后总的。应用文书中的通告、通知、会议纪要等的正文结构常呈现这种层次。

此外，应用文书在结构的展开上，还常采用衔接、转折的方式，这里说的衔接、转折可视为一般文章的过渡、照应。具体写法主要有两种：

一是普遍地使用序数。应用文结构层次序数的规范书写为：第一层为“一、”，第二层为“（一）”，第三层为“1.”，第四层为“（1）”，第五层为“①”。结构层次序数前，一般要另起一段空两格再书写下面的内容。

序数的使用，不仅使应用文在内容的衔接、转折上显得简单、明确，而且使应用文的层次与段落的划分、安排变得更加清楚和有条理，利于读者理解和把握文章内容。

二是经常使用表示衔接或转折的词语和句式。这些词语、句式大多数用在开头与主体，主体与结尾，层次与层次，段落与段落，层次与段落的过渡、转折的地方。

常用的这类词语有：以下、如下、以上、是、现、将、即、总之、为此、对此、因此、但、但是、不过、一些、另一些、一方面、另一方面、另外、有的、同时、还有、此外、由此可见……

常用的句式有：现将……如下、具体做法是、主要表现在以下几个方面、综上所述……

2. **开头与结尾**

(1) 开头方式。

开头是文章的起笔，是写作全篇文章的第一步。应用文的性质和特点决定了其开头必须直截了当、开门见山，越简洁越好。开头应当点题或揭示全文的内容走向，并统领下文。

常用的开头方式有：①概述情况：在开头简明扼要地介绍有关情况或背景。简报、报告、会议纪要、总结等常用此法开头。②提出问题：在开头提出问题，提示该应用文的主旨或主要内容，以引起阅读者的注意与思考。调查报告常用这种方式开头。③直陈目的：在开头以“为了”、“为”等介词点明行文目的，领起下文。法规、规章、决定、通知等应用文书常用此方式。④引述来文：在开头引述对方来文、来电的标题、文号，然后引出下文。应用文书中的复函、批复普遍使用此方式。⑤阐明观点：在开头先提出观点，或者点明主旨，接着加以解释说明，以引起读者的重视。⑥表明态度：在开头直截了当地对批转、转发或发布的文件或者有关的事项、会议表明态度，作出评价，提出看法。批转、转发性通知多如此开头。⑦交代原因：在开头以“由于”、“因为”、“鉴于”等词领起下文，也可以直接陈述发文原因。⑧说明根据：在开头以“根据”、“遵照”、“按照”等词语引出有关法律、法规或上级指示精神，表明行文有据。通知、批复、规章文书等常用这种方式。

应用文书的开头，有时是多种方式结合运用。

(2) 结尾方式。

一般的应用文往往是主体部分意尽即文止，不再另写结尾。如果需要结尾，要么是总结文中的主要观点，要么是强调文中的主要问题，使读者对全文有一个较完整的印象，要么是提出希望，发出号召，或补充交代有关事项、事宜。

四、语言

（一）语言的含义

语言是思想的外衣、信息的载体、交际的工具，离开语言，写作就无法进行。从这个意义上说，语言是文章的第一要素。

应用文与文学作品在语体风格上是有区别的。刘半农先生曾用较为生动的比喻，形象地说明了两者的区别。文学作品的语言如同“肥鱼大肉”，有形有色，立体生动；应用文的语言如同“青菜豆腐”，一清二白，朴实无华。他还说，文学语言如同“赛场上的一英里赛跑”，紧张、激烈而扣人心弦；应用文语言是

"饭后九百步的悠闲散步"，平静、淡定自若。

总的来看，经济应用文大多使用比较规范的书面语言，较少使用口头语言。

请比较下面两段文字：

春夏之交，腾格里沙漠东南的中卫县呈现出一派生机盎然、朝气蓬勃的景象，天气晴朗，微云淡抹，暖意宜人。但是，在下午六时许，沙漠东北部的天际突然竖起一道黑墙，越升越高，迅速向前推进。黑色的帷幕很快向两边拉开，帷幕后边窜起无数沙、云，转眼将夕阳吞没，同时，地面上升起黑色的、灰色的、黄色的尘云交织在一起，翻滚着、变幻着，出现千奇百怪的景象。接着帷幕四合，一声巨响，一瞬间白昼变成黑夜，强大的气流卷着沙尘横扫过来。室内尘土弥漫，呛得人喘不过气来，这就是黑风！沙暴！

这次强沙暴主要是西伯利亚强冷空气侵入造成的，强冷空气前锋于五月四日八时进入新疆西北部，风速逐渐加大，在北疆地区和东疆北部形成第一片沙尘暴；五月五日八时在新疆哈密以东、猩猩峡至甘肃安西一带形成第二片沙尘暴；五月五日十四时以后，在阿拉善盟、甘肃酒泉以东至宁夏北部形成第三片，也是最大的一片沙尘暴。沙尘暴风力达 8 ~ 12 级，能见度大多仅在 200 米以内，局部地区能见度为零。沙暴所到之处，地表土层风蚀厚度一般达 10 ~ 30 厘米，沙丘前移 1 ~ 8 米，每平方公里降沙量达 166 多吨。有的地区出现高达 300 ~ 700 米的沙尘暴壁，1 公里以外都能听到轰鸣声。

前一段来自散文。生动、形象、富有文采，很吸引人，重在对细节的处理。

后一段来自林业部向国务院的报告。不生动、不形象、不吸引人，但重在整体的把握。

由于应用文讲究务实办事，所以在语言运用上就显得平实、自然、质朴、庄重。

（二）对语言的要求

1. 准确

正确的思想，要通过准确的语言文字来表达。

准确，一方面是指遣词造句要恰当、贴切、得体，同时要求不写错字、别字，正确使用标点符号。另一方面，对经济应用文而言，准确还有其特殊的内涵。首先，经济应用文中专业术语和行业用语的大量使用，可以体现其专业性；其次，数据的运用在经济应用文中占有很重要的地位。数据常被人们视为精确度的标志，经济应用文中使用经核查的数据，可以精确地描述经济现象，表明经济关系。

2. **简明**

在以高效、快速地传递信息为任务，以社会效益、经济效益的取得为目的的经济应用文的写作中，语言的简明就显得格外重要了。所谓语言简明，就是用尽可能少的语言材料，把尽可能多的信息明明白白地传递给读者。

应用文的务实功能决定了它的篇幅一般较短，内容简明扼要，尽可能用最少的文字，准确、严密地表现最丰富的内容。

有一篇表彰通报是这样写的：“×××在科学研究上走的是一条不平凡的路，他全身心地扑在科研上而忘记了个人的事。有一次孩子病了，他妻子在家里忙着护理，打电话到×××单位叫他赶回家把孩子送医院治疗。×××接了电话答应后，电话筒一放他又埋头继续实验。他妻子在家中左等右等不见他回家，急得像热锅上的蚂蚁，又往他单位打电话，这时×××正潜心做实验，电话铃声都没听见了。他妻子又急又气只好打 120 急救中心的电话，才把孩子送往医院治疗。他的小孩高烧退后，还在问他妈妈：‘爸爸又出差了吗？还是没下班……”该通报将×××先进事迹作为表彰决定的理由时，不懂得以最简洁的文字概述事实的主干，而仍用记叙文细叙的方法表述事实，其结果耗时费字，纠缠于情节，使公文内容冗长，不简明扼要，失去了公文应有的范式，违背了文约事丰的要求。

3. **庄重**

经济应用文要在经济工作中发挥作用，就必须具有严肃性，语言庄重是为维护文章的严肃性，从而使文章顺利地发挥作用所必需。

有一篇公文是这样写的：“2000 年某天深夜，乌云密布，雷声隆隆，大雨倾盆而下，刹那间，美丽富饶的鱼米之乡被一片汪洋吞没。接连几天如注的暴雨，淹没了田野，冲毁了村庄和工厂，交通、电力、通讯一度中断。这百年不遇的特大洪涝灾害，给我乡造成了不可估量的损失……”这段语言就违反了应用文语言的写作要求，带有浓厚的文学色彩，不够朴实、简洁，也有失真实。

4. **得体**

得体指根据行文目的、内容、对象，恰当地使用语言，做到文实相符，内容和形式相统一，这是由应用文书特有的语体风格所决定的。

应用文书文种丰富，各类文种的风格也有明显的区别。例如指挥性公文的命令、决议、决定注重庄重严肃；法规、规章和管理规章文书讲求严谨、确切、利落；计划性文书必须实在、周密、可行；会议报告应富于鼓动性，等等。另外，应用文体一般都有特定的受文对象，行文时要注意其接受心理，考虑不同的表达方式。如给上级的公文，用词要谦恭诚挚，应尊重而不阿谀讨好；给下级的公文，语言要平和，但又不失度；给平级单位的公文，语言要谦敬温和，以诚、以礼相待。

对于惩戒坏人坏事的通报，应言之凿凿、义正词严。表彰好人好事的决定，语言则应热情、稳重。对上级的情况报告，不必有过多的宣传议论。对下级布置工作的通知，又不可空洞，应实实在在、具有可操作性。这都是从受文对象接受心理的角度做到语言得体。

语言的运用要与时俱进，随社会的变化发展而有所变化。陈旧、过时的词语不宜使用；新名词术语要谨慎使用，不以词语的艰深掩饰内容的浅薄。如果忽略了语言的这种变化，行文中也会出现不得体的现象。

（三）语言的主要表达方式

语言的主要表达方式通常有五种，即叙述、议论、说明、描写和抒情。由于受应用文的文体特点和写作目的的制约，应用文语言的表达方式主要为说明、叙述和议论。

1. 说明

所谓说明，是用简明扼要的文字，对客观事物或事理的状态、性质、特点、功能、成因、关系、功用等属性，加以客观地解释和介绍的表达方式。

在应用文中，说明经常用来介绍背景和环境，如在总结、简报、调查报告、工作报告中对某些基本情况的介绍，表彰、处分决定或通报对有关人员或单位的介绍等，从而为议论做好铺垫，提供必要的依据。另外，条例、规定、制度、公约等法规、规章和管理规章文书、介绍信、证明信等专用书信以及启事、经济合同、广告等，也常用说明的表达方式。

应用文常用的说明主要有：

（1）比较说明。

比较说明指利用相同事物、事理之间的异同，或不同事物、事理之间的异同来突出说明被说明对象的方法。例如经济统计中的“同比”、“环比”等。使用比较说明时，所比的事物之间一定要有可比性，且比较的标准要一致。否则，对客观事物的说明就会出现片面性乃至错误。

（2）举例说明。

举例说明指列举具体的例子以说明事物特征的方法。要求所选例子真实、具体，有代表性。

（3）数字说明。

数字说明指用数据来说明事物、事理的方法。例如：

零点调查最新公布的《京沪两地企业危机管理现状研究报告》显示，如果将正面临1~2种危机的企业界定为一般危机状态企业，将正面临3~4种危机的企业界定为中度危机状态企业，将正面临5种以上危机的企业界定为高度危机状态企业，那么目前有超过半数的被访企业处于中高度危机状态之中（其中40.4%处于中度危机状态，14.4%处于高度危机状态），仅有45.2%的企业处于一般危机状态。

（4）分类说明

分类说明指对事物或问题按统一的标准，划分为不同的类别或不同的方面，逐一加以说明的方法。例如：

营业税设置了三档税率。交通运输业、建筑业、邮电通信业、文化体育业税率为3%；金融保险业、服务业、转让无形资产、销售不动产税率为5%；娱乐业多属于高消费的范围，因此规定了5%~20%的税率，各省、自治区、直辖市人民政府所属税务机关可在税法规定的幅度内实行较高的税率。

（5）定义说明。

定义说明指简要说明事物的概念或本质属性的方法，即讲明事物、事理"是什么"。例如："试论建立金融法庭——关于金融司法制度创新与完善"一文给"金融法庭"下的定义："金融法庭是指法院内部设置的专门审理金融民事、刑事案件的组织机构。"

定义说明"是"的前面和后面的内容可以互换。

（6）图形说明。

图形说明指用图形说明事物、事理的方法。

图形—背景交替图

图形说明具有其他说明方法所没有的直观性。如上面这幅“图形—背景交替图”，说明了人们在感知事物时存在“图形—背景交替”现象。当读者注意图的白色部分时，图形是一个高脚酒杯，黑色部分成了背景；而当注意图的黑色部分时，图形则是双人侧面像，白色部分成了背景。读者通过看图经历过如此的感知过程后，不仅能领会感知事物时存在着的“图形—背景交替”是怎么一回事，而且还会留下不易忘记的印象。对这一现象如果单用文字来说明，即使说得再详细，读者也不一定能很快理解或完全理解，更不用说能留下形象鲜明的印象了。

(7) 引用说明。

引用说明指引用一些有关的论述、文件资料来说明事物或问题的性状、特点、本质和规律的方法。

除上述的说明方法外，应用文还偶尔使用比喻说明、描写说明等。

2. **议论**

所谓议论，是作者对某件事情或某个问题进行分析、推理、评论，表明自己的立场、观点、意见的一种表达方式，也就是讲道理的方式。

应用文在对人或事作出自己的评价、判断，阐明处理某些公务活动或社会事务的立场观点、政策原则、决策主张时，都离不开议论。但多与其他表达方式结合使用，如夹叙夹议。

完整的议论由论点、论据和论证三要素构成。

论点即作者的观点、看法、主张、见解、态度，通常以判断的形式表现出来，如“抓紧培育证券市场是深化改革、加速发展的关键”。

论据即用以证明论点的材料，包括事实论据和理论论据。

论证即运用论据证明论点的过程和方法。论证有两种方式：一是立论，即用论据直接或间接证明论点的方式；二是驳论，即用论据反驳对方观点或驳斥对方论据的方式。在论证过程中，这两种方式常综合运用，共同完成对论点的证明。

上述三要素中，论点是统帅、核心、灵魂，论据是基础，论证方式是联系论点和论据的桥梁。论点提出“被证明的是什么”，论据回答“用什么证明”，论证解决“怎样证明”。

应用文常用的论证方法有：

(1) 例证法。

例证法指用事例或统计数据作论据，举例直接证明论点的议论方法。例如：

米糠和麸皮含有大量维生素。这个问题，我国古代著名的医学家孙思邈早就注意到了，他曾经用米糠和麸皮治疗那些患有维生素缺乏症的病人。现代科学也证明了这一问题：经化学分析，米糠和麸皮中含有较高的维生素C、B和E。

用作论据的事实要典型，且量要适度，列举的事实过少显得单薄，过多又会淹没、冲淡论点。

（2）对比法。

对比法指将性质相反或有差异的两种或几种事物作比较，作出论断，证明论点的论证方法。有比较才有鉴别，这种方法可使论点更加鲜明突出，文章更有说服力。例如：

我们党执政以后，特别是在新的历史条件下，能不能成功地解决党内监督问题，尤其是对高中级干部的监督问题，是加强党的建设需要解决的一个重要问题。从党的建设实践来看，这方面既有经验也有教训。哪个地方、哪个部门什么时候党内监督工作抓得比较紧，民主集中制执行得比较好，个人专断、滥用职权和“有令不行、有禁不止”的情况就比较少，消极腐败现象也会受到抑制，出了问题一般也能得到及时解决。反之，监督工作薄弱，民主集中制受到破坏，权力被滥用而又得不到制止，往往就会出问题，甚至出大问题。

（3）引证法。

引证法指引用经典作家的言论、党和政府的文件、科学的定义、公理、名人名言、格言、谚语来直接证明论点的论证方法。例如：

列宁曾经说过：“忘记过去，就意味着背叛。”因此，我们不能忘记先烈们为解放全中国的浴血奋战，不能忘记为探索社会主义建设规律所走过的曲折道路，不能忘记改革开放以来的奋斗历程。

引用不能断章取义，更不能随意增删、妄加修改。若是引用原文，语句、标点都要绝对正确。

（4）因果法。

因果法指分析事物的前因后果，并以此证明论点的方法。可由因及果，也可由果溯因。例如：

我们系统内的大多数老企业，多年来负担很重，有的厂福利性开支竟占年收入的20%；有些老厂，离退休人员工资占全厂年收入的30%以上，这些企业的亏损是体制造成的。有些企业没有市场意识，产品几年不变，质量低劣，大量库存积压，造成投资无法回收，从根本上说，这些企业的亏损也是体制造成的。因此我们要走出困境，就必须要深化体制改革。

这里用因果分析的方法，分析了国企亏损的原因，从而证明了“必须要深化体制改革”这一论点。

（5）喻证法。

喻证法指通过打比方、讲道理来证明论点的方法。例如：

调查就像“十月怀胎”，解决问题就如“一朝分娩”。

（6）归谬法。

归谬法指将错误的观点进行合乎逻辑的推理，引出荒谬的结论，从而证明该观点错误的证明方法。例如：

阶级斗争不是推动历史的唯一动力，因为如果阶级斗争是推动历史的唯一动力，那么蒸汽机就一定是阶级斗争的产物，科学技术的进步也一定是阶级斗争的产物，而人类的发展史证明，事实并不是这样。

3. 叙述

所谓叙述，是有次序地叙说、介绍人物的经历、言行或事物发展变化过程的表达方式。完整的叙述包括时间、地点、人物、事件、原因和结果六要素。

在应用文中，叙述既可以作为以叙说情况为主的报告、通报、工作总结、调查报告等文种的主要表达方式，也可以为议论提供事实依据，还可以交代文章所涉及的人、单位或事件的基本概况、事物发展变化过程以及相互关系。

应用文对叙述的要求是：概括准，线条粗——只注重对事件的整体勾画，不要求细节的具体、内容的详尽；只叙述与表达主旨、说明问题有直接关联的部分，或者只是综合地、概括地叙述若干人或事的共同点。由此，叙述在应用文中具有以顺叙为主，讲求平铺直叙；多用概述，极少具体、详细叙述的特点。叙述常与其他表达方式结合运用，如夹叙夹议，叙事论理，叙述说明等。

叙述的方法主要有：

（1）顺叙。顺叙是根据人物经历或事件发生、发展的自然时序进行的叙述。

（2）倒叙。倒叙是把事件的结局或事件中最突出的片断提到前面来叙述，然后再以顺叙的方式进行的叙述。

（3）插叙。插叙是在叙述主要事件的过程中，因为需要，暂时中断叙述主线，插入与中心事件有关的内容的叙述。

【本章小结】

本章内容较多，主要是应用文写作的基础知识，包括主旨的提炼、材料的使用、结构的方式、语言的特点以及表达方式的运用。其中不少知识学生以前都学过，但未上升到理论的高度。所以，本章在内容上的处理一是进一步深化，即注意知识的系统、完整，让学生明白写作要素的构成以及要素之间的相互关系；二是有针对性，即在讲授写作基础知识的共性要求的同时，还根据应用文体的特点，讲授其特殊要求。本章的重点问题是主旨的提炼和材料的使用；难点问题是应用文语言的特点。这些内容都应详细讲解，要求学生牢牢把握。

【关键术语和概念】

主旨　材料　结构　应用文语言的特点及要求

【参考文献】

1. 杨戈．最新应用文写作大全．乌鲁木齐：新疆人民出版社，2003.
2. 张德实．应用写作．北京：高等教育出版社，2003.
3. 费思．现代经济写作．兰州：兰州大学出版社，2000.
4. 杨文丰．实用经济文书写作．北京：中国人民大学出版社，2004.

【应用文写作学习推荐网站】

1. 中国语言文字网（http：//www. chinalanguage. gov. cn）
2. 中文应用文网（http：//wen. jhrx. cn）
3. 《应用写作》杂志网（http：//www. appliedwriting. com）
4. 中文应用文网（http：//wen. jhrx. cn）
5. 中国文书写作网（http：//www. china85. net）
6. 应用文学习网（http：//www. yywxx. cn）
7. 应用文写作（http：//www.. cnrencai. com/zongjie）
8. 公文应用文写作网（http：//www. writeeasy. net）

【思考与练习】

1. 先阅读下面的公文，然后回答问题。

关于建宿舍楼的请示

××区人民政府：

我局下属的单位多，职工多，老职工更多。过去因无资金从未建过一间职工宿舍。职工的住房条件非常困难，再不解决就会影响职工的工作积极性。但是过去我们无条件建房，现在我局在党的正确路线指引下，经过改革，企业有了活力。自去年以来，我局除向国家上缴利税外，还有一些盈余。我们准备用这笔钱，将一处商店撤销，并入附近商店，自筹资金、地皮，建一栋三门六层的职工宿舍楼。这样既可以解决职工的住房问题，安定职工的工作情绪，也不会因撤销商店影响附近居民购买商品。

以上请示，恳请批准。

××区第二商业局（印章）

××××年×月×日

（1）该请示有什么问题？请加以修改。

（2）请用开门见山法把原文中的理由写出来并理清文章的条理。

2. 下面公文的写作存在着什么问题？请修改全文并写出标题。

××大学校长：

首先让我们以××电子工业学校的名义，向贵校表示衷心的感谢。感谢你们为我校办学给予了很大帮助。目前我校又面临一个很难解决的问题。

事情是这样的：我校创办不久，师资力量很差，决定派20名年轻教师到贵校旁听进修一年。我校与贵校有关部门多次商量，但20位年轻教师进修的住宿问题，至今也没有得到解决。

提高教学质量的关键是师资。为提高我校教学质量，恳请贵校设法解决我校进修教师的住宿问题。贵校府高庭阔，物实人济，且具宽大为怀，救人之危的美德。以上区区小事，谅贵校不难解决。我们不知贵校还有什么实际困难，如果这些困难我校能帮助解决的话，就尽量提出，我校会竭力去办。再说一句，贵校如能解决我校进修教师的住宿问题，我们以我校领导的名义向贵校领导深深地表示谢意。万望函复。

××市电子工业学校（印章）

××××年×月×日

3. 下面是发掘杭州雷峰塔地宫的一段报道。请将关于地宫开发过程的文字进行压缩，不出现具体时间，不超过40个字。

上午9点整，考古队进入现场开始发掘。打开地宫并不容易，直到9时45分，考古人员才将压在地宫洞口的750公斤的巨石移开，露出93厘米长，93厘米宽，13厘米厚的大理石盖板。盖板上没有任何文字，但考古人员在紫红色的泥土中发现了10枚唐开元通宝铜钱。10时05分盖板基本清理完毕。10时30分盖板绘图完毕。11时整盖板还没有打开，发掘现场发现越来越多的钱币。11时11分，最激动人心的时候到了，考古人员开始用撬杠撬开盖板。11时18分，考古人员翻开大理石盖板，地宫口终于打开了！

4. "言之有序"是表达的基本要求，请调整下面文字的顺序，并简述理由。

方便面营养丰富、味美价廉、直接食用香脆可口，配上汤料，味道鲜美，便于携带，食用方便。适合学生上学，工人上班，更是出差、旅行的必备食品。

5. 给下面一份调查报告加上总标题和小标题。

《　　　　　　　　》

——天津牙膏厂提高经济效益的调查

天津牙膏厂的产量、产值增长很快，这种变化的原因是什么？用厂长的话说，我们虽然是个生产厂，但是专用50%的时间考虑商业部门的经营和消费者的需要；从生产到流通都要紧紧扣住"社会需要"这个中心环节。

（　　　　　　　　）

在近年来市场竞争日益激烈的情况下，这个厂下大力气多方面收集信息，他们定期请北京、石家庄、哈尔滨等地的大百货商店牙膏柜台售货员来座谈供货、品种、质量、包装方面的意见，并经常派人到全国中小城市和农村访问用户。厂长和技术人员还常到百货商店柜台听取意见，针对各种顾客的不同需要，及时研制新产品。他们把受群众欢迎的"蓝天"、"美人蕉"、"金刚"、"富强"、"氟化钠"五个品种，作为企业的拳头产品重点发展，使之占全部产品的60%，同时断然淘汰了适销不对路的"绿叶"、"海河"、"天津"等品种。他们还研制成了适合儿童需要的"童友"牙膏，兼有医药作用的"脱敏"、"除锈"、"百洁"等药物牙膏，使产品的规格、品种达到24种。

(　　　　　)

200×年以来，在厂和车间两级开展了全面质量管理活动，建立起从科室到车间，从原料到成品的全厂检验系统，层层把关，不让不合格原料进厂，更不让不合格产品出厂。而且还通过质量统计记录和各种测试仪器，力求在萌芽状态中发现质量问题，及时进行厂内信息反馈。天津水质欠佳，影响牙膏质量，他们就抓紧建立水处理工序，使水质纯度提高了几百万倍，显著地提高了牙膏的质量。他们还对100多种原料进行了检查，到香料基地、生产厂和科研单位，从各个加工环节提高留兰香纯度，使蓝天牙膏的香气大大增强。

(　　　　　)

天津牙膏厂从200×年起生产大管牙膏，膏体为小管牙膏的2.5倍，而价钱却低于这个倍数，做到了物美价廉。

为了确保物美价廉，他们注意从生产经营的各个环节厉行节约，降低消耗。资金周转天数逐步减少，原料择优择廉。这个厂还狠抓了关键工序的设备更新和技术改造，为保持价格和质量的优势打下了基础。

(　　　　　)

过去这个厂只管生产不问流量。这几年与贸易部门密切配合，变“我生产什么你卖什么”为“你卖什么我生产什么”，经常征求贸易部门的意见。为了便于不同需要的顾客了解各种牙膏的性能、特点，他们充分使用广告手段，同时还把售货员请到厂里参观生产流程、听取产品介绍。

天津牙膏厂三年来转变经营方针的实践说明，企业处处考虑到社会需要，社会反过来也会承认它的产品，这是企业提高经济效益的一条路子。

6. 下面是一篇关于我国卷烟业及吸烟人数情况的调查综述，共九段，请你按正确的逻辑顺序排列成文。

我国在世界烟坛上有七项冠军

(1) 我国有很多项经济指标在世界上名列前茅，但位居世界第一者并不多。可是我国在产烟、吸烟领域内却有多项指标（以下的各种统计数字未包括港澳台地区）在全世界稳坐冠军宝座。

(2) 烤烟种植面积世界第一。据1989年统计已达2 300万亩，1992年高达2 521万亩，超过计划面积的28%，1993年更高达2 600万亩，超过计划面积的31%，已经挤掉了粮田1 150万亩，相当于挤掉了全国人口一个月的口粮。

(3) 卷烟产销量世界第一。据1993年统计，年产卷烟3 336万箱（每箱5

万支)。自1980年起，我国卷烟产量与销量均稳居世界第一。全世界生产的卷烟有1/3是被中国人吸掉的。

(4) 吸烟人数世界第一。据国家统计局1993年4月公布的“中国烟草消费市场专项调查”的最新统计材料，全国15岁以上人口中，吸烟人数已达2.988 5亿人，总吸烟率为34.9%。

(5) 卷烟增产速度世界第一。1950年仅为160万箱，1979年增至1 302万箱，以后每年以10%的速度持续增长。自20世纪50年代至今，我国人口增加两倍，而卷烟销量猛增20倍。

(6) 烤烟产量世界第一。据1993年统计，烤烟收购量为250万吨左右，超过全世界烤烟总产量的2/3。我国烤烟生产已连续九年产大于销，压库严重，河南等省已发生大规模毁烟现象。

(7) 吸烟人数增加世界第一。上述统计材料表明，我国烟民人数从1986年至1993年共增加4 800万。据美国的世界观察研究所提交的报告，我国烟民数量在20年中翻了一番。在全世界新增烟民中，我国占了一半。

(8) 烤烟产销量增加速度世界第一。1982年，收购量仅为173.8万吨，以后以每年12%的速度持续增长。

(9) 对于以上多项世界冠军的桂冠，我们是应当自豪呢，还是应当自警呢?

第二章　公文（上）

【本章学习要点】

1. **了解公文的概念、特征、作用等基本知识**

2. **了解公文的常用分类方法，掌握不同公文文种的概念及适用范围**

3. **掌握公文格式所包含的内容，把握各个公文格式的处理要求和注意事项**

公文是指各级党政机关、企事业单位、社会团体在社会实践活动中，为实现一定的目标而形成并使用特定格式的各种文字材料。由于是在公务活动中形成的体式完整、内容系统、程序规范的材料，因此称之为公务文书，简称公文。

第一节　概　说

一、公文的含义

在中共中央办公厅、国务院办公厅联合印发的《党政机关公文处理工作条例》（以下简称《条例》）中明确指出：党政机关公文是党政机关实施领导、履行职能、处理公务的具有特定效力和规范体式的文书，是传达贯彻党和国家方针政策，公布法规和规章，指导、布置和商洽工作，请示和答复问题，报告、通报和交流情况等的重要工具。

1. 在党政机关实施领导、履行职能、处理公务过程中形成

这是强调公文的行政管理性质。行政管理是一种国家行政职能，具体表现为推行国家的政令和根据实际需要（借助公文）制定相应的方针政策或管理办法。公文的这一性质是其他事务性文书如计划、总结、调查报告等所没有的。

2. 具有特定效力

这是强调公文具有法律约束力的性质。法律最突出的特点就是由国家强制力保证执行，任何个人或单位不得违反，否则就要受到应有的处罚。公文的这一性质也是其他事务性文书所不具备的。

3. 具有规范体式

这是强调公文特有的体裁样式，包括公文的种类、格式、行文规则、公文办理等内容。其格式是公文的文面样式或印制形式，它是国家权力机关（中共中央办公厅、国务院办公厅）为便于公文的阅办而专门规定的，不得随意更改。

4. 依法行政的重要工具

这是强调公文的作用。国家权力机关通过公文来传达贯彻党和国家的方针、政策，公布行政法规和规章，实施行政措施，指导、布置和商洽工作，请示和答复问题，报告情况，交流经验，是各级行政机关行政的依据。这也是公文有别于其他事务性文书的特点之一。

本章节所讲述的公文是依据中共中央办公厅、国务院办公厅联合印发的《党政机关公文处理工作条例》中所规定的公文种类。

二、公文的特征

1. 由法定的作者制作和发布

这是公文的主体特点，即公文制作者必须是具备法律赋予的身份、职责，并能以自己的名义行使权利和承担义务的组织。他们可以在职权范围内制作或发布公文。每一篇公文的产生都是制发机关集体意志的体现，每一篇公文的撰写者都是代制发者立言。因此，即使是签署个人姓名的公文，也只是他代表所在的机关、单位行使职权的一种表现。

2. 内容的政令性和权威性

这是公文的效力特点。作为传达党和国家的方针政策、公布各种法规和规章、指导工作等的工具，它直接体现党和国家的方针政策和法令，反映国家的意志和人民群众的根本利益，从而以其鲜明的政令性为突出特征区别于其他文书。

公文的权威性是建立在法定作者在法定范围内行使法定职权所制作发布的基础上的。公文作为依法行政的重要工具，一经发出即具有法定的强制力。受文机关、单位或个人都必须依文履行义务或获得权利。因此，它具有法律的强制性或行政的约束力。

同时，由于公文具有政令性和权威性这一其他书面材料所不具备的特征，人们只能在法定职权范围内制作、发布公文，逾越职权范围的公文则是无效的；假托名义、伪造公文则要承担相应的法律责任。

3. 体式的规范性和程式性

这是公文独具的特征。每一种公文都有其特定的体式。首先，公文的体式、种类都有统一的规定。每一种公文的适用范围、表达内容都有一定格式，重要的公文在书写格式、纸张尺寸、公文结构等方面都有严格规定，不能自行其是；其次，在公文文字结构的表达、格式的安排、表达方式等方面有约定俗成的规范。比如上行文与下行文的用语、措辞有明显的区别。对此虽无明文规定，但办文人员都会约定俗成，自觉运用；再次，公文的制作和处理都必须经过一定的程序，手续制度也有严格的规定，不能颠倒或疏漏。

公文文面的规范体现了公文的庄重性和严肃性，同时，规范制发处理的程序有利于提高办文办事的效率。

4. 时空的时效性和定向性

这是公文在时间和空间上的作用特点。对于每一份具体的公文而言，它都有特定的效用和适用对象。时效性一是指公文的现实效用，也即它代表着制发机关的具体使命，要求受文机关、单位贯彻执行或受理回复的期限；二是指它的有效期，没有一份公文是永远有效的，何时发出、何时生效、何时终止，公文都有明确的规定。

公文目的性、实用性的特点决定了公文的适用对象具有定向性，一般除公告、通告有较广泛的适用对象外，大多数公文的对象都有特定的范围。

三、公文的沿革

公文作为国家管理的工具，随着阶级与国家的出现而产生。统治阶级为了巩固自己的统治，维护本阶级的利益，用公文发号施令、管理国家、处理政务、临民治事，实行阶级的统治。国家的出现提出了对公文的需要，而文字的产生，则为这种需要提供了可能。

《尚书》是我国第一部以公文为主的文集。《尚书》中的公文，多是“宣王道之正义，发话语于臣下”的下行公文，类似于我们今天的命令、指示、通告。这些下行公文，内容已经较为完整，为后世的公文写作起到了奠基作用。

由于公文具体运用于国家的管理，朝代更迭，公文的种类、名称、体式、语言等也在变化。秦始皇建立了第一个封建专制主义集权国家，曾对公文作出了一系列明确的规定，如“命”为“制”、“令”为“诏”等。至此，公文已趋于成熟。

中华人民共和国成立以后，党中央于 1951 年 2 月发出了《关于纠正电报报告请示决定等文字缺点的指示》。同年 4 月，中央人民政府政务院在北京召开了全国秘书长会议，讨论通过了《公文处理暂行办法》，规定了简易明白的公文名称、体式和适用范围，使公文在适合国家管理需要方面迈出了新的一步。进入新时期，国务院从改革开放和社会经济发展的实际出发，于 1981 年 2 月 27 日颁布了《国家行政机关公文处理暂行办法》，1987 年 2 月 18 日颁布了《国家行政机关公文处理办法》，1993 年 11 月 21 日颁布了修订后的《国家行政机关公文处理办法》，2000 年 8 月 24 日颁布了《国家行政机关公文处理办法》（2001 年 1 月 1 日修订），2012 年 4 月 16 日中共中央办公厅、国务院办公厅联合印发了《党政机关公文处理工作条例》，对公文的种类、分类、格式及适用范围等作出了新规定，使公文处理朝着现代化、科学化的目标又前进了一步。

第二节　公文的种类

一、公文的适用范围

公文作为党政机关依法行政、进行公务活动的重要内容，随着国家政治经济体制的不断改革，其种类也在不断地增减，并不断规范完整。根据 2012 年 4 月 16 日中共中央办公厅、国务院办公厅联合印发，2012 年 7 月 1 日起实施的《党政机关公文处理工作条例》规定，目前我国通用的国家党政机关公文共有 15 种：①决议；②决定；③命令（令）；④公报；⑤公告；⑥通告；⑦意见；⑧通知；⑨通报；⑩报告；⑪请示；⑫批复；⑬议案；⑭函；⑮纪要。

二、公文的种类

（一）决议

决议适用于会议讨论通过的重大决策事项。

决议是党政机关对重大问题、重要事项，经过重大正式的会议讨论通过并要求贯彻执行的指导性文件。如《关于建国以来党的若干历史问题的决议》、《关于政府工作报告的决议》、《关于进一步加强企业破产案件审理工作的决议》等。

（二）决定

决定适用于对重要事项作出决策和部署、奖惩有关单位和人员、变更或者撤销下级机关不适当的决定事项。

决定是对某一事项或问题经过组织或者会议讨论议决，形成统一意见而付诸施行的文件，是一种重要的指导性、指挥性文种，在机关团体、企事业单位使用较多。决定按其用法可分为：知照类决定、任免决定、表彰与处分决定等。

例文：

中国人民银行关于关闭××××信托投资公司的决定

××××信托投资公司：

鉴于你公司不能支付到期债务，为了保护债权人的合法权益，根据《中华人民共和国中国人民银行法》、《中华人民共和国公司法》及中国人民银行《金融机构管理规定》，经国务院批准，中国人民银行决定：于××××年×月×日关闭你公司，收缴你总公司及分支机构的《金融机构法人许可证》、《金融机构营业许可证》和《经营外汇业务许可证》，停止你公司的一切业务经营活动。中国人民银行依法组织成立清算组，××省省长助理×××同志任清算组组长，对你公司进行关闭清算。

在清算期间，你公司的债权债务由中国人民银行托管；公司下属的证券交易业务委托××证券公司管理，其业务经营活动照常进行。你公司全资附属和控股的非金融企业照常经营。

××××年×月×日

（三）命令（令）

命令（令）适用于公布行政法规和规章、宣布施行重大强制性措施、批准授予和晋升衔级、嘉奖有关单位和人员。

命令（令）内容事件重大，体式严肃庄重，具有强烈的强制性和权威性，多为省（市）级以上国家机关或领导人所发布。其特点是篇幅短小，语气坚定、果断，叙事简要。常用的有行政命令（令）、任免令、嘉奖令、发布令等。

命令（令）有的公开刊登于报纸上，不以文件的形式发布，标题由发令单位或发令领导人加文种名称组成，标题下面为顺序编号；有的以文件形式发布，标题为完整的公文标题。

例文：

中国人民银行令

〔2005〕第1号

为促进债券市场发展，规范金融债券发行行为，维护投资者的合法权益，中国人民银行制定了《全国银行间债券发行管理办法》，经2005年4月22日第5

次行长办公会议通过，现予公布，自2005年6月1日起施行。

行长：周小川

2005年6月2日

《全国银行间债券发行管理办法》（略）

（四）公报

公报适用于公布重要决定或者重大事项。

公报也称新闻公报，是党政机关公开发布重大事件或重要决定事项的报道性公文。公报具有内容的公开性与重要性及发布的权威性等特点，其类型主要有会议公报、统计公报和外交公报。

（五）公告

公告适用于向国内外宣布重要事项或者法定事项。

公告属于告知性文书，使用范围宽，周知面大，而且发布者一般级别、地位较高。公告一般带有新闻性、消息性，除特例外，一般不涉及强制性执行要求。

例文：

中国人民银行公告

〔2002〕第4号

为了规范中、外资金融机构外币存、贷款利率的管理，中国人民银行决定从2002年3月1日起，统一境内中、外资金融机构的外币存、贷款利率管理政策。现公告如下：

一、境内外资金融机构对境内中国居民（含在中国境内依法成立的企业事业法人、国家机关、团体、部队和在中国境内居住一年以上的自然人）的小额外币存款，纳入人民银行现行小额外币存款利率管理范围。即：对中国居民300万美元（或等值其他外币）以下的小额存款，境内中、外资金融机构统一执行中国人民银行规定的利率。

非中国居民的小额外币存款利率，由中、外资金融机构自行确定。

二、现行大额外币存款利率政策不变。即：中国居民和非中国居民300万美元（或等值其他外币）以上的大额存款利率，由中、外资金融机构与客户协商确定。

三、外币贷款利率及其计结息方式，由中、外资金融机构根据国际金融市场利率的变动情况以及资金成本、风险差异等因素自行确定。

四、现行外资金融机构的人民币存、贷款利率政策不变。

五、各金融机构应根据本公告，以法人为单位，将本系统的外币利率管理办法和外币存、贷款利率水平报送中国人民银行备案。

2002年3月4日

（六）通告

通告适用于在一定范围内公布应当遵守或者周知的事项，是国家机关、企事业单位、社会团体使用较为广泛的一种告知性文书。

通告与公告都是告知性文书，都可以向社会张贴或登报，都具有周知性和公布性的特点。但两者也有严格区别，具体表现在：

1. 发布范围不同

公告适用范围宽于通告，面向国内外，告知对象极广；而通告适用范围较窄，只限于对国内公布，其告知和约束的对象是作者统辖范围内的有关单位与人士。

2. 发布内容的重要程度不同

公告发布内容的重要程度大于通告。公告的内容必须是要使世人皆知的重要事项或法定事项，而通告则不限于此类性质的内容。

3. 发布的性质作用不同

公告带有新闻性、消息性，除特例外，一般不涉及强制性的执行要求，只起到宣布作用；通告则具有专业性，周知面小，常常涉及需要遵守和强制执行的事项。

例文：

××市人民政府关于进一步加强高致病性禽流感防治工作的通告

各区、县人民政府，市政府各委、办、局：

为进一步加强高致病性禽流感防治工作，确保人民群众的身体健康和安全，根据国家法律、法规的有关规定和国务院有关要求，结合本市实际，特作如下通告：

一、对本市范围内饲养的禽类，由动物防疫部门免费实行强制免疫。禽类养殖场（户）必须主动向当地动物防疫部门报告饲养的禽类品种和数量，自觉接受动物防疫部门采取的强制免疫措施，并严格按照动物防疫和环境保护的有关规定及技术规程做好消毒和隔离工作。各级动物防疫部门要加强对强制免疫效果的监测和出栏禽类的检疫，并切实做好动物流行病学调查和疫情的预测、预报工作。对不符合有关规定的禽类养殖场，必须依法予以关闭。

二、停止本市范围内批发和集贸市场中的活禽交易及屠宰。禽类产品必须严格凭禽类产品检疫合格证明方可经营销售。禽类产品的运输必须采取封闭和消毒措施。

三、凡运载禽类及其产品进入本市的车辆，必须经指定的市境道口（××、××）入境，其他道口一律禁止通行。各指定市境道口要加强对进入本市禽类及其产品的检疫，并对运载车辆进行消毒。严格禁止无产地检疫合格证的禽类及其产品进入本市。严格禁止未经本市动物防疫部门检测合格的活禽进入本市屠宰加工企业。出入境检验检疫部门要严格执行国家有关规定，严格禁止境外疫区禽类及其产品流入本市。

四、各医疗卫生单位及流感监测点要加强对人感染禽流感的监测和预警，一旦发生禽类疫情要对有关密切接触者及时进行医学观察，对与禽类有较多接触且伴不明原因发热的病人，要及时进行诊断，并视情况采取留院观察、隔离治疗等措施。凡与禽类有密切接触的人员，一旦出现类流感症状，应立即到设有发热门诊的医疗机构就诊，并自觉服从卫生部门采取的有关防治措施。

五、本市各区(县)动物防疫部门和卫生监督部门已设立热线电话。任何单位和个人发现禽类或与禽类密切接触人员有异常情况的，可立即向动物防疫或卫生监督部门报告，各动物防疫部门和卫生监督部门接报后，应当立即查实、迅速处置。

六、各级政府和有关部门要坚决贯彻党中央、国务院和市委、市政府的各项要求，以对人民群众利益极端负责的高度责任感，采取最严格的措施，确保人民群众的身体健康和安全。本市各动物防疫、卫生监督、环境保护、工商行政管理、质量技术监督、公安、交通管理等部门要严守职责，加强监管，严格执法，严惩有关违法行为。

七、市政府将继续通过新闻媒体及时准确地向社会公布有关信息，并充分利用媒体、网络、热线电话等方式向市民进行宣传，引导市民增强健康消费意识，注意保持个人和环境卫生，安全食用禽类及其产品。

本通告自发布之日起实施，终止日期由市政府另行通告。

2004年×月×日

（七）意见

意见适用于对重要问题提出见解和处理办法。

意见是指党政机关公文中既含上行又具有下行意义的一种公文，意见行文是为了更好地贯彻执行上级机关的某一方针、政策，根据某项决定、办法、规定、通知等文件而制定的实施方案，报请上级机关批准后形成的公文。意见一经上级机关批准而转发，即成为政策性公文，下级机关或单位必须认真贯彻执行。

意见有实施性意见、政策性意见和试行性意见三种类型。

例文：

中国人民银行、发展改革委、公安部、财政部、信息产业部、商务部、税务总局、银监会、外汇局关于促进银行卡产业发展的若干意见

银发〔2005〕103 号

各省、自治区、直辖市、计划单列市人民政府，国务院各部委、各直属机构、直属事业单位：

近年来，我国银行卡业务快速发展，发卡量大幅上升，受理环境明显改善，银行卡联网通用的目标已基本实现，由多元化市场主体构成的银行卡产业链初步形成。但是，我国银行卡产业仍处于初级阶段，用卡频率、持卡消费比例、商户普及率等与发达国家相比存在较大差距，同时还存在相关法律制度建设滞后、产业扶持政策缺乏、受理市场不规范等突出问题。为促进银行卡产业快速健康发展，推广普及银行卡，现提出以下意见：

一、银行卡产业发展的指导思想和原则

银行卡产业发展是一项利国利民的工程，对于减少现金流通、降低交易成本、促进消费、扩大税收、促进相关产业发展、加强反洗钱工作和提升国际形象具有重要意义。

银行卡产业发展的指导思想是：按照为全面建设小康社会提供高质量的金融服务的要求，以向全社会提供安全、普遍、快捷、优质的银行卡服务为目标，通过健全法律制度、加大产业扶持力度、提高技术手段、完善用卡环境、加强持卡人权益保护和规范市场秩序，促进银行卡受理市场快速健康发展，有效提升本国银行卡产业竞争力，最大限度地降低风险，使我国银行卡产业步入良性发展轨道。

银行卡产业发展的原则是：政府推动、行业自律和市场机制相结合；统一规

划和分步实施相结合；发展和规范相结合；全面发展和重点推进相结合；加强银行卡产业基础设施建设与培育用卡习惯、促进银行卡消费相结合；推进银行卡产业发展和提高银行服务质量相结合；提高银行卡安全风险防范水平和加强持卡人安全教育相结合；维护持卡人合法权益和加快银行卡产业发展相结合。

二、促进银行卡产业发展的工作重点

（一）完善法律体系，营造良好的制度环境

国务院正责成有关部门抓紧研究起草《银行卡条例》，要加快业务管理法规建设。有关部门要根据职责权限制定相关的配套规章。要明确各参与方的权利、责任和义务，保障当事人的合法权益；统一银行卡发行、使用和受理规则，规范银行卡支付行为，明确风险控制和信息安全要求，切实防范支付风险。

（二）面向需求，完善银行卡品种和功能

1. 鼓励推广公务卡。各级政府部门及所属预算单位应积极带头使用银行卡，在行政经费、差旅费等公务支出中使用银行卡支付，提高预算资金支出的透明度，加强对公务支出的监控。

2. 继续促进借记卡发展，稳步发展信用卡。进一步完善借记卡的功能，提升借记卡的服务质量，促进借记卡发展。在有效防范信用卡风险的前提下，稳妥发展信用卡。

3. 拓展银行卡使用空间，推进银行IC卡应用。促进银行卡功能与其他行业应用有机结合，实现资源共享与协调发展。有序规范以银行卡为介质的网上支付、移动支付等电子支付，促进其健康发展。积极开发适合不同群体需求的品种，满足客户个性化需要。人民银行要根据《中国金融集成电路（IC）卡规范》（2005年版）新行业标准，推动银行IC卡应用的发展。

（三）促进受理市场快速健康发展，扩大受理范围（略）

（四）鼓励市场化竞争，增强服务意识（略）

（五）扩大联网通用范围，提高网络运行效率（略）

（六）加强银行卡风险管理，建立风险防范机制（略）

（七）制定产业激励政策，加大产业扶持力度（略）

（八）加强银行卡宣传教育（略）

三、加强组织领导，形成政策合力

银行卡产业发展牵涉面广，各部门要高度重视，统一思想，充分认识银行卡产业发展对改善支付环境、扩大消费、防止偷逃税款、维护市场秩序和全面建设小康社会的重要意义，加强组织领导，切实负起责任。国家金卡工程协调领导小组及其办公室要加大协调工作力度，做好有关监督、检查工作。2006年年底，人民币银行卡业务全面对外开放，我国银行卡产业面临较大挑战，必须利用有限的时间提升产业的国际竞争力，2008 年北京奥运会和 2010 年上海世博会对完善用卡环境也提出了迫切的要求。各省、自治区、直辖市有关部门要建立健全银行卡工作领导和协调机制，统筹规划和指导本地区银行卡工作，制定并落实相关政策措施，协调解决银行卡产业发展中的突出问题，指导和推动本地区银行卡产业的发展。

（八）通知

通知适用于发布、传达要求下级机关执行和有关单位周知或者执行的事项，批转、转发公文。

通知是一种使用范围较广、使用频率较高的文种。多用于上级机关对下级机关布置工作、传达要求、指挥行动。

（九）通报

通报适用于表彰先进、批评错误、传达重要精神和告知重要情况。一般用于上级机关把具有普遍性的典型事例及其成功经验或失败的教训等告知下级单位，起到交流情况、沟通信息、教育和警戒作用。

通报是下行文。常用的通报有表彰性通报、批评性通报和情况通报。

（十）报告

报告适用于向上级机关汇报工作、反映情况，回复上级机关的询问。

报告是机关单位向上级机关陈述情况的陈述性公文，汇报性是其突出特征。报告是机关单位最为常用的文种之一，经常把本单位、本部门的各项工作进展情况汇报、告知上级，有利于密切上下级关系、沟通信息，便于上级指导下级的工作，同时对于本单位也可以起到及时总结经验教训、找到前进方向的作用。

报告是上行文。按使用目的可以分为工作报告、情况报告、回复报告。报告不能提出请示请求。

（十一）请示

请示适用于向上级机关请求指示、批准。

请示是下级向上级呈送的请求指示、批准事项的“请准性”或“请示性”的上行公文。所谓请准性是从职权范围出发，必须经上级批准方可办理或方能生效；所谓请示性是指除职权范围关系外，有时对上级文件或国家政策不理解或执行中遇到问题，必须由上级给予指示、解答方可进行工作。

请示与报告有如下区别：

1. 行文目的不同

请示是请求上级对请示事项答复，批准解决某个问题；报告则着重下情上达，陈述情况给以指示，为决策提供依据的目的，不需要上级批复。

2. 行文时机不同

请示要求事前行文，在得到上级批准或答复后方能行事，不允许“先斩后奏”；而报告则可在工作完成后或工作进程中行文。

3. 行文内容不同

请示必须坚持“一文一事”的原则，行文较短；而报告可以一文一事作专题性报告，也可以作一文多事、涉及面广的综合性报告。

4. 办理要求不同

请示多带有切实需要解决的问题，请求上级答复办理，且一般带有急迫性，是“办件”；而报告则多是汇报工作和有关情况，报请上级阅知，是“阅件”。

5. 报告制度不同

报告可以有定期报告的制度，如“月报”、“年报”等；请示则是必要时才行文，没有定期请示制度。

正确使用请示与报告两个文种，关键还是抓住行文目的：需要上级答复的，用请示；只要上级了解情况或批转而无须答复的，则用报告。抓住这一点，两者就不会混用了。

（十二）批复

批复适用于答复下级机关的请示事项。

批复是上级机关针对下级机关的请示事项专门作出的答复或发出的指示。一般来说，没有请示，就没有批复。批复是一种针对性很强的下行文，主要针对请示这一文种，针对请示中提出的问题。批复要针对下级的请示事项明确表达是否同意或者是否可行的态度，必要时还要提出指示性意见。这些表态和指示性意见，对下级机关具有行政约束力和指导意义。

例文：

中国人民银行办公厅关于借款人主体资格问题的批复

中国人民银行××分行：

你分行《关于陕西省高级人民法院是否具备借款人主体资格的请示》（西银发〔2005〕37号）收悉。经研究，现批复如下：

根据《贷款通则》第十七条“借款人应当是经工商行政管理机关（或主管机关）核准登记的企（事）业法人、其他经济组织、个体工商户或具有中华人民共和国国籍的具有完全民事行为能力的自然人”的规定，借款人不包括国家机关法人。因此，国家机关法人不具备借款人主体资格。

2005年3月1日

（十三）议案

议案适用于各级人民政府按照法律程序向同级人民代表大会或者人民代表大会常务委员会提请审议事项。

（十四）函

函适用于不相隶属机关之间商洽工作、询问和答复问题、请求批准和答复审批事项。

函是一种适用面较广、体式也较为自由的公文。在不相隶属机关单位之间、上下级之间都可以使用。

函的内容大多属于一般事务性工作，不涉及大政方针问题和机密事项。函的功能多样，既可以商洽工作、联系事务，又具有代行“请示”、“批复”较小事项等功能。

（十五）纪要

纪要适用于记载会议主要情况和议定事项。

纪要是会议文件，是在会议记录的基础上，分析综合提炼而成的，用来概括反映会议精神和会议成果。其作用一是要让与会者带回去作为传达贯彻会议精神的依据；二是要上报，使上级机关和有关单位了解会议精神或予以转发。

第三节　公文的格式

一、概说

（一）公文格式的含义

公文的格式是在公文产生、发展的过程中，根据公文管理和交往的需要而产生和确定的。人们在使用公文进行管理和公务交往过程中逐渐形成的习惯，并把它确定下来，共同遵守，这就形成了公文的格式。通俗地说，公文格式就是公文的规格样式，即公文各组成部分在文面上的表现形式，也叫公文的外部组织形式。它反映了公文的客观需要和内在规律，体现了公文的权威和功能，对公文的内容起表现和保证作用。

（二）确定公文格式的意义

公文是公家之文，有公才有文。它是公务人员共同使用的处理公务的重要工具，因而必须有统一的格式，供大家共同遵守。公文采取特定和法定的格式，目的是为了规范公文处理工作，提高工作效率，做到运行有序、易于识别，便于管理和批阅处理，便于归档查考。具体说来，确定公文格式的意义如下：

1. 有利于体现公文的权威性和严肃性

公文是党政机关、社会团体和企事业单位实施领导、管理和处理公务时形成的具有特定效力和规范格式的文书。确定公文的格式，正是为了保证“具有特定效力和规范格式的文书”得以顺利地贯彻执行。

公文法定的权威性和严肃性主要体现在形式上。例如：“中国人民银行文件”、“××市人民政府文件”，这种版头一律印成庄重、醒目的红色，只能是特定的、法定的领导机关才能使用，其他任何机关、单位和个人都不能使用，否则就是违法行为。所以，公文的制作，必须有确定的格式，并且不能朝令夕改，从版头到印制版记，必须实现规范化和标准化，以体现公文的法定性、权威性和严肃性。

2. 有利于更加准确地体现公文的内容，做到形式与内容的统一

公文的形式是为公文的内容服务的，公文的内容必须通过公文的格式表现出来。确定公文的格式，正是为了把复杂的公文内容用比较简明的形式表现出来，使其用较少的文字体现较丰富的内容，实现内容与形式的完美统一，使读者只要看了公文的标题和主题词就知道公文的主要内容。党政机关的公文上在行文中署签发人姓名，就是为了让公文制发机关的主要领导人负责，切实把好行文关，使上级领导机关一看就知道这份公文的价值和可信度。所以，确定公文的格式，正是为了科学地反映公文的内容，简化文字，实现形式与内容的统一。

3. 有利于受文者迅速、准确地识别公文和贯彻执行公文，提高工作效率

确定了规范化、标准化的公文格式，受文者通过公文的格式能够迅速、准确地识别公文和获悉公文的制发机关、主要内容、重要程度、紧急程度等内容，从而确定自己办理公文的态度。紧急、重要的指令性公文，应不折不扣地迅速传达并贯彻执行；指导性的公文，应在调查研究的基础上结合实际贯彻执行。如果公文的格式不是确定的，而是随意的，那么受文者要弄清公文的主要内容、重要程度、紧急程度等就相对困难，这样既降低了工作效率，也不利于政令畅通和贯彻执行。所以，公文的格式必须是确定的、规范的、科学的，不得随意制作和任意更改。

4. 有利于公文的安全、保密和管理

公文虽然有多种发布形式，但是，除公开发布的公文外，均属内部公文，即限知性公文，其中一部分是保密公文。为了公文的安全、保密和管理，必须确定规范、科学的公文格式。例如，对绝密和机密公文必须在公文版头的左上角印制份号，就是为了便于管理公文，防止和及时发现公文的丢失，及时处理失泄密事件。有了规范化、标准化的公文格式，有利于受文者根据公文格式的标识管理公文，以确保公文的安全、保密，提高公文管理水平。

5. 有利于充分发挥公文应有的作用

公文格式中的每一个要素都有特定的含义和不可替代的作用。例如，紧急程度用于告知公文的送达和办理时限；秘密等级用于警示公文的阅读范围和保管等级；公文的标题用于提示公文的主要内容和行文方向等。如果公文的格式不规范，或缺少应有的要素，或与公文的内容不一致等，将直接影响公文作用的发挥，有时甚至会造成重大损失。比如，公文的紧急程度应标注“特急”的标注为“加急”，有时会给公务处理造成不可估量的损失。有了规范化、标准化的公文格式，才能充分发挥公文的作用。

二、公文格式的内容

《党政机关公文处理工作条例》和中华人民共和国国家标准（GB/T9704—2012）《党政机关公文格式》等文件对公文格式的内容及要求等都作出了具体而细致的规定。本书所论格式主要以这两个法规为标准。

公文的格式，一般由份号、密级和保密期限、紧急程度、发文机关标志、发文字号、签发人、标题、主送机关、正文、附件说明、发文机关署名、成文日期、印章、附注、附件、抄送机关、印发机关和印发日期、页码等组成。这些要素按其所在的位置，又可分成版头部分、主体部分、版记（文尾）部分。

（一）版头部分

版头部分包括发文机关标志、发文字号、密级和保密期限、紧急程度、份号、签发人等内容。

版头部分位于公文首页上端。在版头部分和主体部分之间画一条红色间隔线，作为两个部分之间的界线。红线的长短宽度与版心等距，在公文中称为红色反线。

1. 发文机关标志

发文机关是公文的制发机关，发文机关标志即“红色版头”，就是人们通常所称的“红头”。版头是特定的、法定的、专用的，象征着领导机关的权威，起到增加公文的庄重色彩和严肃性，识别发文机关、公文级别、重要程度，以引起受文者注意的作用。

《条例》中规定：发文标志“由发文机关全称或者规范化简称加‘文件’二字组成，也可以使用发文机关全称或者规范化简称。联合行文时，发文机关标志可以并用联合发文机关名称，也可以单独用主办机关名称”。

发文机关标志居中红色套印在首页上端。联合行文时，主办机关名称在前，各联合行文机关排列其下，“文件”二字置于发文机关名称右侧，上下居中排印，也可以单独用主办机关名称后加“文件”。

2. **发文字号**

发文字号是发文机关编排的公文代号。由发文机关代字、发文年份和发文顺序号三部分组成。位于公文发文机关的正下方、红色反线之上，一般居中排列标识。

发文字号是公文不可缺少的重要组成部分。它起到便于识别公文发文机关、发文年度和便于登记、管理、使用的作用。因此，其制作要求比较严格。其中，发文机关代字要选用最能反映发文机关本质属性的字、词；发文年份是发文的年度；发文顺序号是该年度所发文件的排列顺序编号。如“银发〔2008〕18 号”，“银”为中国人民银行的机关代字，“发”为中国人民银行机关发出公文的类别标识，〔2008〕为发文的年份，“18 号”则表明此件公文为中国人民银行 2008 年第 18 件“发”字类的公文。为了便于公文的分类管理，通常公文制发机关在编排发文字号时，一般会用不同的发文字号对发出的公文进行大体分类，如中国人民银行的发文字号中，就有“银发”、“银函”、“银复”等。

写作时应该注意的是，发文字号中的年份、序号均用阿拉伯数字标识，年份要写全，用六角括号“〔〕”括入；序号不编虚位（即“1”不编为“01”），前面不加“第”字。联合行文时，只需标识主办机关的发文字号。

3. **密级和保密期限**

秘密等级（密级）是公文涉密程度标志。保密期限是对涉密公文时效的说明。密级和保密期限的作用是表明公文涉密的程度与保密要求，唤起受文者警觉，提示其注意分别采取不同措施，确保秘密公文的安全。我国的公文保密等级分为绝密、机密和秘密三级。如果公文的内容涉及国家秘密，应当根据本部门的保密管理制度规定确定秘密等级和保密期限。还有，涉密公文应当同时标明份号。

如需标识秘密等级和保密期限，用 3 号黑体字顶格标注在版心左上角第二行，秘密等级和保密期限之间用“★”隔开，保密期限中的数字用阿拉伯数字标注。

4. **紧急程度**

紧急程度，是对公文送达和办理的时限要求。公文内容如属需紧急办理的事项，应将紧急程度顶格编排在版心左上角。如需同时标注份号、密级和保密期限、紧急程度，按照份号、密级和保密期限、紧急程度的顺序自上而下分行排列。

公文的紧急程度有“特急”和“加急”之分，紧急电报则有“特提”、“特急”、“加急”、“平急”之分。公文制作单位要根据公文送达和办理的实际需要，严格掌握紧急程度，不能漏标或随意提高紧急程度。

5. 签发人

上报的公文，应当标注发文机关单位负责人的姓名，表明公文的责任人。签发人由“签发人”三字加全角冒号与签发人姓名组成，居右空一字，编排在发文机关标志下空二行位置。

上报公文标注签发人的目的，是为了加强单位领导人对公文所负的责任，使之认真把好公文关，并对公文所陈述的事项负责，以提高上行文的严肃性，防止矛盾上交、手续不全或随意上行文。

6. 份号

份号是同一件公文印制份数的顺序号。按《党政机关公文处理工作条例》规定，涉密公文应标注份号。标注的目的是便于对密级公文进行管理和利用，便于对密级公文的分发、查对、传阅、清退和统计，可防止和及时发现丢失公文。

份号用阿拉伯数字顶格标注于公文首页版心左上角第一行，一般用6位3号阿拉伯数字，单数应编为“00000X”。

（二）主体部分

主体部分包括公文标题、主送机关、正文、附件说明、发文机关署名、成文日期、发文机关印章或签署、附注、附件等内容，位于版头部分以下、版记部分之上。

1. 标题

公文标题是公文的重要组成部分。党政机关公文具有高度的严肃性和实用性，对标题的质量要求很高。好的公文标题，一要清楚，二要准确，三要简洁，四要规范，使人一下子就能把握公文的性质和特点。标题是透视公文主旨和行文目的的“窗口”，其作用一是揭示公文的中心内容或主旨；二是表明公文的性质、特点及行文关系；三是便于登记、查询、引用。

公文标题按规定一般应标明发文机关名称、事由（公文主要内容的准确简要概括）和文种三部分内容，通过介词结构“关于……的……”把三部分内容组合起来。

具体处理中，公文标题分为全称式标题和省略式标题。

（1）全称式标题。

一般由发文机关、事由和文种三部分组成。这是公文的常规标题，如“中国人民银行办公厅关于启用印章的通知”，其中，“中国人民银行办公厅”是发文机关名称，“启用印章”是事由，“通知”是文种。

（2）省略式标题。

公文标题的三要素——发文机关、事由、文种——在使用中会根据需要省略部分要素。主要有如下情况：①由发文机关名称和文种组成，省略事由。如“国务院令”、“中国人民银行公告”等。一般在正文只有几句话或极为简单的几条，内容一目了然的情况下才可以采用这种标题。虽然标题中未表明事由，但不影响表达的准确性和接受的便利。②由事由和文种组成，省略发文机关名称。一般只有在如下情况时才采用：一是内容不太重要的事务性公文；二是各机关、团体、企事业单位的内部行文。③只有文种，而没有发文机关和事由等。如公告、通告、纪要等。这类公文，发文机关必须标注在落款位置。

由上可知，公文标题中，文种是必不可少的要素。

拟写公文标题时，应该注意以下几个问题：一是公文标题概括要准确简练，使人看后对全文的主要意思或发文目的一目了然。二是公文标题中的文种使用要正确规范。一方面要正确选择文种，如仔细辨别“请示”和“报告”、“请示”和“函”、“通告”和“通知”、“通知”和“通报”等的区别，正确选用；另一方面要规范使用文种词。文种使用不规范常见的是请示、报告连用，批复、意见连用，请示和函、意见和函在一个标题中同时出现。不同的文种，体现不同的内容和行文关系，因此，一个公文标题中不能同时使用两个文种词。此外，还要注意文种词的不正确使用。如“关于对……问题的答复”、“关于……事宜的复文”等，“答复”和“复文”都是处理问题的方式，不能作为文种词来使用。

公文标题标识于红色反线下方，正文内容之上，居中排印。根据标题内容的多少，可分一行或多行处理。回行时，要做到排列对称、词义完整、间距恰当。

2. 主送机关

主送机关，即公文的主要受理机关。应当用全称或规范化简称或同类型机关统称。标注在标题下空一行，左侧顶格用3号仿宋体字排印，回行时顶格；最后一个主送机关名称之后用全角冒号。

公文标注主送机关应注意三种情况：一是主送机关只有一个或几个单位，这些单位应一一列出。二是主送机关是部分单位，但不是所有同类同级单位，可在主送机关中灵活书写。例如，“市直有关单位”、“有关县（市）、区委，有关县（市）、区人民政府”，但公文制发单位应在正文之后附受文单位名单，以明确是哪些单位。三是普发性公文，用同类型机关统称，泛指这一类单位。例如“人民银行各分行、营业管理部”等。

要确定主送机关，首先要弄清所发公文的内容、性质，属于哪方面问题，该由哪级、哪个或者哪些机关、部门知照或主办；其次要了解有关机关单位的职权范围或解决所提问题的能力。主送机关的确定必须准确无误，除了普发性公文外，一件公文一般只选择一个主送机关而不应该选择多个主送机关，否则会造成由于主送机关责任不明而互相推诿。上行文的主送机关要明确标识，而一般周知性公文如公告、通告等，则可以不标注主送机关名称。

3. **正文**

公文的正文是公文的核心所在，用来表述公文的内容。公文首页必须显示正文。一般用3号仿宋体字，编排于主送机关的下一行，每个自然段左空二字，回行顶格。文中结构层次序数依次用“一、”、“（一）”、“1.”、“（1）”标注。

如何撰写正文，没有统一固定的模式，应当根据每份公文的实际需要和惯用体式来构思撰写。一般要注意以下三个问题：

（1）主旨要准确。要准确表述和传达有关方针政策，准确交代事实，准确选用材料，准确选用词句，准确分析判断。只有准确无误，才不会造成误解，贻误工作。

（2）思路要清晰。清晰的思路，不仅有利于公文内容的表述，而且有利于受文方的理解和执行，以及公文作用的发挥。

（3）细节要把握。正文按自然段依次排列，每个自然段开头空两格，回行顶格。字体与主送机关字体相同，常用3号仿宋字体标识。

4. **附件说明**

附件说明是公文附件的顺序号和名称。公文有附件时，应该在正文结束后注明。有多个附件时，应当写明附件的序号和标题，并按顺序依次附在公文主件后面。标识的方法是在正文结束之后，另起一行行首空两格，注明附件和全角冒号后，再写上附件名称，即“附件：××××”。如有多个附件，可分行处理，用阿拉伯数字标明序号。附件名称不标书名号，末尾一般不用标点符号。

5. **发文机关署名**

发文机关署名即发文机关全称或者规范化简称。

6. **成文日期**

成文日期是公文生效的法定时间。它直接关系到公文生效的实效，是文件生效和查考的重要依据之一。因此，必须要准确、无误、完备，应当写明年、月、日，年份不能简写，用阿拉伯数字标全，月、日不编虚位（即1不编为01）。成文日期一般标注在正文之下空两行、右空四字之处。

成文日期，一般以会议通过或者发文机关负责人签发的日期为准；联合行文时，以最后签发机关负责人的签发日期为准。

7. **印章**

印章是公文制发机关对公文生效负责的凭证。公文中有发文机关署名的，应当加盖发文机关印章，并与署名机关相符。如签署的是机关负责人姓名，应标识其身份。有特定发文机关标志的普发性公文和电报可以不加盖印章。

加盖发文机关印章时，要认真、细致，使每一份公文的用印都能做到端正、清晰。印章用红色。单一机关制发的公文，印章应端正盖在成文日期上，骑年盖月，上沿不压正文，下沿在成文日期之下。联合行文加盖印章，主办机关在前，其他单位顺序排列在后，各单位印章，压在本单位机关名称上，印章不能相切相交。

8. **附注**

附注是公文印发传达范围等需要说明的事项。注明公文中有关引文的出处；说明公文的传达范围、使用时需要注意的事项等。在“请示”中，则要求在附注处标注联系人姓名和联系电话号码。

公文如有附注，用3号仿宋体字，居左空2字加圆括号标注在成文日期下一行，如果一行排不下，从第二行起顶格排印。

9. **附件**

附件是附属于公文正文的材料，对正文起说明、注释、补充、证实、参考等作用的文字材料或图表。附件是公文的组成部分，有些附件甚至是反映公文主要内容的部分，而主件只起发布或转发的作用。

（三）版记部分

版记部分包括抄送机关、印发机关和印发日期三个要素，位于公文最后一页下端。另外，还有页码。

1. **抄送机关**

抄送机关是除主送机关外需要执行或者知晓公文内容的其他机关，应当使用机关全称、规范化简称或者同类型机关统称。公文的抄送机关可以是上级机关、下级机关或不相隶属的机关。

公文在行文时应注意：主送受理机关，根据需要抄送相关机关。

第一，向下级机关的重要行文，应当同时抄送发文机关的直接上级机关。

第二，向上级机关行文，原则上主送一个上级机关，根据需要同时抄送相关上级机关和同级机关，不抄送下级机关。

第三，受双重领导的机关向上级机关行文时，必要时抄送另一个上级机关。

第四，上级机关向受双重领导的下级机关行文，必要时抄送该下级机关的另一个上级机关。

第五，与制发机关不相隶属的会签机关是当然的抄送机关。

第六，参与联合行文的机关，是公文的主办机关之一，不应算作抄送机关。

公文如需抄送，在附注（如有附件，则为附件）下一行，左空 1 字用 3 号仿宋体字标识“抄送”二字，后标全角冒号。抄送机关名称排列，按机关的大小和排列习惯依次排列，回行时与冒号后的抄送机关名称对齐。抄送机关名称之间用顿号或逗号隔开，末尾用句号。抄送机关下加下画线，与版心等距。

中国人民银行系统的公文处理，还有一个“内部发送单位”。其为公文制发机关中需要执行或了解公文内容的内设机构。

内部发送单位置于抄送机关之下。

内部发送单位名称的称谓方式与主、抄送机关称谓方式相同。

2. 印制版记

印制版记是印制公文的标记，由公文印发机关名称、印发日期以及与版心同宽的反线和印制份数组成，位于公文末页抄送机关名称下方、页码上方，与公文页码之间不空行。

印发机关是发文机关制作公文的职能部门，一般是发文机关的办公厅（室）或文秘部门。

印发时间指公文的具体印制日期，一般以公文付印日期为准。

印刷份数是该份公文所印的数量。公文的制发机关必须掌握印发数量，特别是涉密公文的印制更要严格控制，以保证公文的权威性、严肃性。

印制版记的具体处理：位置在抄送机关之下占 1 行位置；用 3 号仿宋体字。印发机关左空 1 字，印发时间右空 1 字。印发时间用阿拉伯数字完整标识年、月、日，年份应标全称，月、日不编虚位（即 1 不编为 01），后加“印发”二字。

3. 页码

页码就是公文页数顺序号。

一般用 4 号半角宋体阿拉伯数字标示于版心下边缘之下，数字左右各放一条一字线，单页码居右空一字，双页码居左空一字。

附录 1

中共中央办公厅　国务院办公厅关于印发《党政机关公文处理工作条例》的通知

中办发〔2012〕14 号

各省、自治区、直辖市党委和人民政府，中央和国家机关各部委，解放军各总部、各大单位，各人民团体：

《党政机关公文处理工作条例》已经党中央、国务院同意，现印发给你们，请遵照执行。

中共中央办公厅

国务院办公厅

2012 年 4 月 16 日

党政机关公文处理工作条例

第一章　总则

第一条　为了适应中国共产党机关和国家行政机关（以下简称党政机关）工作需要，推进党政机关公文处理工作科学化、制度化、规范化，制定本条例。

第二条　本条例适用于各级党政机关公文处理工作。

第三条　党政机关公文是党政机关实施领导、履行职能、处理公务的具有特定效力和规范体式的文书，是传达贯彻党和国家方针政策，公布法规和规章，指导、布置和商洽工作，请示和答复问题，报告、通报和交流情况等的重要工具。

第四条　公文处理工作是指公文拟制、办理、管理等一系列相互关联、衔接有序的工作。

第五条　公文处理工作应当坚持实事求是、准确规范、精简高效、安全保密的原则。

第六条　各级党政机关应当高度重视公文处理工作，加强组织领导，强化队伍建设，设立文秘部门或者由专人负责公文处理工作。

第七条　各级党政机关办公厅（室）主管本机关的公文处理工作，并对下级机关的公文处理工作进行业务指导和督促检查。

第二章　公文种类

第八条　公文种类主要有：

（一）决议。适用于会议讨论通过的重大决策事项。

（二）决定。适用于对重要事项作出决策和部署、奖惩有关单位和人员、变更或者撤销下级机关不适当的决定事项。

（三）命令（令）。适用于公布行政法规和规章、宣布施行重大强制性措施、批准授予和晋升衔级、嘉奖有关单位和人员。

（四）公报。适用于公布重要决定或者重大事项。

（五）公告。适用于向国内外宣布重要事项或者法定事项。

（六）通告。适用于在一定范围内公布应当遵守或者周知的事项。

（七）意见。适用于对重要问题提出见解和处理办法。

（八）通知。适用于发布、传达要求下级机关执行和有关单位周知或者执行的事项，批转、转发公文。

（九）通报。适用于表彰先进、批评错误、传达重要精神和告知重要情况。

（十）报告。适用于向上级机关汇报工作、反映情况，回复上级机关的询问。

（十一）请示。适用于向上级机关请求指示、批准。

（十二）批复。适用于答复下级机关请示事项。

（十三）议案。适用于各级人民政府按照法律程序向同级人民代表大会或者人民代表大会常务委员会提请审议事项。

（十四）函。适用于不相隶属机关之间商洽工作、询问和答复问题、请求批准和答复审批事项。

（十五）纪要。适用于记载会议主要情况和议定事项。

第三章　公文格式

第九条　公文一般由份号、密级和保密期限、紧急程度、发文机关标志、发文字号、签发人、标题、主送机关、正文、附件说明、发文机关署名、成文日期、印章、附注、附件、抄送机关、印发机关和印发日期、页码等组成。

（一）份号。公文印制份数的顺序号。涉密公文应当标注份号。

（二）密级和保密期限。公文的秘密等级和保密的期限。涉密公文应当根据涉密程度分别标注“绝密”、“机密”、“秘密”和保密期限。

（三）紧急程度。公文送达和办理的时限要求。根据紧急程度，紧急公文应当分别标注“特急”“加急”，电报应当分别标注“特提”、“特急”、“加急”、“平急”。

（四）发文机关标志。由发文机关全称或者规范化简称加“文件”二字组成，也可以使用发文机关全称或者规范化简称。联合行文时，发文机关标志可以并用联合发文机关名称，也可以单独用主办机关名称。

（五）发文字号。由发文机关代字、年份、发文顺序号组成。联合行文时，使用主办机关的发文字号。

（六）签发人。上行文应当标注签发人姓名。

（七）标题。由发文机关名称、事由和文种组成。

（八）主送机关。公文的主要受理机关，应当使用机关全称、规范化简称或者同类型机关统称。

（九）正文。公文的主体，用来表述公文的内容。

（十）附件说明。公文附件的顺序号和名称。

（十一）发文机关署名。署发文机关全称或者规范化简称。

（十二）成文日期。署会议通过或者发文机关负责人签发的日期。联合行文时，署最后签发机关负责人签发的日期。

（十三）印章。公文中有发文机关署名的，应当加盖发文机关印章，并与署名机关相符。有特定发文机关标志的普发性公文和电报可以不加盖印章。

（十四）附注。公文印发传达范围等需要说明的事项。

（十五）附件。公文正文的说明、补充或者参考资料。

（十六）抄送机关。除主送机关外需要执行或者知晓公文内容的其他机关，应当使用机关全称、规范化简称或者同类型机关统称。

（十七）印发机关和印发日期。公文的送印机关和送印日期。

第十条　公文的版式按照《党政机关公文格式》国家标准执行。

第十一条　公文使用的汉字、数字、外文字符、计量单位和标点符号等，按照有关国家标准和规定执行。民族自治地方的公文，可以并用汉字和当地通用的少数民族文字。

第十二条　公文用纸幅面采用国际标准 A4 型。特殊形式的公文用纸幅面，根据实际需要确定。

第四章　行文规则

第十三条　行文应当确有必要，讲求实效，注重针对性和可操作性。

第十四条　行文关系根据隶属关系和职权范围确定。一般不得越级行文，特殊情况需要越级行文的，应当同时抄送被越过的机关。

第十五条　向上级机关行文，应当遵循以下规则：

（一）原则上主送一个上级机关，根据需要同时抄送相关上级机关和同级机关，不抄送下级机关。

（二）党委、政府的部门向上级主管部门请示、报告重大事项，应当经本级党委、政府同意或者授权；属于部门职权范围内的事项应当直接报送上级主管部门。

（三）下级机关的请示事项，如需以本机关名义向上级机关请示，应当提出倾向性意见后上报，不得原文转报上级机关。

（四）请示应当一文一事。不得在报告等非请示性公文中夹带请示事项。

（五）除上级机关负责人直接交办事项外，不得以本机关名义向上级机关负责人报送公文，不得以本机关负责人名义向上级机关报送公文。

（六）受双重领导的机关向一个上级机关行文，必要时抄送另一个上级机关。

第十六条　向下级机关行文，应当遵循以下规则：

（一）主送受理机关，根据需要抄送相关机关。重要行文应当同时抄送发文机关的直接上级机关。

（二）党委、政府的办公厅（室）根据本级党委、政府授权，可以向下级党委、政府行文，其他部门和单位不得向下级党委、政府发布指令性公文或者在公文中向下级党委、政府提出指令性要求。需经政府审批的具体事项，经政府同意后可以由政府职能部门行文，文中须注明已经政府同意。

（三）党委、政府的部门在各自职权范围内可以向下级党委、政府的相关部门行文。

（四）涉及多个部门职权范围内的事务，部门之间未协商一致的，不得向下行文；擅自行文的，上级机关应当责令其纠正或者撤销。

（五）上级机关向受双重领导的下级机关行文，必要时抄送该下级机关的另一个上级机关。

第十七条　同级党政机关、党政机关与其他同级机关必要时可以联合行文。属于党委、政府各自职权范围内的工作，不得联合行文。党委、政府的部门依据职权可以相互行文。部门内设机构除办公厅（室）外不得对外正式行文。

第五章　公文拟制

第十八条　公文拟制包括公文的起草、审核、签发等程序。

第十九条　公文起草应当做到：

（一）符合国家法律法规和党的路线方针政策，完整准确体现发文机关意图，并同现行有关公文相衔接。

（二）一切从实际出发，分析问题实事求是，所提政策措施和办法切实可行。

（三）内容简洁，主题突出，观点鲜明，结构严谨，表述准确，文字精练。

（四）文种正确，格式规范。

（五）深入调查研究，充分进行论证，广泛听取意见。

（六）公文涉及其他地区或者部门职权范围内的事项，起草单位必须征求相关地区或者部门意见，力求达成一致。

（七）机关负责人应当主持、指导重要公文起草工作。

第二十条　公文文稿签发前，应当由发文机关办公厅（室）进行审核。审核的重点是：

（一）行文理由是否充分，行文依据是否准确。

（二）内容是否符合国家法律法规和党的路线方针政策；是否完整准确体现发文机关意图；是否同现行有关公文相衔接；所提政策措施和办法是否切实可行。

（三）涉及有关地区或者部门职权范围内的事项是否经过充分协商并达成一致意见。

（四）文种是否正确，格式是否规范；人名、地名、时间、数字、段落顺序、引文等是否准确；文字、数字、计量单位和标点符号等用法是否规范。

（五）其他内容是否符合公文起草的有关要求。

需要发文机关审议的重要公文文稿，审议前由发文机关办公厅（室）进行初核。

第二十一条　经审核不宜发文的公文文稿，应当退回起草单位并说明理由；符合发文条件但内容需作进一步研究和修改的，由起草单位修改后重新报送。

第二十二条　公文应当经本机关负责人审批签发。重要公文和上行文由机关主要负责人签发。党委、政府的办公厅（室）根据党委、政府授权制发的公文，由授权机关主要负责人签发或者按照有关规定签发。签发人签发公文，应当签署意见、姓名和完整日期；圈阅或者签名的，视为同意。联合发文由所有联署机关的负责人会签。

第六章　公文办理

第二十三条　公文办理包括收文办理、发文办理和整理归档。

第二十四条　收文办理主要程序是：

（一）签收。对收到的公文应当逐件清点，核对无误后签字或者盖章，并注明签收时间。

（二）登记。对公文的主要信息和办理情况应当详细记载。

（三）初审。对收到的公文应当进行初审。初审的重点是：是否应当由本机关办理，是否符合行文规则，文种、格式是否符合要求，涉及其他地区或者部门职权范围内的事项是否已经协商、会签，是否符合公文起草的其他要求。经初审不符合规定的公文，应当及时退回来文单位并说明理由。

（四）承办。阅知性公文应当根据公文内容、要求和工作需要确定范围后分送。批办性公文应当提出拟办意见报本机关负责人批示或者转有关部门办理；需要两个以上部门办理的，应当明确主办部门。紧急公文应当明确办理时限。承办部门对交办的公文应当及时办理，有明确办理时限要求的应当在规定时限内办理完毕。

（五）传阅。根据领导批示和工作需要将公文及时送传阅对象阅知或者批示。办理公文传阅应当随时掌握公文去向，不得漏传、误传、延误。

（六）催办。及时了解掌握公文的办理进展情况，督促承办部门按期办结。紧急公文或者重要公文应当由专人负责催办。

（七）答复。公文的办理结果应当及时答复来文单位，并根据需要告知相关单位。

第二十五条　发文办理主要程序是：

（一）复核。已经发文机关负责人签批的公文，印发前应当对公文的审批手续、内容、文种、格式等进行复核；需作实质性修改的，应当报原签批人复审。

（二）登记。对复核后的公文，应当确定发文字号、分送范围和印制份数并详细记载。

（三）印制。公文印制必须确保质量和时效。涉密公文应当在符合保密要求的场所印制。

（四）核发。公文印制完毕，应当对公文的文字、格式和印刷质量进行检查后分发。

第二十六条　涉密公文应当通过机要交通、邮政机要通信、城市机要文件交换站或者收发件机关机要收发人员进行传递，通过密码电报或者符合国家保密规定的计算机信息系统进行传输。

第二十七条　需要归档的公文及有关材料，应当根据有关档案法律法规以及机关档案管理规定，及时收集齐全、整理归档。两个以上机关联合办理的公文，原件由主办机关归档，相关机关保存复制件。机关负责人兼任其他机关职务的，在履行所兼职务过程中形成的公文，由其兼职机关归档。

第七章　公文管理

第二十八条　各级党政机关应当建立健全本机关公文管理制度，确保管理严格规范，充分发挥公文效用。

第二十九条　党政机关公文由文秘部门或者专人统一管理。设立党委（党组）的县级以上单位应当建立机要保密室和机要阅文室，并按照有关保密规定配备工作人员和必要的安全保密设施设备。

第三十条　公文确定密级前，应当按照拟定的密级先行采取保密措施。确定密级后，应当按照所定密级严格管理。绝密级公文应当由专人管理。公文的密级需要变更或者解除的，由原确定密级的机关或者其上级机关决定。

第三十一条　公文的印发传达范围应当按照发文机关的要求执行；需要变更的，应当经发文机关批准。涉密公文公开发布前应当履行解密程序。公开发布的时间、形式和渠道，由发文机关确定。经批准公开发布的公文，同发文机关正式印发的公文具有同等效力。

第三十二条　复制、汇编机密级、秘密级公文，应当符合有关规定并经本机关负责人批准。绝密级公文一般不得复制、汇编，确有工作需要的，应当经发文机关或者其上级机关批准。复制、汇编的公文视同原件管理。复制件应当加盖复制机关戳记。翻印件应当注明翻印的机关名称、日期。汇编本的密级按照编入公文的最高密级标注。汇编，确有工作需要的，应当经发文机关或者其上级机关批准。复制、汇编的公文视同原件管理。

复制件应当加盖复制机关戳记。翻印件应当注明翻印的机关名称、日期。汇编本的密级按照编入公文的最高密级标注。

第三十三条　公文的撤销和废止，由发文机关、上级机关或者权力机关根据职权范围和有关法律法规决定。公文被撤销的，视为自始无效；公文被废止的，视为自废止之日起失效。

第三十四条　涉密公文应当按照发文机关的要求和有关规定进行清退或者销毁。

第三十五条　不具备归档和保存价值的公文，经批准后可以销毁。销毁涉密公文必须严格按照有关规定履行审批登记手续，确保不丢失、不漏销。个人不得私自销毁、留存涉密公文。

第三十六条　机关合并时，全部公文应当随之合并管理；机关撤销时，需要归档的公文经整理后按照有关规定移交档案管理部门。

工作人员离岗离职时，所在机关应当督促其将暂存、借用的公文按照有关规定移交、清退。

第三十七条　新设立的机关应当向本级党委、政府的办公厅（室）提出发文立户申请。经审查符合条件的，列为发文单位，机关合并或者撤销时，相应进行调整。

第八章　附则

第三十八条　党政机关公文含电子公文。电子公文处理工作的具体办法另行制定。

第三十九条　法规、规章方面的公文，依照有关规定处理。外事方面的公文，依照外事主管部门的有关规定处理。

第四十条　其他机关和单位的公文处理工作，可以参照本条例执行。

第四十一条　本条例由中共中央办公厅、国务院办公厅负责解释。

第四十二条　本条例自2012年7月1日起施行。1996年5月3日中共中央办公厅发布的《中国共产党机关公文处理条例》和2000年8月24日国务院发布的《国家行政机关公文处理办法》停止执行。

附录 2

2012 年 6 月 29 日国家质量监督检验检疫总局、国家标准化管理委员会发布了《党政机关公文格式》国家标准（GB/T 9704—2012）。该标准于 2012 年 7 月 1 日起正式实施。

《党政机关公文格式》国家标准（GB/T 9704—2012）按照《党政机关公文处理工作条例》的有关规定，结合这些年来党政机关公文格式的实际应用，对公文用纸、印刷装订、格式要素、式样等作出了具体规定。特别是将党政机关公文用纸统一为国际标准 A4 型，首次统一了党政机关公文格式要素的编排规则，使党政机关公文的表现形式更加规范。该标准的实施，有利于进一步提高各级党政机关公文制作水平和质量，有力推动党政机关公文处理工作实现科学化、规范化。

党政机关公文格式

《党政机关公文格式》（GB/T 9704—2012），是由国家质量监督检验检疫总局、国家标准化管理委员会发布的关于党政机关公文通用纸张、排版和印制装订要求、公文格式各要素编排规则等的国家标准，是党政机关公文规范化的重要依据，适用于各级党政机关制发的公文。其他机关和单位的公文可以参照执行。

为提高党政机关公文的规范化、标准化水平，2012 年 6 月 29 日，国家质量监督检验检疫总局、国家标准化管理委员会发布了《党政机关公文格式》国家标准（GB/T 9704—2012）。该标准于 2012 年 7 月 1 日起正式实施。此标准是对国标《国家行政机关公文格式》（GB/T 9704—1999）的修订。

简介

党政机关公文是党政机关实施领导、履行职能、处理公务的具有特定效力和规范体式的文书，是传达贯彻党和国家方针政策，公布法规和规章，指导、布置和商洽工作，请示和答复问题，报告、通报和交流情况等的重要工具。

《党政机关公文格式》国家标准按照《党政机关公文处理工作条例》的有关规定，结合这些年来党政机关公文格式的实际应用，对公文用纸、印刷装订、格式要素、式样等作出了具体规定。特别是将党政机关公文用纸统一为国际标准 A4 型，首次统一了党政机关公文格式要素的编排规则，使党政机关公文的表现形式更加规范。该标准的实施，有利于进一步提高各级党政机关公文制作水平和质量，有力推动党政机关公文处理工作实现科学化、规范化。

正　文

前言

本标准按照 GB/T 1.1—2009 给出的规则起草。

本标准根据中共中央办公厅、国务院办公厅印发的《党政机关公文处理工作条例》的有关规定对 GB/T 9704—1999《国家行政机关公文格式》进行修订。本标准相对 GB/T 9704—1999 主要作如下修订：

a）标准名称改为《党政机关公文格式》，标准英文名称也作相应修改；

b）适用范围扩展到各级党政机关制发的公文；

c）对标准结构进行适当调整；

d）对公文装订要求进行适当调整；

e）增加发文机关署名和页码两个公文格式要素，删除主题词格式要素，并对公文格式各要素的编排进行较大调整；

f）进一步细化特定格式公文的编排要求；

g）新增联合行文公文首页版式、信函格式首页、命令（令）格式首页版式等式样。

本标准中公文用语与《党政机关公文处理工作条例》中的用语一致。

本标准为第二次修订。

本标准由中共中央办公厅和国务院办公厅提出。

本标准由中国标准化研究院归口。

本标准起草单位：中国标准化研究院、中共中央办公厅秘书局、国务院办公厅秘书局、中国标准出版社。

本标准主要起草人：房庆、杨雯、郭道锋、孙维、马慧、张书杰、徐成华、范一乔、李玲。

本标准代替了 GB/T 9704—1999。

GB/T 9704—1999 的历次版本发布情况为：

——GB/T 9704—1988。

党政机关公文格式

1　范围

本标准规定了党政机关公文通用的纸张要求、排版和印制装订要求、公文格式各要素的编排规则，并给出了公文的式样。

本标准适用于各级党政机关制发的公文。其他机关和单位的公文可以参照执行。

使用少数民族文字印制的公文，其用纸、幅面尺寸及版面、印制等要求按照本标准执行，其余可以参照本标准并按照有关规定执行。

2　规范性引用文件

下列文件对于本标准的应用是必不可少的。凡是注日期的引用文件，仅所注日期的版本适用于本标准。凡是不注日期的引用文件，其最新版本（包括所有的修改单）适用于本标准。

GB/T 148 印刷、书写和绘图纸幅面尺寸

GB 3100 国际单位制及其应用

GB 3101 有关量、单位和符号的一般原则

GB 3102（所有部分）量和单位

GB/T 15834 标点符号用法

GB/T 15835 出版物上数字用法

3　术语和定义

下列术语和定义适用于本标准。

3.1　字 word

标示公文中横向距离的长度单位。在本标准中，一字指一个汉字宽度的距离。

3.2　行 line

标示公文中纵向距离的长度单位。在本标准中，一行指一个汉字的高度加 3 号汉字高度的 7/8 的距离。

4　公文用纸主要技术指标

公文用纸一般使用纸张定量为 60g/m ~ 80g/m 的胶版印刷纸或复印纸。纸张白度 80% ~ 90%，横向耐折度≥15 次，不透明度≥85%，pH 值为 7.5 ~ 9.5。

5　公文用纸幅面尺寸及版面要求

5.1　幅面尺寸

公文用纸采用 GB/T 148 中规定的 A4 型纸，其成品幅面尺寸为：210mm × 297mm。

5.2　版面

5.2.1　页边与版心尺寸

公文用纸天头（上白边）为 37mm ± 1mm，公文用纸订口（左白边）为 28mm ± 1mm，版心尺寸为 156mm × 225mm。

5.2.2　字体和字号

如无特殊说明，公文格式各要素一般用 3 号仿宋体字。特定情况可以作适当调整。

5.2.3　行数和字数

一般每面排 22 行，每行排 28 个字，并撑满版心。特定情况可以作适当调整。

5.2.4　文字的颜色

如无特殊说明，公文中文字的颜色均为黑色。

6　印制装订要求

6.1　制版要求

版面干净无底灰，字迹清楚无断划，尺寸标准，版心不斜，误差不超过 1mm。

6.2　印刷要求

双面印刷；页码套正，两面误差不超过 2mm。黑色油墨应当达到色谱所标 BL100%，红色油墨应当达到色谱所标 Y80%、M80%。印品着墨实、均匀；字面不花、不白、无断划。

6.3　装订要求

公文应当左侧装订，不掉页，两页页码之间误差不超过 4mm，裁切后的成品尺寸允许误差 ± 2mm，四角成 90°，无毛茬或缺损。

骑马订或平订的公文应当：

a）订位为两钉外订眼距版面上下边缘各 70mm 处，允许误差 ± 4mm；

b）无坏钉、漏钉、重钉，钉脚平伏牢固；

c）骑马订钉锯均订在折缝线上，平订钉锯与书脊间的距离为 3mm ~ 5mm。

包本装订公文的封皮（封面、书脊、封底）与书芯应吻合、包紧、包平、不脱落。

7　公文格式各要素编排规则

7.1　公文格式各要素的划分

本标准将版心内的公文格式各要素划分为版头、主体、版记三部分。公文首页红色分隔线以上的部分称为版头；公文首页红色分隔线（不含）以下、公文末页首条分隔线（不含）以上的部分称为主体；公文末页首条分隔线以下、末条分隔线以上的部分称为版记。

页码位于版心外。

7.2　版头

7.2.1　份号

如需标注份号，一般用 6 位 3 号阿拉伯数字，顶格编排在版心左上角第一行。

7.2.2　密级和保密期限

如需标注密级和保密期限，一般用 3 号黑体字，顶格编排在版心左上角第二行；保密期限中的数字用阿拉伯数字标注。

7.2.3　紧急程度

如需标注紧急程度，一般用 3 号黑体字，顶格编排在版心左上角；如需同时标注份号、密级和保密期限、紧急程度，按照份号、密级和保密期限、紧急程度的顺序自上而下分行排列。

7.2.4　发文机关标志

由发文机关全称或者规范化简称加“文件”二字组成，也可以使用发文机关全称或者规范化简称。

发文机关标志居中排布，上边缘至版心上边缘为 35 mm，推荐使用小标宋体字，颜色为红色，以醒目、美观、庄重为原则。

联合行文时，如需同时标注联署发文机关名称，一般应当将主办机关名称排列在前；如有“文件”二字，应当置于发文机关名称右侧，以联署发文机关名称为准上下居中排布。

7.2.5　发文字号

编排在发文机关标志下空二行位置，居中排布。年份、发文顺序号用阿拉伯数字标注；年份应标全称，用六角括号“〔〕”括入；发文顺序号不加“第”字，不编虚位（即 1 不编为 01），在阿拉伯数字后加“号”字。

上行文的发文字号居左空一字编排，与最后一个签发人姓名处在同一行。

7.2.6　签发人

由“签发人”三字加全角冒号和签发人姓名组成，居右空一字，编排在发文机关标志下空二行位置。“签发人”三字用 3 号仿宋体字，签发人姓名用 3 号楷体字。

如有多个签发人，签发人姓名按照发文机关的排列顺序从左到右、自上而下依次均匀编排，一般每行排两个姓名，回行时与上一行第一个签发人姓名对齐。

7.2.7　版头中的分隔线

发文字号之下 4mm 处居中印一条与版心等宽的红色分隔线。

7.3 主体

7.3.1 标题

一般用2号小标宋体字，编排于红色分隔线下空二行位置，分一行或多行居中排布；回行时，要做到词意完整，排列对称，长短适宜，间距恰当，标题排列应当使用梯形或菱形。

7.3.2 主送机关

编排于标题下空一行位置，居左顶格，回行时仍顶格，最后一个机关名称后标全角冒号。如主送机关名称过多导致公文首页不能显示正文时，应当将主送机关名称移至版记，标注方法见7.4.2。

7.3.3 正文

公文首页必须显示正文。一般用3号仿宋体字，编排于主送机关名称下一行，每个自然段左空二字，回行顶格。文中结构层次序数依次可以用"一、""（一）""1.""（1）"标注；一般第一层用黑体字、第二层用楷体字、第三层和第四层用仿宋体字标注。

7.3.4 附件说明

如有附件，在正文下空一行左空二字编排"附件"二字，后标全角冒号和附件名称。如有多个附件，使用阿拉伯数字标注附件顺序号（如"附件：1. XXXXX"）；附件名称后不加标点符号。附件名称较长需回行时，应当与上一行附件名称的首字对齐。

7.3.5 发文机关署名、成文日期和印章

7.3.5.1 加盖印章的公文

成文日期一般右空四字编排，印章用红色，不得出现空白印章。

单一机关行文时，一般在成文日期之上、以成文日期为准居中编排发文机关署名，印章端正、居中下压发文机关署名和成文日期，使发文机关署名和成文日期居印章中心偏下位置，印章顶端应当上距正文（或附件说明）一行之内。

联合行文时，一般将各发文机关署名按照发文机关顺序整齐排列在相应位置，并将印章一一对应、端正、居中下压发文机关署名，最后一个印章端正、居中下压发文机关署名和成文日期，印章之间排列整齐、互不相交或相切，每排印章两端不得超出版心，首排印章顶端应当上距正文（或附件说明）一行之内。

7.3.5.2 不加盖印章的公文

单一机关行文时，在正文（或附件说明）下空一行右空二字编排发文机关署名，在发文机关署名下一行编排成文日期，首字比发文机关署名首字右移二字，如成文日期长于发文机关署名，应当使成文日期右空二字编排，并相应增加发文机关署名右空字数。

联合行文时，应当先编排主办机关署名，其余发文机关署名依次向下编排。

7.3.5.3 加盖签发人签名章的公文

单一机关制发的公文加盖签发人签名章时，在正文（或附件说明）下空二行右空四字加盖签发人签名章，签名章左空二字标注签发人职务，以签名章为准上下居中排布。在签发人签名章下空一行右空四字编排成文日期。

联合行文时，应当先编排主办机关签发人职务、签名章，其余机关签发人职务、签名章依次向下编排，与主办机关签发人职务、签名章上下对齐；每行只编排一个机关的签发人职

务、签名章；签发人职务应当标注全称。

签名章一般用红色。

7.3.5.4　成文日期中的数字

用阿拉伯数字将年、月、日标全，年份应标全称，月、日不编虚位（即1不编为01）。

7.3.5.5　特殊情况说明

当公文排版后所剩空白处不能容下印章或签发人签名章、成文日期时，可以采取调整行距、字距的措施解决。

7.3.6　附注

如有附注，居左空二字加圆括号编排在成文日期下一行。

7.3.7　附件

附件应当另面编排，并在版记之前，与公文正文一起装订。“附件”二字及附件顺序号用3号黑体字顶格编排在版心左上角第一行。附件标题居中编排在版心第三行。附件顺序号和附件标题应当与附件说明的表述一致。附件格式要求同正文。

如附件与正文不能一起装订，应当在附件左上角第一行顶格编排公文的发文字号并在其后标注“附件”二字及附件顺序号。

7.4　版记

7.4.1　版记中的分隔线

版记中的分隔线与版心等宽，首条分隔线和末条分隔线用粗线（推荐高度为0.35 mm），中间的分隔线用细线（推荐高度为0.25 mm）。首条分隔线位于版记中第一个要素之上，末条分隔线与公文最后一面的版心下边缘重合。

7.4.2　抄送机关

如有抄送机关，一般用4号仿宋体字，在印发机关和印发日期之上一行、左右各空一字编排。“抄送”二字后加全角冒号和抄送机关名称，回行时与冒号后的首字对齐，最后一个抄送机关名称后标句号。

如需把主送机关移至版记，除将“抄送”二字改为“主送”外，编排方法同抄送机关。既有主送机关又有抄送机关时，应当将主送机关置于抄送机关之上一行，之间不加分隔线。

7.4.3　印发机关和印发日期

印发机关和印发日期一般用4号仿宋体字，编排在末条分隔线之上，印发机关左空一字，印发日期右空一字，用阿拉伯数字将年、月、日标全，年份应标全称，月、日不编虚位（即1不编为01），后加“印发”二字。

版记中如有其他要素，应当将其与印发机关和印发日期用一条细分隔线隔开。

7.5　页码

一般用4号半角宋体阿拉伯数字，编排在公文版心下边缘之下，数字左右各放一条一字线；一字线上距版心下边缘7 mm。单页码居右空一字，双页码居左空一字。公文的版记页前有空白页的，空白页和版记页均不编排页码。公文的附件与正文一起装订时，页码应当连续编排。

8　公文中的横排表格

A4纸型的表格横排时，页码位置与公文其他页码保持一致，单页码表头在订口一边，双页码表头在切口一边。

9 公文中计量单位、标点符号和数字的用法

公文中计量单位的用法应当符合 GB 3100、GB 3101 和 GB 3102（所有部分），标点符号的用法应当符合 GB/T 15834，数字用法应当符合 GB/T 15835。

10 公文的特定格式

10.1 信函格式

发文机关标志使用发文机关全称或者规范化简称，居中排布，上边缘至上页边为 30 mm，推荐使用红色小标宋体字。联合行文时，使用主办机关标志。

发文机关标志下 4 mm 处印一条红色双线（上粗下细），距下页边 20 mm 处印一条红色双线（上细下粗），线长均为 170 mm，居中排布。

如需标注份号、密级和保密期限、紧急程度，应当顶格居版心左边缘编排在第一条红色双线下，按照份号、密级和保密期限、紧急程度的顺序自上而下分行排列，第一个要素与该线的距离为 3 号汉字高度的 7/8。

发文字号顶格居版心右边缘编排在第一条红色双线下，与该线的距离为 3 号汉字高度的 7/8。

标题居中编排，与其上最后一个要素相距二行。

第二条红色双线上一行如有文字，与该线的距离为 3 号汉字高度的 7/8。

首页不显示页码。

版记不加印发机关和印发日期、分隔线，位于公文最后一面版心内最下方。

10.2 命令（令）格式

发文机关标志由发文机关全称加“命令”或“令”字组成，居中排布，上边缘至版心上边缘为 20 mm，推荐使用红色小标宋体字。

发文机关标志下空二行居中编排令号，令号下空二行编排正文。

签发人职务、签名章和成文日期的编排见 7.3.5.3。

10.3 纪要格式

纪要标志由“XXXXX 纪要”组成，居中排布，上边缘至版心上边缘为 35 mm，推荐使用红色小标宋体字。

标注出席人员名单，一般用 3 号黑体字，在正文或附件说明下空一行左空二字编排“出席”二字，后标全角冒号，冒号后用 3 号仿宋体字标注出席人单位、姓名，回行时与冒号后的首字对齐。

标注请假和列席人员名单，除依次另起一行并将“出席”二字改为“请假”或“列席”外，编排方法同出席人员名单。

纪要格式可以根据实际制定。

11 式样

A4 型公文用纸页边及版心尺寸见图 1；公文首页版式见图 2；联合行文公文首页版式 1 见图 3；联合行文公文首页版式 2 见图 4；公文末页版式 1 见图 5；公文末页版式 2 见图 6；联合行文公文末页版式 1 见图 7；联合行文公文末页版式 2 见图 8；附件说明页版式见图 9；带

附件公文末页版式见图 10；信函格式首页版式见图 11；命令（令）格式首页版式见图 12。

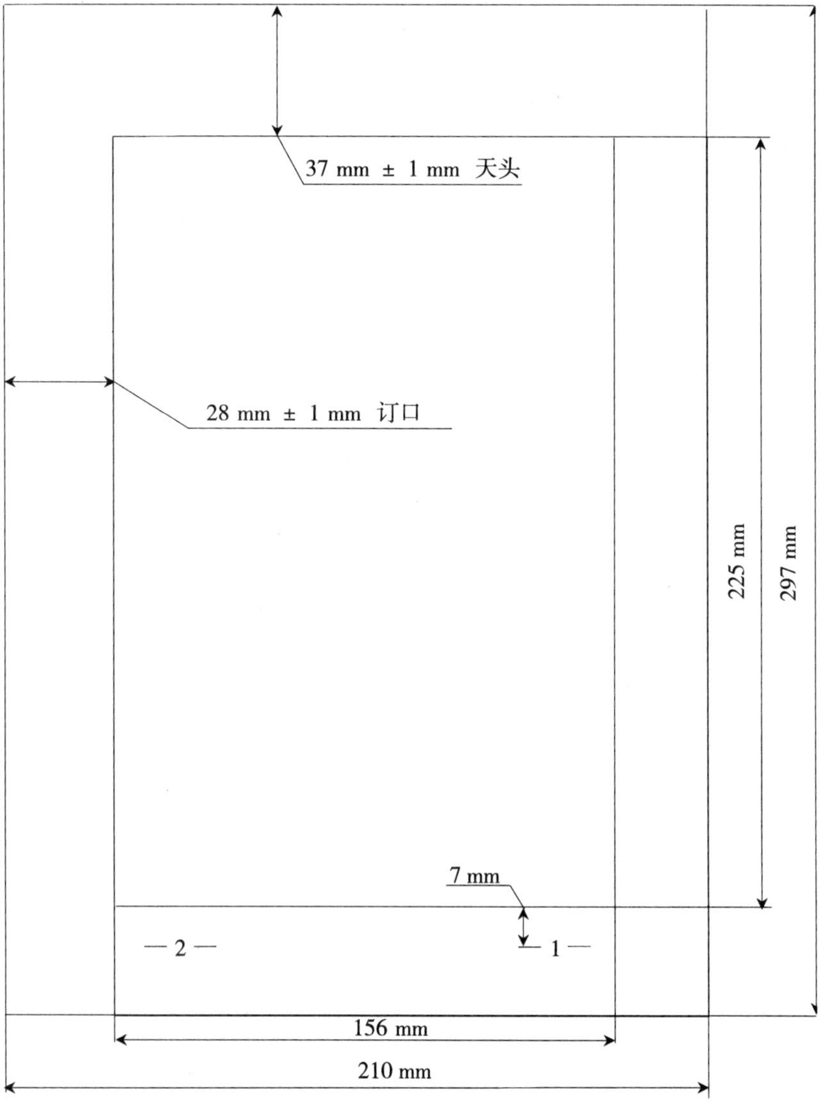

图 1　A4 型公文用纸页边及版心尺寸

注：版心实线框仅为示意，在印制公文时并不印出。

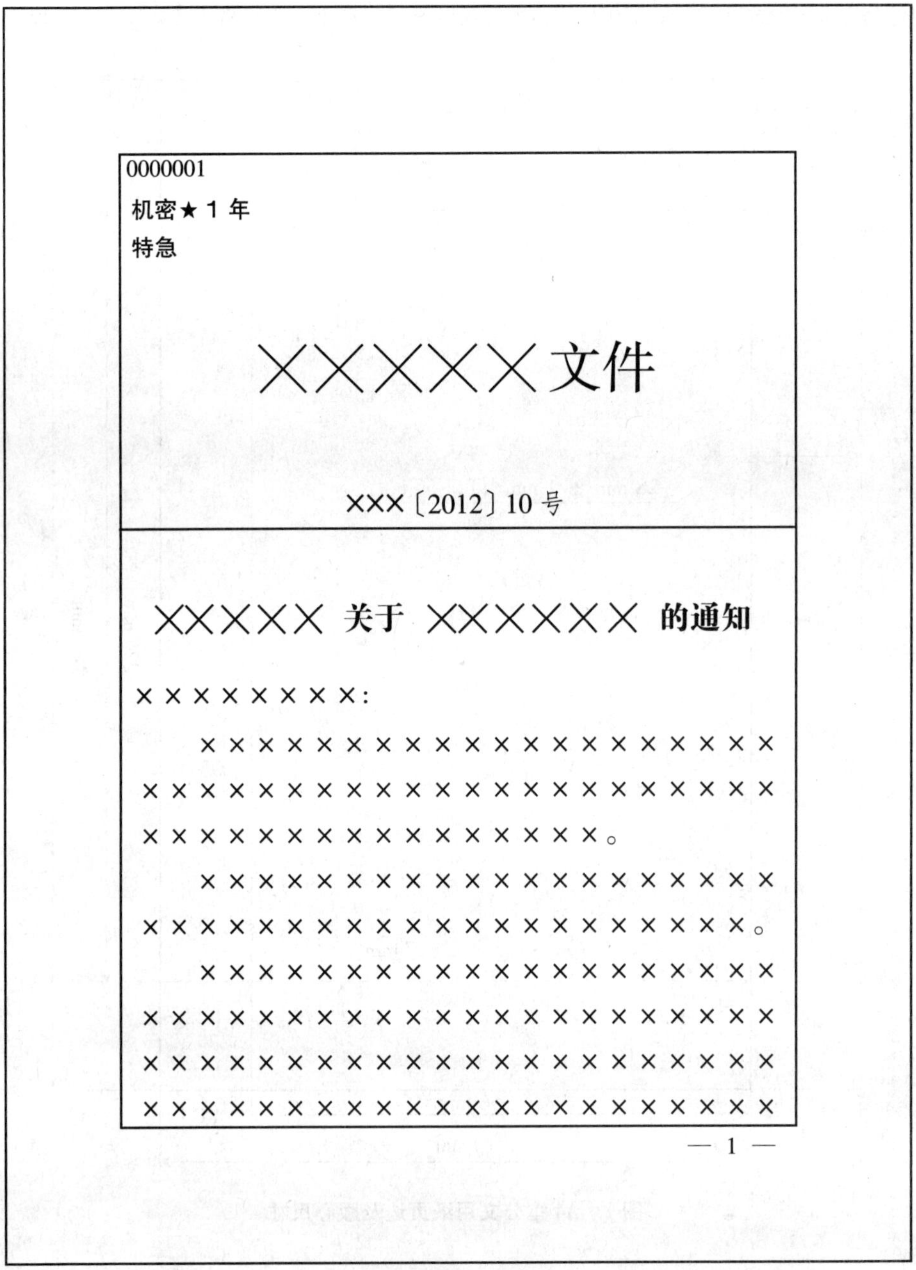

图 2　公文首页版式

注：版心实线框仅为示意，在印制公文时并不印出。

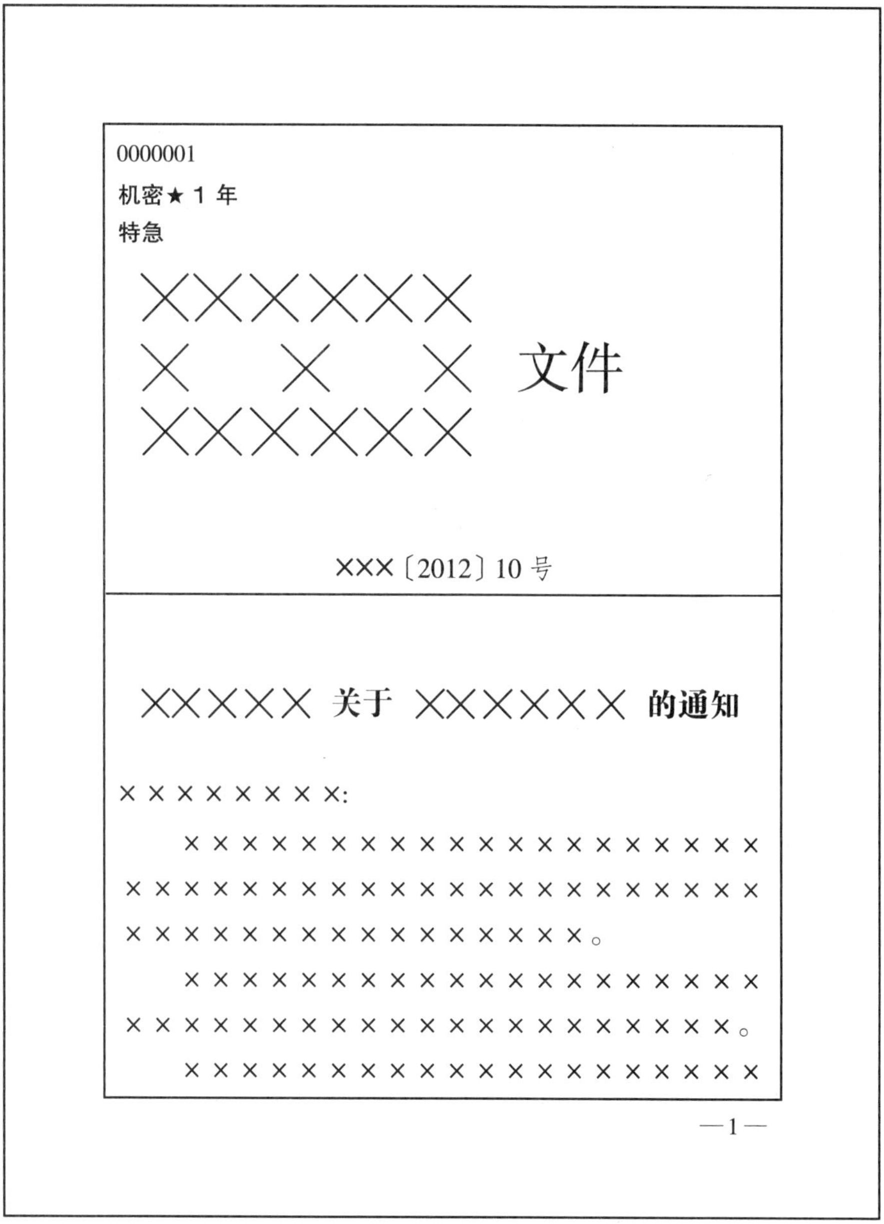

图3　联合行文公文首页版式1

注：版心实线框仅为示意，在印制公文时并不印出。

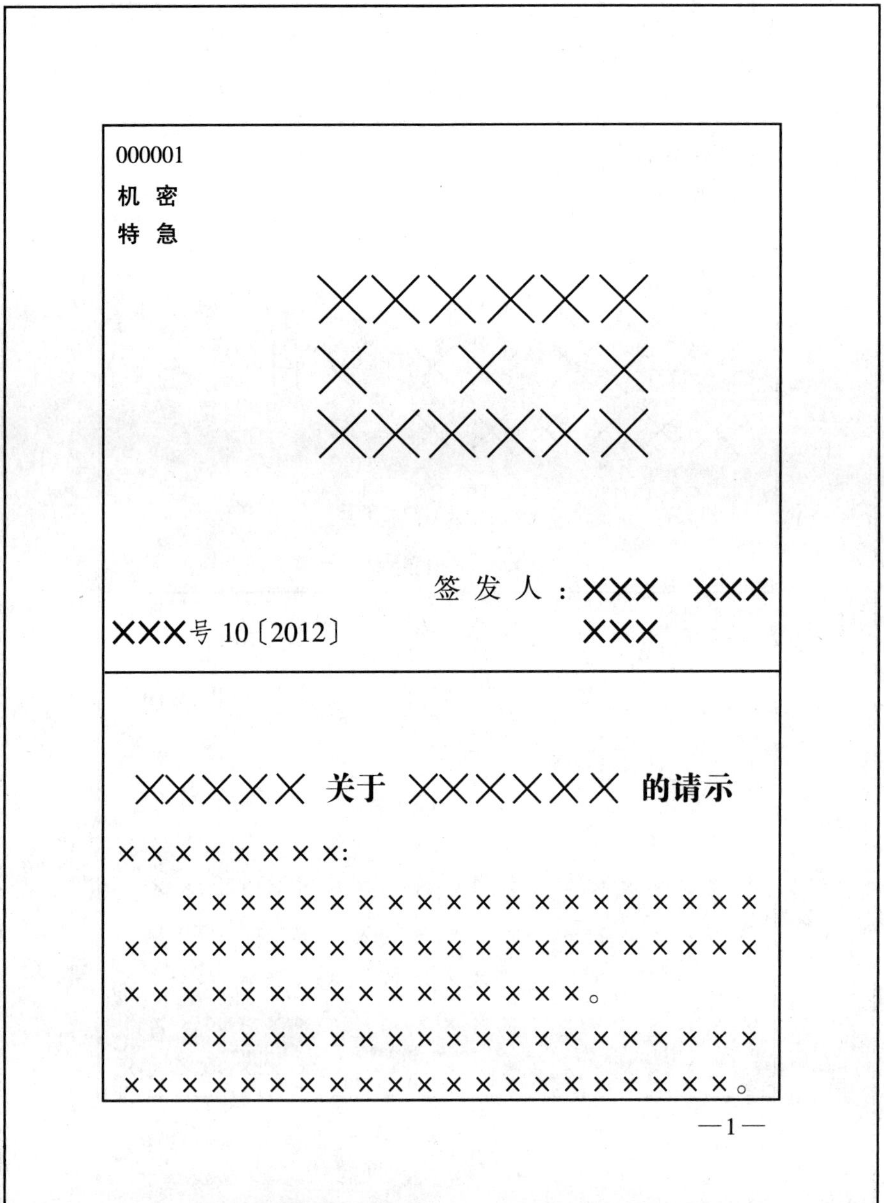

图 4　联合行文公文首页版式 2

注：版心实线框仅为示意，在印制公文时并不印出。

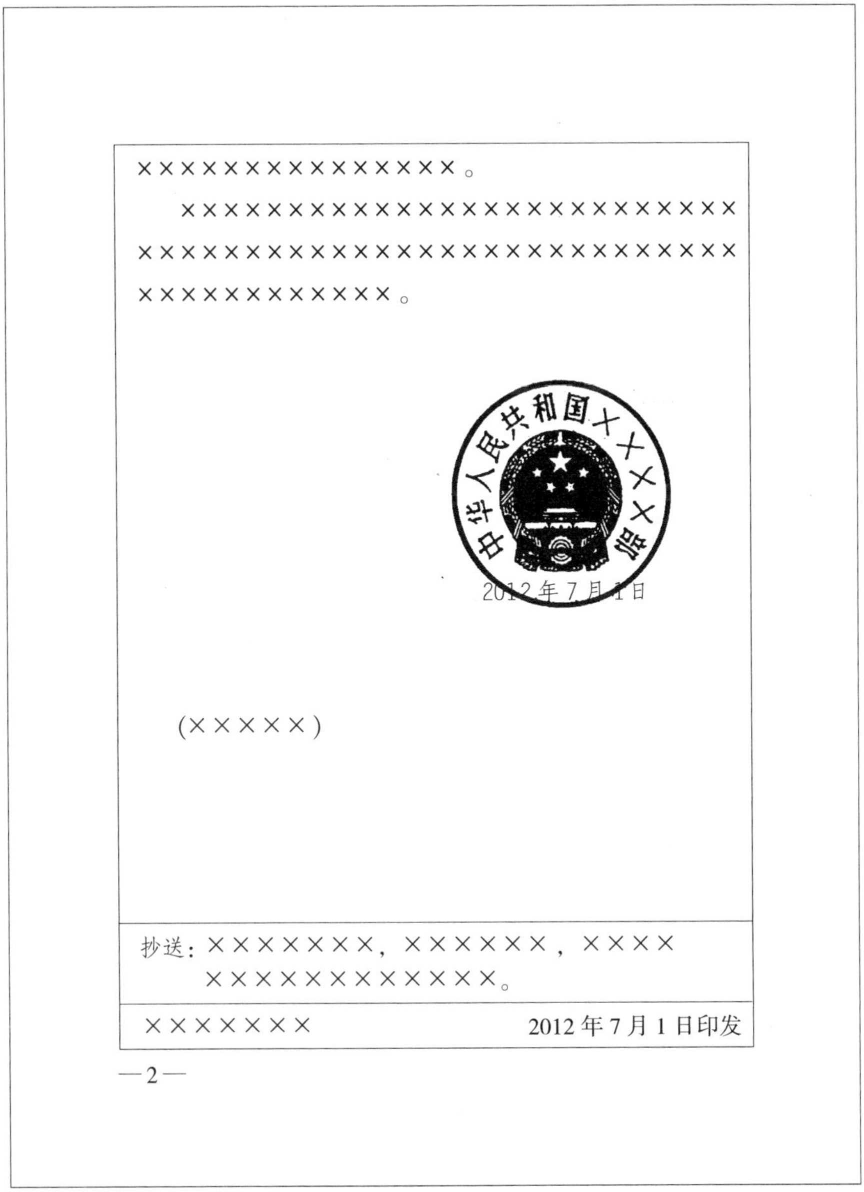
××××××××××××××。

××。

2012年7月1日

（×××××）

抄送：×××××××，××××××，××××××××××××××××××。

×××××××　　2012年7月1日印发

—2—

图5　公文末页版式1

注：版心实线框仅为示意，在印制公文时并不印出。

×××××××××××××××。

　　××××××××××××××××××××××××××

××××××××××××××××××××××××××××

××××××××××××。

×××××××××××

2012年7月1日

(×××××)

抄送：×××××××，××××××，××××

　　×××××××××××××。

×××××××　　　　2012年7月1日印发

—2—

图6　公文末页版式2

注：版心实线框仅为示意，在印制公文时并不印出。

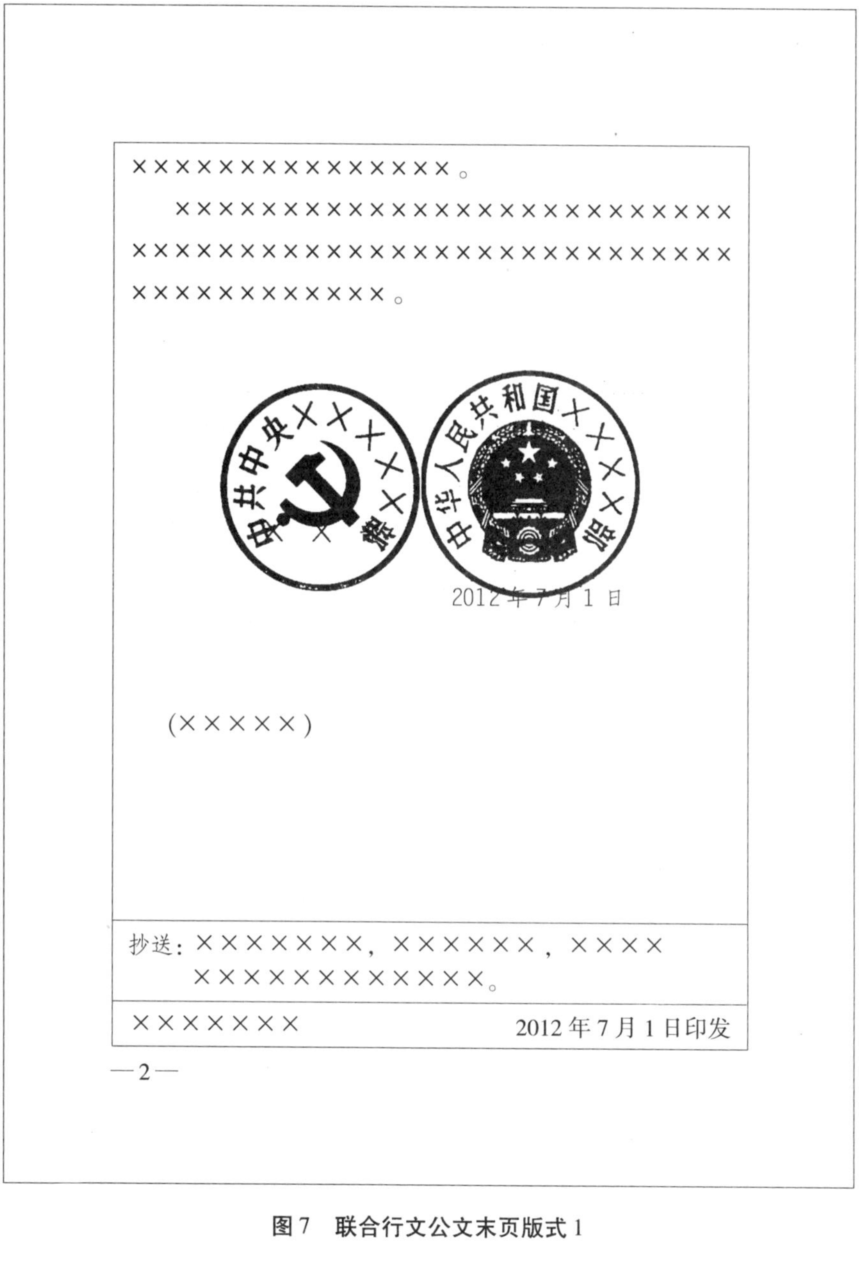
×××××××××××××××。

××××××××××××××××××××××××××
××××××××××××××××××××××××××××
××××××××××××。

2012年7月1日

（×××××）

抄送：×××××××，××××××，××××
××××××××××××。

×××××××　　2012年7月1日印发

—2—

图7　联合行文公文末页版式1

注：版心实线框仅为示意，在印制公文时并不印出。

××××××××××××××××。

××。

2012年7月1日

（×××××）

抄送：××××××××，×××××××，××××
×××××××××××××××。

××××××××　　2012年7月1日印发

—2—

图8　联合行文公文末页版式2

注：版心实线框仅为示意，在印制公文时并不印出。

××××××××××××××××。

　　××××××××××××××××××××××××××××

×××××××××××××××××××××××××××××

×××××××××××××。

附件：1.×××××××××××××
　　　　×××××××××××××
　　　2.×××××××××××××

×××××××

×　×　×　×

2012年7月1日

(×××××)

—2—

图9　附件说明页版式

注：版心实线框仅为示意，在印制公文时并不印出。

附件 2

××××××××××

××。

××。

抄送：×××××××，××××××，×××× ××××××××××××××。	
×××××××	2012 年 7 月 1 日印发

—4—

图 10　带附件公文末页版式

注：版心实线框仅为示意，在印制公文时并不印出。

中华人民共和国 XXXXX 部

000001　　　　　　　　　　×××〔2012〕10 号

机　密

特　急

XXXXX关于XXXXXXX的通知

×××××××××××××××：

　　××××××××××××××××××××××××××

××××××××××××××××××××××××××××

××××××××××××。

　　××××××××××××××××××××××××××

××××××××××××××××××××××××××××

××××××××××××。

　　××××××××××××××××××××××××××

××××××××××××××××××××××××××××

××××××××××××××××××××××××××××

××××××××××××××××××××××××××××

××××××××××××××××××××××××××××

××××××××××××。

图 11　信函格式首页版式

注：版心实线框仅为示意，在印制公文时并不印出。

××××××令

第×××号

×××××××××××××××：

××。

部　长　×××

2012年7月1日

—1—

图12　命令（令）格式首页版式

注：版心实线框仅为示意，在印制公文时并不印出。

【本章小结】

公文与其他文体在内容、要求等方面都有很大的区别，必须熟练把握公文的概念、特征等内容。

《党政机关公文处理工作条例》规定，公文一共有 15 种不同的文种，学习时应该清楚了解不同文种的概念、特性和适用范围等，理解不同文种之间的区别。

对公文而言，格式的规范非常重要。因此，应该熟练掌握公文格式所包括的具体内容，各个内容在具体公文中的规范处理和写作。这是学习公文写作的基础性、关键性内容。

【关键术语和概念】

公文　公文种类　公文格式　版头　主体　版记　标题　主送机关　抄送机关　发文机关

【参考文献】

1. 胡中柱．金融应用写作．北京：中国金融出版社，2007.

2. 张志华．公文写作教程．长沙：中南大学出版社，2004.

3. 付军徽．公文处理与写作．北京：中国金融出版社，2005.

【思考与练习】

一、填空题

1. 按 2012 年 4 月 16 日印发的《党政机关公文处理工作条例》规定，公文共有__________种。

2. 公文的发文字号由__________、__________和__________三部分组成。

3. 公文的特征主要体现在__________、__________、__________和__________等方面。

4. 就公文文种而言，依照有关法律发布行政法规和规章，应该用________；对重要问题提出见解和处理办法，应该用__________。

5. 各级行政机关的行文关系，应当根据各自的______________和______________来确定。

6. 公文以行文方向为标准，可以分为____________、____________和____________三种。

7. 在公文的各种格式中，____________是公文生效的标志。

8. 通知适用于____________、传达要求下级机关执行和有关单位周知或者执行的事项，____________、____________公文。

9. 按2012年4月16日印发的《党政机关公文处理工作条例》规定，决定适用于____________、____________、____________。

10. 党政机关公文是党政机关____________、____________、____________的具有____________和____________的文书。

11. 按照2012年4月16日印发的《党政机关公文处理工作条例》规定，公文标题除____________加书名号外，一般不用标点符号。

12. 按照2012年4月16日印发的《党政机关公文处理工作条例》规定，____________公文应当标明份号。

13. 公文如有附件，应当标明____________和____________。

14. ______________适用于“对重要问题提出见解和处理方法”。

15. 公文标题应____________、____________地概括公文的主要内容并标明____________，一般应当标明____________。

16. 函适用于____________，____________，____________。

17. “报告”适用于____________、____________、____________。

18. 公文的版头部分主要包括____________、____________、____________、____________、____________、____________等内容。

19. 公文的主体部分主要包括____________、____________、____________、____________、____________、____________、____________等内容。

20. 公文的版记部分主要包括____________、____________、____________等内容。

21. 答复下级机关的请示事项，应该用____________行文。

二、判断题

1. 印章是公文生效的标志，因此，《党政机关公文处理工作条例》规定，公文都应当加盖印章。（ ）

2. 机关单位公文的成文时间，应以单位领导人签发的日期为准。（ ）

3. 在公文格式中，公文的主送机关和抄送机关也可能会是同一机关。（ ）

4. 公文如有附件，应当在正文之后，成文时间之前注明。（ ）

5. 对公文正文进行补充说明或作出解释的文字，叫附注。（ ）

6. 公文的成文时间就是公文的付印时间。（ ）

7. “××关于申请资金修建新办公大楼的报告”这个标题是正确的。（ ）

8. 公文的成文日期，必须使用汉字，不能使用阿拉伯数字。（ ）

9. 某厂用报告向市工业局汇报锅炉爆炸的事故及处理情况。（ ）

10. 某市文化局向市财政局行文申请拨款，应用“请示”行文。（ ）

11. “粤卫财〔2006〕11 号”文指的是广东省卫生厅和财政厅联合发的第 11 号文。（ ）

12. 公文的抄送机关和主送机关的内容是一样的，区别主要是各地的叫法不同。（ ）

13. 秘密等级、紧急程度和抄送机关都属于公文版头的内容。（ ）

14. 几个单位联合行文，主办单位要排列最前。（ ）

15. 请示常用的结语是“以上请示，如无不当，请批示”和“以上请示，妥否，请批准”。（ ）

16. 请示和报告都属于上行文，都需要上级机关的答复。（ ）

17. 按《党政机关公文处理工作条例》规定，上报的公文，应当注明签发人、会签人的姓名。（ ）

18. 公文标题一定要由发文机关、事由和公文文种三要素组成。（ ）

19. 公文如有附件，应在正文之后，另起一段空两格书写。（ ）

20. 按《党政机关公文处理工作条例》规定，所有公文都应加盖印章。（ ）

21. 公文若是联合行文，成文时间应以最后签发机关领导人签发的日期为准。（ ）

22. 受双重领导的机关向上级机关行文，应当写明主送机关和抄送机关。（ ）

23. “抄送机关”指的是除主送机关外需要执行或知晓公文的其他机关。（ ）

24. 发文机关标志应当使用发文机关全称或规范化简称。（ ）

25. 几个单位联合行文，主要是按照首字的笔画多少而排列先后顺序。（ ）

26. 联合上报的公文，应由主办机关加盖印章。（ ）

27. 联合下发的公文，发文机关都应加盖印章。（ ）

28. 除上级机关负责人直接交办的事项外，不得以机关名义向上级机关负责人报送“报告”。（ ）

第三章　公文（下）

【本章学习要点】

1. 了解通知、通报、报告、请示、函等常用文种的基本知识，掌握其写作方法和写作要求

2. 了解通知与通报、报告与请示、请示与函等文种在写作上的异同

3. 了解上行文、下行文和平行文的不同写作要求

公文写作包括公文的起草、修改、定稿。公文写作应注意文本内容符合国家的法律、法规和其他有关规定，内容符合事实、观点明确，结构严谨，条理清楚，字词规范，语言、标点准确，文风庄重、简明。公文的十五个文种都有法定的格式规范。

第一节　通　知

一、通知概说

（一）通知的含义与用途

通知，照其词义讲就是把事情告诉人，让人知道。《党政机关公文处理工作条例》规定，通知适用于发布、传达要求下级机关执行和有关单位周知或者执行的事项，批转、转发公文。

（二）通知的性质与特点

通知是党政机关、企事业单位和社会团体广泛使用的下行文文种，具有知照性和指挥性的双重性质，为所有机关和单位所接受，用以发布自己职权范围内的有关事项。

通知具有以下特点：

（1）适用范围广。通知是所有法定文种之中适用范围最广泛的一个文种。

所有机关、单位、组织都可以使用这一文种，发布与此文种和自己职权范围相适应的事项。

（2）运转速度快。通知不需要经过法律程序，按机关办文的程序、经机关领导人签发或同意即可。所以，通知从起草到发出，与其他文种相比要快得多。有些简单的知照性通知的发布甚至不用起草，也不用报批，经机关领导同意或授权就可以直接使用。

（3）使用频率高。由于通知的适用范围广，内容的灵活性比较大，适应性很强，所以，它是每一个机关、企事业单位和社会团体所发布的公文中使用频率最高的文种。

（三）通知的分类

通知的适用范围非常广泛，使用通知处理公务事项的情况尽管千差万别，但不外乎这三大类作用：第一类，用于发布其他文件材料；第二类，进行工作部署；第三类，用于告知事项。根据不同作用，可以把通知分为三类：

1. 发布类通知

此类通知的主要作用是将另一个文件印发、转发、批转、发布出去。例如，《中国人民银行转发〈国务院办公厅关于切实解决高校贫困家庭学生困难问题的通知〉的通知》、《中国人民银行关于印发〈银行集中式数据中心规范〉的通知》等。

此种情况下，通知是印发、转发、批转、发布文件的传播媒介或者窗口，印发、转发、批转、发布的文件是该类公文的核心内容。

2. 工作部署类通知

此类通知最多，在公务活动中被广泛使用，内容包括部署工作、开展活动、提出要求、日常管理等。例如，《中国人民银行关于实行再贷款浮息制度的通知》、《中国人民银行办公厅关于做好 2007 年元旦、春节期间有关工作的通知》等。

3. 告知类通知

此类通知的主要作用是告知事项，一般并不要求收文方具体做什么。例如，《中国人民银行关于调整干部培训领导小组成员的通知》、《中国人民银行办公厅关于启用印章的通知》。

二、通知的写法

（一）发布类通知

1. 概说

此类通知从中央到地方都普遍使用，作用是将另一个文件印发、转发、批转、发布出去。一般分为印发性和批转或转发性两种类型。前者适用于发布本单位制作的文件，后者则用于批转下级机关公文，转发上级机关或不相隶属机关的公文时使用的公文。

印发性通知的内容较为简短，一般只写明被颁发的文件名称并提出贯彻要求即可。有时根据需要则可以进一步阐明被颁发法规的意义，以促执行。而被颁发的公文是正式公文的一部分，不应视为附件，也无须在文末作附件说明。

例文：

中共中央办公厅　国务院办公厅
关于印发《党政机关公文处理工作条例》的通知

各省、自治区、直辖市党委和人民政府，中央和国家机关各部委，解放军各总部、各大单位，各人民团体：

《党政机关公文处理工作条例》已经党中央、国务院同意，现印发给你们，请遵照执行。

中共中央办公厅
国务院办公厅
2012 年 4 月 16 日

批转或转发性通知是批转下级机关或转发上级机关和不相隶属机关的公文时使用的公文。

批转性通知是对下级来文加批语予以转发的通知。下级来文对于本系统、本部门工作有参考、借鉴价值，上级使用“批转性通知”予以转发，要求受文单位遵照或参考执行。批转性通知具有权威性，起到“指示”的作用，因而被批转的文件便具有参考执行的价值。

转发性通知是指将有指导、借鉴意义的上级机关、同级机关或不相隶属机关的文件，通过本单位向下级发送，要求下级单位遵照或参考执行。“转发”就是转送印发的意思，发文单位对来文只起到中转的作用。

两者的区别主要在于：

第一，批转性通知适用于上级机关对来自下级机关的公文进行批转。转发性通知适用于下级机关对上级机关或不相隶属机关的公文进行转发。

第二，在批转性通知上必须表明批转机关对批转公文的态度，还可以加批转说明，或提出执行要求。在转发性通知上一般不加按语而直接转发。批转性通知的重点在于“批”字上，而转发性通知的重点则是在“转”字上。

批转或转发性通知一般有两个或两个以上文种。“通知”为第一文种，被批转、转发的公文是第二文种。这类通知一般要有对所批转、转发的公文的意见或评价，并分别情况写明批转、转发的目的。需要下级机关执行的，根据情况分别写明“请遵照执行”、“请参照执行”、“请研究执行”、“请认真贯彻执行”、“请紧密结合本地本单位的实际，认真贯彻执行”等。有的批转或转发性通知，不仅要写明批转、转发的目的和要求，还要写明具体的指示性意见，以提高下级机关对某项工作的认识，达到统一思想，并在实际工作中遵照执行的目的。批转或转发性通知一般要写得精练、简明，有的篇幅很短，只有一句话。

例文：

国务院办公厅转发建设部等部门
关于调整住房供应结构稳定住房价格意见的通知

各省、自治区、直辖市人民政府，国务院各部委、各直属机构：

建设部、发展改革委、监察部、财政部、国土资源部、人民银行、税务总局、统计局、银监会《关于调整住房供应结构稳定住房价格的意见》已经国务院同意，现转发给你们，请认真贯彻执行。

房地产业是我国新的发展阶段的一个重要支柱产业。引导和促进房地产业持续稳定健康发展，有利于保持国民经济的平稳较快增长，有利于满足广大群众的基本住房消费需求，有利于实现全面建设小康社会的目标。当前，要针对房地产业发展中存在的问题，进一步加强市场引导和调控。要按照科学发展观的要求，坚持落实和完善政策，调整住房结构，引导合理消费；坚持深化改革，标本兼治，加强法治，规范秩序；坚持突出重点，分类指导，区别对待。各地区、特别是城市人民政府要切实负起责任，把调整住房供应结构、控制住房价格过快上涨纳入经济社会发展工作的目标责任制，促进房地产业健康发展。国务院有关部门要组成联合检查组，对各地2005年以来落实中央关于房地产市场调控政策的情况进行一次集中检查。对宏观调控政策落实不到位、房价涨幅没有得到有效控制、结构性矛盾突出、拆迁问题较多的城市，要予以通报批评，并限期整改。

国务院办公厅
2006年5月24日

2. **发布类通知的写法**

（1）标题。一般采用“发文机关＋事由＋文种”的三项式标题。发文事由一般用“发布”、“颁发”、“印发”、“转发”、“批转”等字样带出被发布或被转发、被批转公文的标题。被发布或被批转、转发的规章、法规要求用全称并用书名号括上。

（2）正文。发布类通知的正文一般比较简短。印发性通知只需写明被发布公文的全称，于何时由何会议或何机关通过，提出执行要求等即可。而批转或转发性通知的主要内容往往在被批转或转发的公文内。因此，正文要求文字精练、简约。根据不同情况，用“同意×××文件，现转发给你们，请认真贯彻执行”等短语或句子予以批转或转发。有些重要的文件还可以根据本地区、本系统和本单位的实际情况，对所批转或转发的文件中所述问题或作出强调，或做必要补充，或有针对性地提出要求等。一般另起一段写，将转发的目的、意义和要求讲清楚。

（3）落款。一般写清楚发文机关和发文日期。

（二）工作部署类通知

1. **概说**

工作部署类通知是指上级机关对下级机关就某项工作有所布置和安排，根据公文内容不宜用命令、指示、决定等文种，只能用通知。这种通知使用起来比较灵活、自由，既没有“命令”那么多手续，也没有“指示”那么抽象、宏观，更没有“决定”那么严肃、庄重，但其法定效力是一样的，都是要贯彻执行的。

例文：

中国人民银行关于进一步做好农村信用社支农服务工作的通知

中国人民银行各分行、营业管理部、省会（首府）城市中心支行：

为认真贯彻落实中央经济工作会议、中央农村工作会议和十届全国人大一次会议精神，加大对农业和农村的信贷投入，支持农民增加收入，现就当前进一步做好农村信用社支农服务工作通知如下：

一、进一步端正经营思想，提高支农服务的自觉性

中国人民银行各分支行和农村信用社广大干部职工要认真学习中央经济工作会议、中央农村工作会议和十届全国人大一次会议精神，深刻领会中央提出的把解决好农业、农村和农民问题作为经济工作的重中之重，放在更加突出的位置的精神实质。要把农村信用社的支农服务工作放到促进农业、农村经济发展，帮助农民增加收入，支持农村全面建设小康社会的战略高度，切实抓实抓好。要着力

提高各地农村信用社支农工作的自觉性，采取有效措施端正经营思想，改进金融服务，加大对农业和农村的信贷投入，提高工作质量和效益。

二、加大资金组织与投放力度，增加农贷资金供应

人民银行各分支行要督促农村信用社继续发挥自身优势，积极组织存款，增加资金供应，满足支农资金的需求。要发挥农村信用社点多面广与农民联系密切的特点，深入农村，改进服务，加大宣传力度，积极吸收农民闲置资金，力争实现2003年存款增加2 600亿元以上；进行存贷款利率浮动试点的地区，要按照总行有关文件精神，结合实际灵活发挥利率的杠杆作用，增强信用社的筹资能力；要积极开展业务创新，大力开发中间业务品种，满足企事业单位对金融服务的要求，增加对公存款；要加强地区间的资金融通调剂，满足资金紧张地区的支农资金需求；要加大对到期贷款和不良贷款的清收力度，清理其他资金占用，增加支农资金来源；要加大支农贷款的投放力度，充分发挥农村金融主力军的作用，实现2003年农村信用社贷款增长15%以上，其中农业贷款要增长20%以上的目标。各分支行要加强对现有支农再贷款的调剂，充分管好、用好支农再贷款。个别地区信用社资金确实紧张的，要抓紧摸清底数，算好细账，向当地政府和人民银行反映汇报。

目前，春耕备耕在即，人民银行各分支行要结合各地农村产业结构调整的新情况，在调查研究的基础上，根据农民和农业生产资金需求状况，指导辖内农村信用社对支农信贷工作早计划、早部署、早安排，做到不误农时，支持春耕。

三、继续推广和完善农户小额信用贷款和农户联保贷款

人民银行各分支行要督促农村信用社按照中央农村工作会议精神，继续做好农户小额信用贷款和农户联保贷款的宣传推广工作，进一步扩大规模、简化手续、加强管理。要建立动态调整的机制，按照农民生产的需要，灵活确定农户小额信用贷款的对象、额度和期限；要结合本地实际，积极拓宽农户小额信用贷款的服务范围，增强贷款适用性。在满足农民基本种植业生产资金需求后，可以发放农户小额信用贷款支持农民开展养殖业、农产品加工业等农副业，在经济较发达地区还可以以小额信用贷款的方式发放助学等消费贷款满足农民较高层次的物质文化生活需求；要根据当地农村经济发展和农民收入水平，以及贷款用途因地制宜地确定农户小额信用贷款额度，不搞“一刀切”；要按照农业生产周期和农业贷款的不同用途合理确定贷款期限，提高资金运用效率。

发放农户小额信用贷款，必须坚持农户自愿申请、自主使用，必须维护农村信用社的经营自主权，要继续扎实稳妥地推进信用村镇建设工作。

各地农村信用社要认真总结经验，大胆探索，进一步加大对农户联保贷款的推广力度，着力解决农村产业结构调整中农民较大额度的资金需求。

四、合理确定贷款投向，支持农村产业结构调整

人民银行各分支行要督促农村信用社因地制宜，找准定位，通过调整信贷结构积极支持农村产业结构调整。要贯彻国家产业政策要求，坚决禁止向小钢铁、小电镀、小造纸等国家明令禁止的“十五小”企业发放贷款，已经发放的要尽快清收，已形成风险的要妥善处理；要根据农村产业结构调整和农民增加收入的需要，大力支持当地优势农产品和特色农产品生产，支持农产品加工业和运销业，支持先进适用技术和高新技术的推广，支持“企业+农户”的生产经营方式。

五、改善服务作风，拓宽服务范围

人民银行各分支行要督促农村信用社按灵活、方便、安全的原则，改进贷款方式，简化手续，方便农民借贷。农村信用社要公开农户贷款的对象、额度、利率等有关信息，接受农民群众和社会的监督；要发扬背包下乡、走村串户的优良传统，主动进村入户，了解农民的生产情况和资金需求，及时发放贷款；对于远离信用社网点的农民，农村信用社应组织人员定期开展流动服务。各地可因地制宜地探索推行“支农联络员”制度，逐步培育一批信贷支农营销队伍。

在做好信贷服务的基础上，要督促农村信用社不断探索服务“三农”的新思路、新举措，为农民提供多方位的服务。要把信贷服务与信息服务、科技服务结合起来，增强农民参与市场的能力；要根据当地农民和农村经济发展的要求，开发业务品种，拓宽服务领域，积极开办代收代付，代交公共事业费等业务，有条件的地区可办理银行承兑汇票、信用卡，方便农民结算，在外向型经济发达地区，可根据条件开办外汇业务。

六、加强贷款管理，严格控制和防范风险

人民银行各分支行要督促农村信用社以贷款管理责任制为基础，建立行之有效的激励机制和约束机制，对发放贷款数量大、效果好、回收率高的信贷人员，可以给予适当奖励，以激发信贷人员信贷营销积极性，提高贷款质量。督促农村信用社完善信贷管理制度，建立贷款责任追究制，规范贷款发放、管理和回收等各个环节的操作程序，建立有效的信贷风险防范体系。

人民银行各分支行要加大监督检查力度，做好对贷款投向、贷款合法合规性及贷款风险的监管，严格防范新增贷款风险；要进一步加强支农再贷款的管理，管好、用好支农再贷款，切实发挥支农再贷款的作用；要继续加大对支农再贷款的监督检查力度，坚决禁止一切挤占、挪用支农再贷款的违规行为，确保支农再贷款得到有效利用。

2003 年 4 月 8 日

2. **工作部署类通知的写法**

（1）标题。由发文机关名称、公文主题与“通知”组成。

（2）正文。由开头、主体两部分组成。

①开头部分，以精练的文字写出某项工作的意义、工作进展情况和当前存在的问题，有的阐明发文的目的、依据和任务，然后以一个过渡句承上启下，比如，“特通知如下”、“现就做好×××工作，特作如下通知”等。

②主体部分，即通知的内容。这部分由开头部分的过渡语领起，开门见山，写清楚通知的内容，部署的事项、措施及有关执行要求。内容较多的，加序数分项（条）撰写。

这部分是重点所在，要求把有关事项及措施等条理清晰地列明，便于下级有关机关理解和执行。

这类通知，要写得具体、生动，符合实际，切实可行。文字要通畅、简练，语言要平实、明快，准确地表达发文机关的意图，使人们一看就懂，易于贯彻执行。

（三）告知类通知

1. **概说**

此类通知的作用主要在于告知有关部门有关事项，一般并不要求收文方具体做什么。因此，与工作部署类通知相比，此类通知篇幅更简练，内容更集中，写作的灵活性也更大。

例文：

中国人民银行办公厅关于启用印章的通知

中国人民银行各分行、营业管理部，省会（首府）城市中心支行，大连、青岛、宁波、厦门、深圳市中心支行：

根据中央机构编制委员会办公室《关于中国反洗钱监测分析中心机构编制的批复》（中央编办复字〔2004〕51号），中国反洗钱监测分析中心已正式成立，自2004年4月28日正式启用中国反洗钱监测分析中心印章。

特此通知。

2004年4月27日

2. **告知类通知的写法**

(1) 标题。由发文单位名称、通知的主旨内容与“通知”组成。重点在于写好通知的主旨内容。

(2) 正文。正文的撰写要紧扣“告知”两字，只需把有关需要告知的事项及其目的或依据清楚陈述即可，而不必过多展开。因此，正文篇幅要比部署类通知更简练，内容也更集中。

三、拟写通知需要注意的问题

(一) 关于通知的作用问题

在公文办理的实践中，发布类通知、工作部署类通知、告知类通知只是大致的区分，写作时应视具体情况而定，它们的作用是不能截然分开的。比如发布类通知，既可以单纯批转、转发、印发和发布，也可以根据情况进行相应的工作部署，或者提出相关的要求等，在这种情形下，就难以区分其属于发布类通知还是工作部署类通知；又如，告知类通知也可以在告知事项的同时提出相关要求。

通知与命令（令）、决定相比，虽然都有下达指令的作用，但通知的权威性明显弱得多，事务性更强一些，因而通知的用途也更加广泛，既可以依法或在职权范围内创造工作规则、下达工作指令，也可以将上级的指示、法规的要求具体化；既可以传达重要精神、重要指示，使一部分公文生效（如印发）、扩展效力范围（如转发）或效力升级（如批转），也可以告知应知或应办的一般性事项。

(二) 关于通知的语言特点

总体来说，通知大多是发往下级机关的下行文，或者是面向社会的普发性公文，通知的语言应明白具体，平白实在，同时应体现行政主体或管理主体的身份，郑重、肯定、客观。通知具体使用哪一种语态，要依通知的内容、行文目的而定。内容不同，行文目的不同，语言的表述方式就不一样。例如，部署一项新的工作，宣布开展某项活动，在清楚明了地明确有关情况、问题、做法的同时，语态应是平易近人、循循善诱的；而针对错误的纠正性通知，语态应是严厉的、不容置疑的；告知事项的通知，根据事项的内容，语态可以是中性、平等的，也可以是体现倾向性、居高临下的；通知人们参加会议、培训、研讨等事宜，语态大多是周到、客气的，等等。

(三) 关于通知的标题形式

通知是普遍使用的公文种类，它既可用于处理重要的、复杂的事项，也可用于处理一般的、琐碎的日常工作事项。通知的标题形式，根据处理公务事项的情况，既可以是标准式的，也可以是三项式、双项式、单项式的。比如，可以省略制发机关，也可以省略相关介词，还可以仅有事由和文种。而在拟写通知的标题时，要注意转发文件的通知的标题拟写形式，多重转发时要避免出现“××的通知的通知”的重叠情况。

第二节　通　报

一、通报概说

（一）通报的含义

《党政机关公文处理工作条例》，把“通报”的用途规定为：“通报，适用于表彰先进、批评错误、传达重要精神和告知重要情况。”

（二）通报的特点

根据通报的用途，通报属普发性的下行文，主要特点如下：

（1）知照性。通报属知照性公文。发布通报的目的，就是让大家了解有关情况，知道应当遵守的政策、规定、纪律，起到周知、鼓励、警示、教育和借鉴的作用。比如，表彰先进、传达重要精神、交流情况并公开发布的通报等，知照性特点十分明显。

（2）教育性。通报运用具有代表性、倾向性的事例、新颖的典型经验以及重大情况予以表扬、批评、倡导或强调，以引起人们的警觉与注意，发挥着宣传教育、启发引导、沟通情况和交流经验的作用。

（3）时效性。通报主要用于反映新情况、新问题、新经验、新趋向，因此，强调及时快捷。

（三）通报的分类

（1）表彰类通报。这类通报主要用于表扬先进人物和先进集体的事迹，总结成功的经验，宣传正面典型，树立榜样。

（2）批评类通报。这类通报主要用于批评错误，可以针对人，可以针对事，也可以针对机构。其作用在于用反面典型教育相关单位及人员，纠正错误。

（3）知照类通报。这类通报主要用于传达信息、沟通情况。这些情况既可以是客观存在的情况，也可以是有关工作完成后总结的情况。

（四）通报与相近文种的辨别

在使用过程中，通报和通知、通告都属容易混淆的文种，使用中应该加以辨别。

1. 通报和通知的区别

通报和通知都具有传达和告知作用，从这一点上看，它们都属于传达和告晓性公文。但是，通报又可以用于表扬和批评，因此，它又属于奖勉和告诫性公文。

两者的区别主要体现在以下三点：

（1）用途不同。通报和通知都可以用于传达情况和告知需要知道的事项，但通报传达的是“重要情况”，告知的是特殊事项。而通知传达的是“上级指示”，告知的是一般事项。另外，通报可以用于表扬好人好事和批评错误，通知没有这种用途。

（2）目的不同。通报的目的是使其对象了解好的或坏的代表人物或典型事例，从中得到启发，受到教育，从而提高认识，学到经验，想出办法，改进工作。通知的目的则是使其对象了解通知的事情，或者要做的事情，或者怎样去做。

（3）对象不同。通报的对象不是特定的，也不专对某个机关或某些人，而是使各机关或有关人员“一体周知”。通知（发布和布置性通知除外）的对象则是特定的，它专对特定的机关或人员。

2. 通报和通告的区别

通报和通告之间有着显著的区别：

（1）性质不同。通报属于传达、告晓性公文，也属于奖勉、告诫性公文。通告虽然也有告晓作用，但因它还用来宣布应当遵守的事项，所以应当属于指令性公文。

（2）用途不同。通报可以用于表扬和批评，而通告没有这种用途。

（3）对象不同。两者都可用于告知需要知道的事项，但通报的对象是机关及其有关人员，而通告的对象则广泛很多，不仅包括机关及其人员，还包括人民群众。

二、通报的写法

（一）表彰性通报

表彰性通报，正文主要包括在什么时间、什么单位和人物、对什么工作作出了突出成绩或贡献、表彰的目的、作出表彰决定的机关、表彰决定、给予先进单位和先进人物的奖励等级、对被表彰的先进单位和先进人物的期望与要求、对其他相关单位和人员的要求、号召等要素。正文一般分为三块内容处理：

（1）开头，用概括性语言叙述表彰的缘由。

（2）主体，先叙述先进个人或先进单位具体的先进事迹，然后概括分析其本质，最后提出给予的奖励等级。

（3）结尾，一般提出号召或要求。

其中，主体部分对先进单位和先进人物的突出成绩、革命精神和优秀品质，要从具体到抽象、从感性认识到理性认识，作出高度的、精练的概括；结尾部分对表彰对象的希望与对其他相关单位和人员的要求，要有针对性和指导意义，能引起全社会的共鸣，起到激励和鼓舞作用。

例文：

中国人民银行办公厅关于表彰风险处置类再贷款专项检查工作人员的通报

中国人民银行各分行、营业管理部，太原、海口中心支行，佳木斯市、鞍山市中心支行，中国东方资产管理公司：

2004年6月2日至25日，总行从各分行、营业管理部金融稳定处、货币信贷处、会计处和内审处抽调一些人员，从部分被撤销金融机构清算组（工作组）抽调一些人员，组成了10个联合检查组，对继续由我行负责处置的16家高风险金融机构使用再贷款情况进行了专项检查。

各分行、营业管理部及各被检查单位，高度重视此次专项检查工作，按照总行要求抽调精兵强将参与此次专项检查工作。本次检查涉及的金融机构情况比较复杂，部分机构清算过程时间跨度大，各检查组克服种种困难，深入各清算组、托管组以及当地人民银行及有关商业银行和中介机构进行了认真细致的调查，查阅了大量历史档案和财务资料，召集相关的当事人进行重点调查，对检查中发现的问题与被检查单位进行了核对、确认，在此基础上形成了书面的检查报告，并将检查记录装订成册，取得了大量翔实的资料。经过本次检查，各检查组基本摸清了本次被检查机构风险处置类再贷款的基本情况和存在的问题，并提出了相应的政策建议。

鉴于参加检查工作的全体成员为本次检查工作的顺利完成付出了大量艰辛的劳动，总行决定，对参加此次风险处置类再贷款专项检查工作的所有人员给予通报表彰，表彰记录记入本人档案，以供干部考核参考。

附件：表彰人员名单（略）

2004年8月2日

（二）批评性通报

批评性通报在写法上，有直述式通报、转述性通报。前者直接陈述事件，后者则转述有关报刊等的陈述。

正文一般包括事件发生的过程、原因、责任单位和责任人、责任单位和责任人应承担的责任、政策和法律法规依据、应采取的措施、对事件的处理（包括对单位的处理和对个人的处分等）、应吸取的教训、重申或传达上级有关重要精神、对下级所有单位和人员的要求等要素。写法上如表彰性通报一样，多分为三块内容处理：

（1）开头，用概括性语言叙述批评的主要事实及后果，阐明通报缘由。

（2）主体，先叙述批评的具体事实、依据及目的，然后概括分析其教训所在，而后宣布批评的方式。

（3）结尾，一般提出希望或要求。

在阐述事件发生的过程、原因时，要抓住事件的本质，揭示事件的要害。不能避重就轻，不能隐瞒事实真相，应实事求是，一针见血。对事件的处理，要坚持按政策和法律办事，从大局出发，重在吸取教训，批评性通报的目的是为教育本人和警示其他干部群众，防止以后再发生类似的问题。重申和传达上级领导机关的指示精神、对所属单位和人员的要求，用指挥性语言，分项阐述。

例文：

中国人民银行关于××银行
擅自使用信贷管理新系统引发大量错误的通报

人民银行各分行、营业管理部、省会（首府）城市中心支行、各政策性银行、国有独资商业银行、股份制商业银行、信托投资公司、财务公司、融资租赁公司：

最近，××银行擅自使用未经与人民银行联合测试的信贷管理新系统（CM2002）向银行信贷登记咨询系统上报数据，导致产生大量的错误数据，严重影响了银行信贷登记咨询系统的正常运行。现将有关情况通报如下：

2003年4月份以来，××银行停止使用信贷综合管理旧系统，利用新开发的信贷管理系统（CM2002）向银行信贷登记咨询系统报送数据。事前，××银行未向人民银行报告，也没有考虑其新系统须与银行信贷登记咨询系统接口的联合测试问题，擅自通知下属各分行通过新系统向银行信贷登记咨询系统报送数据，导致产生大量的错误数据，信贷业务数据的上报率降低，上报时间滞后，严重影响了银行信贷登记咨询系统的稳定运行。

人民银行发布的《银行信贷登记咨询管理办法（试行)》（银发〔1999〕281号）规定，任何金融机构不得使用未经人民银行测试通过的程序报送数据，在启用新系统时必须要经过联合测试才能与银行信贷登记咨询系统连接。鉴于××银行违规行为的严重性及造成的重大影响，为严格执行银行信贷登记咨询管理制度的有关规定，维护银行信贷登记咨询系统的稳定运行，人民银行决定对××银行给予通报批评。××银行必须抓紧采取有效措施，尽快纠正错误。各金融机构要以此为戒，进一步完善制度，坚决防止类似问题的发生。

请人民银行各分行、营业管理部、省会（首府）城市中心支行将本通报转发至辖内城市和农村商业银行、城乡信用合作社、信托投资公司、财务公司、融资租赁公司和外资金融机构。

2003年5月30日

（三）情况通报

情况通报，不论是综合性的还是专题性的，是直述式的还是转述式的，这类通报的正文一般由叙述情况、分析情况和提出指导性意见三部分内容组成。要从全局出发，用概括性语言对应当通报的情况作简要的概括性叙述。叙述文字不宜太长，达到通报的目的即可。对情况的叙述和分析，更重要的是引出后面提出指导性意见方面的内容。

例文：

国务院安委会办公室关于安全生产隐患排查治理专项行动进展情况的通报

各省、自治区、直辖市及新疆生产建设兵团安全生产委员会，有关中央企业：

自5月12日国务院决定在全国重点行业和领域开展安全生产隐患排查治理专项行动以来，各地区、各有关部门及有关中央企业按照《国务院办公厅关于在重点行业和领域开展安全生产隐患排查治理专项行动的通知》（国办发明电〔2007〕16号，以下简称《国办通知》）的统一部署，认真组织开展了安全生产隐患排查治理专项行动，发现和整改了一大批事故隐患，有效遏制了重大、特大事故的发生。现将专项行动进展情况通报如下：

一、专项行动的总体情况

一个多月来，各地区、各有关部门及有关中央企业按照国务院的部署和国务院安委会办公室的安排，认真组织开展了安全生产隐患排查治理专项行动。截至6月30日，全国已有45.4万个生产经营单位开展了隐患排查治理工作，共查出各类事故隐患72万余条，已整改60.4万条，整改率为83.6%；其中重大事故隐患1.94万条，已整改1.19万条，整改率为61.2%。共掌握非法建设、非法生产、非法经营生产经营单位29 392个，已取缔16 574个，正在打击5 763个。从前一阶段专项行动工作看，主要有以下几个特点：

（一）加强领导，及时部署隐患排查治理专项行动。各地区、各有关部门及有关中央企业十分重视隐患排查治理专项行动，及时转发了《国办通知》和国务院安委会办公室4个《指导意见》，通过多种形式研究和部署，并结合实际制订了具体实施工作方案。北京市、黑龙江省、山东省人民政府主要领导同志高度重视，针对专项行动作出重要批示，要求各市（区）、县（市）和相关部门迅速开展隐患排查治理工作。上海市召开了安全监管、公安、旅游、质检等19个部门参加的隐患排查治理专项行动工作会议，对专项行动进行了动员和部署。公安部、交通部、铁道部、水利部、建设部、民航总局、电监会等部门也结合本部门实际情况，制订了具体的工作方案，进行了认真周密的安排和部署。神华集团公司、中国石油天然气集团公司、宝钢集团公司等中央企业也都做了专门部署，并成立了安全生产隐患排查治理专项行动工作小组。

（二）加大宣传力度，推动专项行动深入开展。各地区、各有关部门及有关中央企业开展了形式多样的宣传活动，努力营造全社会查找整改隐患的舆论氛围。河南省政府有关领导在《河南日报》上发表了署名文章，要求各有关部门和单位提高认识，精心组织，开展好隐患排查治理专项行动。山东、河北、内蒙古等地结合"安全生产月"和"安全生产万里行"活动，把隐患排查治理专项行动作为"综合治理、保障平安"的具体措施，采取多种形式向基层政府和企业进行了宣传。北京市、天津市将隐患排查治理专项行动有关文件汇编成册，发到每个生产经营单位，广泛宣传隐患排查治理工作的相关要求和重要意义。公安部、交通部、教育部等部门也结合"安全生产万里行"活动，宣传道路交通、消防等行业隐患排查治理的知识。国家电网公司结合专项行动在全系统开展了"安全生产百问百答活动"。

（三）明确职责，合力开展隐患排查治理工作。在各省（区、市）人民政府的领导下，安全监管监察、公安、交通、建设、铁路、民航、电力、煤炭、国土资源、国防科工、农业、教育、质检等有关部门各负其责、相互配合，共同推进。山东省、重庆市按照"政府统一领导、部门指导监督、多方参与联动"和"谁主管、谁负责"以及"一岗双责"的原则，明确了各相关部门在隐患排查中的职责。上海市、天津市、湖南省按照"条块结合、以块为主"的原则，明确地方政府负总责、各相关监管部门各负其责、部门之间建立联动机制。同时，依靠各街镇、工业区、居委会的力量，全面深入开展专项行动。

（四）突出重点，结合实际开展隐患排查治理工作。各地区、各有关部门及有关中央企业针对实际情况，确定了隐患排查治理的重点行业、重点地区、重点企业和重点隐患，有针对性地开展隐患排查治理工作。福建省结合本地区实际情况，将河道采砂、道路交通事故多发路段、路面设施及路面监控等隐患的排查治理纳入了专项行动之中。北京市将矿山、危险化学品、建筑施工和人员密集场所作为重点行业，将矿山企业集中的房山区、门头沟区作为重点地区，将即将搬迁的首钢等企业作为重点企业，将第一季度排查出的286项隐患作为重点隐患。公安部将道路交通、人员密集场所消防安全作为重点，开展了10个方面的隐患排查治理工作。交通部部署开展了以防船舶碰撞、防泄漏为重点的隐患排查治理专项行动。铁道部围绕第六次大提速，深化了沿线和道口专项整治，加强了提速安全保障体系建设。民航总局抓住事故征兆，开展机坪运行秩序专项整治和对航空公司、机场空管单位的安全审计。水利部开展了打击非法违法违规采砂专项行动。国家电网公司、南方电网公司将隐患排查治理专项行动与电网迎峰度夏相结合。

（五）强化监督，确保隐患排查治理取得实效。各地区、各有关部门及有关中央企业加强了对隐患排查治理专项行动的检查和指导。上海市闵行区对存在事故隐患的单位发出法律文书，责令立即整改或限期整改，并跟踪整改措施的落实情况。辽宁省共邀请各行业领域的安全生产专家和专业人员1 365人，深入企业排查治理隐患。甘肃省组织专家对兰州石油化工公司等14家非煤矿山、化工、机械、电力等行业的重点企业进行了以责任制、规章制度、操作规程和现场管理等方面为主的专项检查，共查出问题和事故隐患940条。中国核工业集团由集团公司领导带队分5个组对10家重点单位开展检查。中国机械工业集团成立了专项行动联合检查组，由集团公司领导和安全生产专家组成，选择重点单位进行检查。

二、存在的问题

从总体情况看，隐患排查治理专项行动进展是顺利的，情况是好的，但也存在着一些不容忽视的问题：

（一）少数地区和单位对隐患排查治理专项行动重视不够，进度较慢。有的地方和单位对隐患排查治理工作的重要意义认识不足，没有把这次专项行动作为一项重要任务，仅把文件进行了转发，没有制订具体的工作方案。有的地方和单位至今没有将任务落实到基层，还存有许多死角。

（二）一些地方“打非”工作不力，瞒报事故时有发生。有的地区打击非法建设、非法生产、非法经营工作不力，专项行动进度较慢，非法小煤矿、小矿山、小作坊引发的事故接连发生。有的地区接连发生事故瞒报、矿主逃匿等问题，情节严重，社会影响恶劣。

（三）一些地方和单位隐患排查治理工作不扎实，近期事故依然多发。有的地区没有认真吸取事故教训，排查治理事故隐患不深入，造成同类事故重复发生。如有的地区接连发生校车相撞事故，造成多名学生和儿童死伤，有的地区一周内发生5起较大交通事故，给人民生命财产安全造成了重大损失。

（四）有的地方和单位隐患排查治理专项行动信息报送不及时。32个统计单位中，北京、河北等26个省（区、市）和新疆生产建设兵团都按照国务院安委会办公室的要求，报送了报表和文字说明，有5个省（区）仅报送了报表，没有按时报送文字说明。确定参加隐患排查治理专项行动的60家中央企业中，部分企业仅报送了报表，没有报送文字说明，有4户中央企业既没有报送报表，也没有报送文字说明。

三、下一步工作要求

按照专项行动总体部署，针对存在的问题，提出如下要求：

（一）继续积极深入推进隐患排查治理专项行动。各地区、各有关部门及有关中央企业要进一步提高认识，加强领导，加强对少数思想认识不到位、隐患严重、事故多发、专项行动进展迟缓的地区、部门和单位的检查监督指导，对可能发生事故的各个环节进行重点排查，及时整改消除可能酿成事故的重大隐患。

（二）认真组织引导地方政府开展自查工作。各地安委会要在地方党委和政府的统一领导下，做好地方人民政府安全监管主体责任落实情况的督查检查。要从事故查处和责任追究，打击非法建设、非法生产和非法经营，落实治本之策，推进煤矿“两个攻坚战”等方面，检查下级地方人民政府是否认真组织开展了安全生产隐患排查治理专项行动，是否将安全监管主体责任落到了实处。

（三）加强调研和督促检查工作。各地区、各有关部门及有关中央企业要组织有关人员，深入基层、深入企业进行调查研究，掌握实情，发现问题，总结经验。尤其要加大对事故多发、隐患严重、专项行动进展缓慢的地区和企业的监督检查力度。对发出的整改文书和指令，要跟踪督办。

（四）充分发挥各级政府及有关部门的作用。各地区、各有关部门要按照《国办通知》的要求，进一步加强对专项行动的统一领导，明确工作分工，落实各相关部门的责任。各级安委会办公室要加强与各相关部门的协调与沟通，积极支持和配合他们搞好隐患排查治理专项行动，并在行动中搞好联合执法。

（五）创新机制和方法，推动专项行动的深化。要结合实际，建立《隐患整改指令》、《工作和事故通报》、《专项行动简报》和《监管监察指令》等制度，采取巡检互检、召开现场会、领导分片抓重点等办法，促进隐患整改，推动工作开展。企业要广泛发动职工群众，搞好群查、群防、群治，建立隐患排查治理长效机制及重大危险源分级管理制度。

（六）做好专项行动中的信息工作。各地及有关中央企业要对专项行动进展情况认真进行调度统计和综合分析，于每月30日或31日前向国务院安委会办公室上报相关报表和文字说明。国务院有关部门的安全监管机构也要加强本系统的信息工作，既要督促省级部门及时准确地向上级主管部门报送相关信息，又要及时向国务院安委会办公室报送相关信息。

2007年7月16日

三、拟写通报的注意事项

（1）表彰类、批评类通报必须注意行文方向，一般应按照职责范围和隶属关系进行表扬和批评，行政机关不应也无权表扬和批评非管辖范围的事项、机构、人员。

（2）应注意批评类通报与处罚类决定的区别。一是行文目的不同，批评类通报是为了教育当事人或者更多的人，吸取教训，而处罚类决定是在确认错误事实的基础上宣布合法有效的处分决定；二是适用范围不同，批评类通报适用于具有典型教育、警示意义的人和事，而处罚类决定适用于应该给予处分的人和事；三是内容不同，批评类通报的内容重在介绍、说明事实，以能够引出结论为度，而且引出结论的目的是提出要求或采取措施纠正错误的做法，而处罚类决定重在确认错误事实，提出明确的处理意见。总体而言，通报具有教育性特点，而决定没有。

（3）发往下级机关的批评类通报和情况通报，虽可以根据情况，在提出批评和告知情况的同时提出要求，进行工作部署，但全文应以通报情况为主，不宜喧宾夺主，否则就会与通知混淆。

（4）撰写通报，应使用说明与叙述相结合的表达方式，通过平实而准确的叙事与入情入理的分析，使读者心悦诚服，无论表彰先进的通报还是批评错误的通报，评价或定性要态度鲜明，导向清楚，从而使通报达到倡导和鉴戒的作用。

第三节　报　告

一、报告概说

（一）报告的含义与用途

《党政机关公文处理工作条例》规定，报告适用于向上级机关汇报工作、反映情况，回复上级机关的询问。

汇报工作情况的报告包括综合工作情况报告、专题工作情况报告、例行情况报告等。比如报告某一方面的全面工作情况，报告专门事项、专门工作的情况，按照规定或者惯例报告工作，按照上级机关的工作部署或者要求报告工作等。

突发情况报告是指将工作中突然发生的意外情况向上级机关报告，包括意外事件、意外情况发生后的影响情况、处理情况、后续情况等。

回复上级机关询问的报告一般指就上级机关的询问事项、批示事项、交办事项等作出解释或者回复。

（二）报告的性质与特点

报告是党政机关和其他社会组织普遍使用的法定上行文种，是有领导与被领导关系、指导与被指导关系的下级单位向上级单位汇报工作、报告情况时所用的陈述性文书。

（1）汇报性。所有报告，都是下级机关向上级机关或向上级相应的业务主管部门汇报工作。不论内容、形式如何，都属上行文，其汇报性非常突出。

（2）陈述性。除批转性报告的结尾外，报告用陈述性语言，没有祈使性、决断性语言，更没有定向性语言。报告的内容是为了让上级机关了解情况，在写法上突出“陈述”二字，用叙述的手法，实事求是地向上级机关报告工作情况。

二、报告的写法

从报告缘由的角度分析，报告的制发大致包括两种情况：一是下级机关主动行文，就职责范围内的工作情况向上级机关报告，包括一定时间内的全面工作情况，专项工作情况，需要上级机关了解的重要情况，尤其是各种突发事件的情况等；二是被动行文，比如按照上级机关的规定、部署、要求、领导批示报告情况等。

上述第一种情况，发文的下级机关可以自行掌握公文的内容、制发的节奏；

而第二种情况，下级机关必须按照上级机关的要求组织公文的内容，按照上级机关规定的时限将报告送达上级机关。

三、拟写报告应注意的问题

（1）报告中一般不能夹带请示事项。报告对于上级机关来说属于阅件，可以不予批复，如果在向上级机关的报告中夹带了请示事项，上级又不作批复，请示就失去了意义，所请示的工作还很有可能被耽误。

（2）报告中可以提出下一步的相关工作安排，但应以报告情况为主，同时要注意，相关工作安排必须针对所报告的情况，必须是自己职责范围内的事项，不涉及其他部门职责，也不需要上级机关审批，即使上级机关不作批复，下级机关也可以自行办理。如果相关工作安排涉及其他部门职责，应与相关部门协商，并注明协商有关部门办理或与有关部门协同工作；如果相关工作安排涉及上级机关审批事项，应注明届时另行请示的内容。

（3）虽然上级机关对报告没有“一文一事”的严格限制，但也不宜在一个报告中报告多个事项。一是对下级机关的报告是否批复或者批转，是上级机关的事情，如果一个报告中报告有多个事项，会给上级机关批复或批转造成困难；二是会给档案部门的工作带来不便，使其难以对文档进行分类。

（4）拟写报告应注意避免内容过多、篇幅过长。如果内容过多、篇幅过长会给领导同志批阅文件造成负担，反而影响报告的客观效果。

（5）报告一般不标注紧急程度标识。原则上报告是阅件而非办件，标注紧急程度标识没有意义，下级机关不可能也无必要指挥上级机关阅读文件的速度。

例文：

关于金融规章清理结果的报告

国务院：

我行根据《国务院办公厅关于开展现行行政法规清理工作的通知》（国办发〔2000〕5 号）和世界贸易组织中国工作组的要求，对金融规章进行了全面清理，已于 2000 年 8 月 21 日发布了《关于公布第六批金融规章和规范性文件废止、失效目录的通知》（银发〔2000〕262 号），其中，废止 68 件，失效 69 件。

现将废止和失效目录报上。

附件：第六批金融规章和规范性文件废止、失效目录（略）

2000 年 12 月 15 日

第四节　请　示

一、请示概说

（一）请示的含义与用途

请示是指“适用于向上级机关请求指示、批准”。

从作用来分类，请示主要包括请求指示性的、请求批准事项性的、请求批转或转发公文性的。

请求指示性请示。主要包括两种情况：一是向上级机关询问事项，请求上级机关给予指示，比如对有关政策、规定给予明确或者进行解释等；二是在实际工作中，遇到新情况、新问题，需要上级机关进行指示。

请求批准事项性请示。主要是用于超出下级机关自行决定的职责范围，需由上级机关决定的事项，或者虽然属于下级机关职责，但上级机关为事先把握情况明确要求下级机关行文请示的事项。

请求批转或转发性请示。主要包括两种情形：一种是请求上级机关认可和批准其所提出的意见和建议，批转各地政府或不相隶属机关执行。这种请示涉及的工作事项一般需要各地政府或不相隶属机关的支持或执行，而提出请示的机关又没有权力提出要求，所以，请求以上级机关的名义批转或转发，代为部署。另一种是相关情况需要各地政府或不相隶属机关了解或者重视，上级机关转发或批转力度会更大，因此，请求以上级机关的名义批转或转发，代为通报。

（二）请示的性质与特点

请示是党政机关、企事业单位和社会团体普遍使用的法定文种，是有隶属关系的下级机关向上级机关请求指示、批准的陈请性的上行文书。没有隶属关系的下级机关向上级机关请求指示、批准，只能用函，不能用请示。

请示的主要特点有：

（1）请求性。请示的最大特点是请求性，是指本单位、本部门计划办理而无权决定，或无力去做、或不知如何去做的事项。因此，在撰写请示时，要写明请示办什么事，为什么要办，打算如何去办，有什么困难和问题需要上级解决，有什么事项需要上级批准等，要写得清清楚楚，请求上级批示或批准。

（2）单一性。一件请示公文，只陈述一件事情，即一文一事。这样有利于提高请示公文办理的质量、效率并促进问题的解决。

（3）回复性。请示属于要求领导机关予以回复的公文，具有强制回复的性质。接受请示的机关应对请示事项表明是否批准的态度或予以明确的指示。

二、请示的写法

（一）标题

请示的标题一般采用“发文机关 + 请示事项 + 文种”的三项式标题。关键在于对“请示事项”的概括要准确、清楚。

（二）主送机关

请示是上行文，请示的目的是祈请上级对请示事项作出答复。因此，请示的主送机关只能是一个，即直接的上级机关。即使是受双重领导的下级机关向上级机关请示，也只能以主管所请示事项的上级机关为主送机关，尽可能避免出现由于两个主送机关作出两个截然不同的答复，致使发文机关无所适从的情况；或者可能出现互相推诿而贻误工作的情况。

（三）正文

请示正文一般由请示事由、请示事项和请示要求三部分组成。

（1）请示事由（起因）：正文开头表明提出请示的依据。请示的发文机关可以根据工作中遇到的新问题、新情况如实反映情况，提出问题，陈述理由。

（2）请示事项：这是请示的核心内容。在反映情况、提出问题、陈述理由的基础上，写明需要上级帮助解决的问题。为了有利于获得批准，可以进一步提出解决问题的建议、措施或方案，供上级领导审批时参考。

（3）请示要求：这是请示的结尾部分。行文中要用简短的文字概括写出具体的请示要求，突出主题。通常是紧接请示事项之后，另起一段书写。根据请求目的的不同，请示常用语是“以上请示如无不妥，请批准”、“当否，请指示”、“特此请示，请予以审批”、“以上请示如无不当，请批转各部门（地区、单位）执行”等。这是请示的重要组成部分，不能省略。

例文：

中国农业银行关于储蓄存款计息方法有关问题的请示

中国人民银行：

近日，储户冬青起诉我行辖属北京分行亚运村支行民航总局分理处，认为我行支付的活期存款利息，比按照实际天数计算的利息少 7.22 元。我行答辩认为，根据计息原则，月按30天计息，凡大月31日发生业务，作为特殊日期，将31日发生额并入30日余额，作为计息余额，30日、31日合并作一天计息。现审理法院要求我行就计息方法的合法性取得人民银行的确认。

我行计息方法的依据是：

1.《中国人民银行关于储蓄存款利率调整后有关业务处理手续问题的通知》（1965年4月30日，〔65〕银密商储字第66号）规定，关于活期储蓄存款计算利息的方法，按余额打积数的，大月31日的余额，视同30日的余额。如30日和31日都收付，30日的余额不打积数。

2.《中国人民银行关于贯彻执行〈储蓄管理条例〉有关事项的通知》（1992年12月28日，银传〔1992〕47号）规定，计息每年按360天，每月按30天计算。

由于此案对我行影响重大，特向贵行请示如下：

1.《关于储蓄存款利率调整后有关业务处理手续问题的通知》（〔65〕银密商储字第66号）是否继续有效？

2. 如何理解《中国人民银行关于贯彻执行〈储蓄管理条例〉有关事项的通知》（银传〔1992〕47号）的上述规定？

3. 我行的计息方法是否符合中国人民银行的相关规定？

以上请示请速函复。

2004年9月13日

三、请示写作注意事项

（1）请示的内容，要求主题集中，“一文一事”。一般来说，一份请示只能提出一件请示批准的事项，或提出一个请求解决的问题。这样便于上级机关对来文的处理，以免拖延批复时间。

（2）应正确标注主送机关与抄送机关，不搞“多头”请示。一般应主送一个主管的上级机关；受双重领导的机关在报送请示时应根据内容写明主送机关与抄送机关，由主送机关负责答复请示事项；除上级机关负责人直接交办事项外，不得以本机关名义向上级机关负责人报送公文，不得以本机关负责人名义向上级机关报送公文；也不要同时抄送下级机关。

（3）应该注意请示写作的一些独特要求。请示应当在版头部分标明签发人姓名，在附注处注明发文机关联系人的姓名和电话。

（4）下级机关的请示事项，如需以本机关名义向上级机关请示，应当提出倾向性意见后上报，不得原文转报上级机关。

（5）请示应当一文一事。不得在报告等非请示性公文中夹带请示事项。

第五节　函

一、概说

（一）函的含义与用途

函适用于不相隶属机关之间商洽工作、询问和答复问题、请求批准和答复审批事项。

不相隶属的机关之间用函行文，其内容包括五个方面：一是商洽工作；二是询问有关事情（一般是不明白、不清楚的事项）；三是答复问题；四是请求批准和办理有关事项；五是答复审批事项。有隶属关系和指导关系的上下级机关之间商洽工作，询问和催办有关事项，有时也可以用函行文。

（二）函的性质与特点

函是不相隶属的机关、单位、团体之间使用的文种，它具有以下特点：

（1）平等性。不相隶属的机关之间用函行文，不分级别大小，都是平等的。行文时，应当用平等的语气，尊重对方，充分体现不相隶属的机关单位之间的平等性。

（2）灵活性。指的是函的格式、内容与写作方法都比较灵活。在格式上，函可根据实际情况确定其需要哪些格式要素。在内容上，根据行文需要，可多可少，可用标题，也可以不使用标题；可以分段写，也可以不分段，不受条条框框的限制。在写作方法上，根据函的内容确定写作方法，可以灵活多样、不落俗套。

二、函的分类与写法

根据其用途，函可分为商洽性函、询问性函、答复性函、请求性函等；从函的内容和写函的动机上看，有问函和复函两种。

函的正文一般包括开头、中段和结尾三个部分。不同的函，其结构不尽相同。

（一）问函

1. **问函的含义**

问函，即去函，是发文机关主动向没有隶属关系的有关单位提出商洽工作、询问事情、请求批准等用函。

例文：

中国人民银行办公厅关于商请出具监管意见的函

中国人民银行监督管理委员会办公厅：

近期，××集团财务有限公司向我行提出了进入全国银行间同业拆借市场的申请。按照《财务公司进入全国银行间同业拆借市场和债券市场管理规定》（银发〔2000〕194号），成为同业拆借市场成员的财务公司必须符合以下基本标准：

一、资产负债比例符合监管部门的有关规定；

二、前三年度连续盈利；

三、业务经营规范，内控制度健全；

四、近三年未因违规经营受中国银行业监督管理委员会及其他主管部门处罚。

请你会对××集团财务有限公司是否符合上述基本标准出具监管意见。

2004年12月28日

2. **问函的写法**

问函一般应有标题、主送机关、正文、发文机关署名、发函日期等内容。

标题。函的标题一般采用“发文机关＋发函事由＋文种”的三项式标题，也可省略发文机关，采用“发函事由＋文种”的两项式标题，但在落款时需署名。

主送机关，即收函的机关。所有的函都有主送机关。

正文。一般由起因、事项和结尾三部分组成。

（1）起因：陈述发函的原因或理由。商洽工作的函开头一般简短地说明原因，无须长篇大论；询问事项的函则要开门见山，直奔主题；请求批准的函类似于请示，必须把请求批准的理由表达充分。

（2）事项：提出商洽内容或请求批准的事项。根据商洽或请求事项的内容长短，确定行文的长短。

（3）结尾：来函正文的结尾用语如表示希望的用“为要”、“为盼”等，表示感激的用“为荷”、“是荷”等；“为盼”用于上行函；“为荷”用于平行函。凡需要受文机关复函的，在结尾应有复函请求，一般常写“请予函复”、“即请复函”、“敬请函复”。若无须对方答复，则写“特此函达”、“特此函告”。

无论去函或复函，都要写得中心明确，主题集中，不夹杂与处理事务无关的话。语言要恳切，语气要谦和，措辞要得体。即使对下级，也要以礼相待，表现出对对方的尊重。

（二）复函

1. 复函的含义

复函，即答复来函的公文，也叫答函。指发文机关答复来函询问事项、批准（或不批准）请求等用函。复函的写法类似于批复，有来函才有复函。

例文：

中国人民银行办公厅关于认定有关支票性质的复函

×××办公厅：

你厅《关于协助认定有关支票性质的函》（××〔2005〕591号）收悉。根据你厅所附支票的传真件，现就我行的认定意见函告如下：

一、传真所附票据样式为美元支票。美元支票一般用于美国境内的小额支付。由于美元是国际货币，因此，除非票面另有规定，这种支票也可用于出票人与美国境外收款人之间清偿债务。

二、按照《中华人民共和国票据法》关于涉外票据的法律适用第九十八条“支票出票时记载事项，适用出票地法律，经当事人协议，也可以适用付款地法律”的规定，如果当事人之间无协议，该支票出票时的记载事项应适用美国的法律。

根据《中华人民共和国票据法》第九十九条“票据的背书、承兑、付款和保证行为，适用行为地法律”的规定，该支票的付款地为美国，其付款行为应适用美国的法律。

以上意见供参考。

2005年4月22日

2. 复函的写法

（1）标题：复函标题一般采用“发文机关＋复函事项＋文种”的三项式标

题，也可用省略发文机关的两项式标题。“复函事项”即是来函请求答复事项的概括表述。

（2）主送机关：复函的主送机关就是来函机关。

（3）正文：复函正文的写法与来函相似，也由起因、事项和结尾三部分组成。

起因：告诉对方来函已收到。复函一般开头先引述来函的标题、发文字号，然后用“经研究，现函复如下”等惯用语过渡。

事项：复函的事项部分就是对来函提出的请求作出明确的同意与否的答复。如果不能满足来函要求的，复函时要简述原因或理由，以期得到对方的理解。

结尾：复函的结束语一般采用“专此函达”、“特此函复”、“特此函告，务请见谅”等习惯用语。

三、拟写函应注意的问题

（1）在向平级行政主管机关请求批准事项时，函虽然没有“一文一事”等限制，但应该尊重对方行政主管机关有关报批、报备程序等方面的要求。

（2）函的标题中文种词的使用，一般主动发往平级或不相隶属机关的公文称函，回复的公文可以称函，也可以称复函。

（3）不相隶属机关或单位之间行文的相互尊重，不仅体现在语言表述上，也体现在回复的实效性和及时性上。对不相隶属机关的来文，应该针对来文提出的问题，客观中肯地予以回复，该办理的按照规定程序办理，不能办理的应实事求是地说明情况。

（4）函的语言要注意礼貌、得体，讲究分寸。语气要委婉、谦和，忌用命令性、告诫性的词语。

四、批复与函的比较

（1）批复与函都具有行文方向单一的共同特点。批复是面向下级机关的行文，而函是面向不相隶属的机关的行文。

（2）由于批复是被动行文，因此，批复的发送对象基本上是唯一的，即来文机关。函则不同，既有主动行文的情况，也有被动行文的情况，当使用函主动行文的时候，比如征求意见，函的发送对象既可以是唯一的，也可以是多个；而当函是被动行文的时候，比如回复意见、答复询问、批准不相隶属的平级机关的请示事项等，其发送对象基本上是唯一的。

（3）批复的收文对象一般是来文的机关，而函的收文对象既可以是机关，也可以是个人。

【本章小结】

作为行政机关常用的公文种类，“通知”、“请示”和“函”分别是下行文、上行文和平行文的代表。了解它们的写法，有利于对公文体系及写作要求的把握。

在实际运用过程中，“通知”与“通报”、“请示”与“报告”、“请示”与“函”容易混淆及混用。掌握它们之间的区别，尤其是写法上的区别，对正确界定并使用文种有很大的帮助。

要准确把握常用公文种类的区别，关键在于了解各文种的性质和要求：“通知”是晓谕性公文，“通报”是教育性公文，“报告”是陈述性公文，“请示”是请求性公文，“函”是商洽性公文。

【关键术语和概念】

通知　批转　转发　通报　报告　请示　函

【参考文献】

1. 胡中柱．金融应用写作．北京：中国金融出版社，2007.
2. 张志华．公文写作教程．长沙：中南大学出版社，2004.
3. 付军徽．公文处理与写作．北京：中国金融出版社，2005.

【思考与练习】

一、选择题

1. 2012 年印发的《党政机关公文处理工作条例》中，法定公文共有多少种？（　）

A. 13 种　　B. 12 种

C. 14 种　　D. 15 种

2. 中国人民银行 2007 年下发的第五号文的发文字号应该是：（　）

A. 银发［2007］5 号　　B. 银发〔2007〕5 号

C. 银报〔2007〕5 号　　D. 银发〔2007〕第 5 号

3. 在公文格式中，哪一项不要求写在中间位置？（　）

A. 发文字号　　B. 标题

C. 附件　　D. 发文机关标志

4. 在公文格式中，下面哪一项要求写在发文字号的右侧位置？（　）

A. 序号　　B. 签发人

C. 年份　　D. 主送机关

5. 下面哪一项是“向国内外宣布重要事项或法定事项”时应用的文种？（ ）

A. 公告 B. 通告

C. 通知 D. 通报

6. 某公文的主送机关是“各区人民政府，市各直属单位”，该文是：（ ）

A. 下行文 B. 平行文

C. 上行文 D. 以上三种都有可能

7. 在完整的公文格式中，置于主题词上面的一项是？（ ）

A. 附件 B. 抄送机关

C. 附注 D. 印章

8. 联合行文时，发文机关排列在第一位的是：（ ）

A. 级别最高的单位 B. 最早签发的单位

C. 主办单位 D. 首字笔画少的单位

9. 以下哪种情况应当标明份数序号？（ ）

A. 机密文件 B. 秘密文件

C. 特急文件 D. 联合行文

10. 以下哪种公文应当在首页注明签发人姓名？（ ）

A. 通知 B. 请示

C. 通报 D. 命令

11. 以下哪个文种要求在附注处注明联系人的姓名和电话？

A. 报告 B. 通知

C. 请示 D. 公告

12. 以下哪个不是公文版头部分的内容？（ ）

A. 秘密等级 B. 紧急程度

C. 标题 D. 发文字号

13. “宣布施行重大强制性行政措施”应用的文种是：（ ）

A. 决定 B. 通知

C. 命令 D. 意见

14. “传达重要精神和告知重要情况”应用的文种是：（ ）

A. 公告 B. 通告

C. 通知 D. 通报

15. 联合行文应如何编文号：（ ）

A. 各单位都编文号 B. 轮流编文号

C. 友好协商编文号 D. 编主办单位的文号

16. 下面哪一项不属于公文格式的内容？（ ）

A. 主送机关　B. 附件

C. 导语　D. 主题词

17. 以下哪一项不在“命令”的适用范围内？（ ）

A. 宣布施行重大强制性措施　B. 任免人员

C. 依照有关法律规定公布行政法规和规章　D. 嘉奖有关人员

18. 以下哪一项不在“通报”的适用范围内？（ ）

A. 传达重要精神　B. 告知重要情况

C. 表彰先进　D. 任免有关人员

19. “公布社会各有关方面应当遵守或周知的事项”应用的文种是：（ ）

A. 公告　B. 通告

C. 通知　D. 通报

20. “传达要求下级机关执行和有关单位周知或者执行的事项”应用的文种是：（ ）

A. 公告　B. 通告

C. 通知　D. 通报

21. 以下哪一项不应用“报告”行文？（ ）

A. 向上级汇报工作　B. 向上级反映情况

C. 回复上级机关的询问　D. 向上级机关提出建议

22. 表彰先进，批评错误，传达重要精神或告知重要情况，要用：（ ）

A. 通报　B. 通知

C. 通告　D. 纪要

23. 以下哪种情况应当标签发人？（ ）

A. 机密文件　B. 上行文

C. 下行文　D. 平行文

二、分析题

（一）给下面的公文加上标题

1.

（　　　　　　　　　　）

各省、自治区、直辖市人民政府，国务院各部委、各直属机构：

中国人民银行《关于控制货币、稳定金融几项措施的报告》，已经国务院常务会议讨论批准，现转发给你们，请遵照执行。

当前经济形势是好的，但上半年出现的货币投放过多、贷款增加较猛的情况，必须引起各地区、各部门高度重视。货币、信贷是整个国民经济活动的综合反映，货币投放是否适量，金融能否保持稳定，对于保证国民经济的稳定发展，促进经济体制改革，尤其是物价改革的顺利进行，巩固安定团结的政治局面，关系极大。各地政府、国务院各部门必须进一步统一思想，把控制货币、信贷作为稳定经济、深化改革的一件大事来抓。

为了促进国民经济健康发展，防止出现恶性通货膨胀，要进一步加强货币、信贷的集中管理，调整信贷结构。对农副产品生产和收购，企业正常生产所必需的流动资金和国家计划内的重点建设项目的合理资金需要，要予以保证。对产品质量差、经济效益低、与大企业争原材料的小纱厂、小烟厂、小炼油厂等企业，要坚决停止贷款。对国家计划外的建设项目，特别是非生产性项目，要下决心压缩。对社会集团购买力和消费基金，要坚决控制。各级政府、各有关部门要采取积极措施，增加生产，清理库存，扩大商品销售，增加货币回笼。

国务院重申，任何单位、个人都不得强迫银行发放贷款或阻挠银行收回到期、逾期贷款；未经中国人民银行总行批准，任何部门都不得以任何名义成立或变相成立金融机构，办理存款、贷款等业务。对各地已经成立的各种信托投资机构，责成中国人民银行会同有关部门进行清理整顿。今年的信贷计划和货币发行计划，各省、自治区、直辖市要严格掌握，不准突破，并实行行政首长负责制，省长、自治区主席、市长要组织当地银行和有关部门共同研究落实。各地区的落实情况，请于九月底以前报告国务院。

国务院（章）
××××年×月×日

2.

（　　　　　　　　　）

各省、自治区、直辖市、计划单列市国土资源厅（国土环境资源厅、国土资源局、国土资源和房屋管理局、房屋土地资源管理局）、财政厅（局），新疆生产建设兵团国土资源局、财务局，中国人民银行上海总部、各分行、营业管理部、省会（首府）城市中心支行、副省级城市中心支行：

为加强土地管理，规范土地储备管理行为，根据《国务院关于加强国有土地资产管理的通知》（国发〔2001〕15号）、《国务院办公厅关于规范国有土地使用权出让收支管理的通知》（国办发〔2006〕100号）等有关规定，国土资源部、财政部、中国人民银行联合制定了《土地储备管理办法》。现予印发，请遵照执行。

国土资源部
财政部
中国人民银行
2007 年 11 月 19 日

3.

（ ）

为保障公共安全，维护社会治安秩序，保护人民群众生命财产安全，山西省人民政府决定，坚决依法收缴流散社会的非法爆炸物品，坚决依法严厉打击涉爆违法犯罪活动，根据有关法律、法规的规定，特通告如下：

一、凡未经国家有关部门批准，制造、买卖、运输、储存、使用的爆炸物品，都属于非法爆炸物品，必须彻底清理，全部收缴。

二、严禁任何单位、组织和个人非法制造、买卖、运输、储存、使用炸药、雷管、导火索、黑火药、烟火药、硝酸铵、氯酸钾等各类爆炸物品。

三、严禁任何生产、销售、储存、使用爆炸物品的单位违法违规生产、销售、买卖、运输、储存、使用爆炸物品。

四、严禁转让、出借、转借、抵押、赠送、私藏民用爆炸物品。

五、严禁任何单位、组织和个人将非法持有、私藏的各类爆炸物品存放在机关、厂矿、学校、企事业单位、居民区、村庄等人员聚集场所。

六、凡违反上述规定者，必须立即将非法爆炸物品上缴当地公安机关。自本通告公布之日起 30 日以内交出非法爆炸物品的，一律不予处罚；逾期拒不交出非法爆炸物品或者继续从事涉爆违法犯罪活动的，一经发现，坚决收缴非法爆炸物品，并依法从重处罚。

七、广大人民群众应当积极向公安机关举报涉爆违法犯罪线索，举报一经查实，给予举报者 0.1 ~1 万元奖励；对重大举报贡献突出的可给予 1 ~5 万元奖励；对包庇、纵容违法犯罪行为的，依法追究法律责任；对举报人进行打击报复的，依法从严惩处。

各地举报电话：110

本通告自发布之日起施行。

山西省人民政府（章）
2006 年 7 月 18 日

（二）指出下面这则公文的不妥之处，并写出正确的公文

关于增拨办税大厅基建经费的请示报告

××省人民政府、××省长：

1995年1月，我局派出调查组到广西柳州市国税系统学习考察其办税大厅的建设情况。调查组认为办税大厅功能较齐全，适应税收征管模式的改革，方便纳税人员交纳税款。为此，我局于1996年决定建办税大厅，并得到省人民政府的支持，在×府〔1996〕×号文“关于拨款修建办税大厅的批复”中，拨给我局150万元，此项资金已专款专用。

但由于建筑材料涨价，原预算资金缺口较大，恳请省人民政府拨给不足部分。否则将影响办税大厅的竣工及我省税收任务的完成。

特此请示报告。

××省地方税务局

××××年×月×日

第四章　工作计划

【本章学习要点】

1. **工作计划的含义与特点**
2. **工作计划的结构与写法**
3. **工作计划的写作要求**

计划是行政活动中使用范围很广的重要公文。机关、团体、企事业单位的各级机构，对一定时期的工作预先作出安排和打算时，都要制订计划，用到“计划”这种公文。计划实际上有许多不同种类，它们不仅有时间长短之分，而且有范围大小之别。从计划的具体分类来讲，比较长远、宏大的为“规划”，比较切近、具体的为“安排”，比较繁杂、全面的为“方案”，比较简明、概括的为“要点”，比较深入、细致的为“计划”，比较粗略、简单的为“设想”，这些都是计划文种的范畴。不管其如何分类，计划内容的范围都是“做什么”、“怎么做”和“做到何种程度”三大项。本章所介绍的工作计划是计划中常见的一种应用文体。

第一节　概　说

一、工作计划的含义

计划按其所要完成任务的内容分类，可以分为工作计划、学习计划、生产计划等类型。工作计划是各机关、企事业单位、社会团体乃至个人根据一定的原则和要求，对未来一定时期内的工作任务，预先拟定任务目标、工作内容、实施步骤、落实措施、完成时限等的一种应用文体。简言之，工作计划就是对以后一段时期工作的打算和安排，是计划的一种。首先，根据工作计划内容和要求的不同，我们可以视具体情况，恰当选用以下不同的名称：

1. 规划

规划是计划中最宏大的一种。从时间上说，一般都要在三五年以上；从范围上说，大都是全局性工作或涉及面较广的重要工作项目；从内容和写法上说，往往是粗线条的，比较概括，如《××省经济和社会发展十年规划》，《××省工业结构调整规划》等。规划是为了对全局或长远工作作出统筹部署，以便明确方向，激发干劲，鼓舞斗志。相对其他计划类公文而言，规划带有方向性、战略性、指导性，因而其内容往往要更严肃、科学和可行。

2. **设想**

设想是计划中最粗略的一种。在内容上是初步的，多是不太成熟的想法；在写法上是概括地、粗线条地勾勒。但时间不一定都是远的，范围也不一定都是广泛的。一般说来，时间长远些的称“设想”；范围较广泛的称为“构想”；时间不太长、范围也不太大的则称为“思路”或“打算”。设想是为制订某些计划或规划作出准备，是一些初步的想法。设想在严肃性、科学性和可行性方面的要求相对差一些，因为它是为正式的规划或计划作准备，不是给各级领导看的，而是交群众讨论的，不必也没时间考虑得太周密，只要基本成形就可以，且在提出任务或目标时，往往还有一些简短的论述语句。

设想与规划一样，在内容的写法上都是比较原则和概括，不可能也没有必要写得太细、太具体。

3. **要点**

所谓要点，实际就是计划的摘要，即经过整理，把主要内容摘出来的计划。一般以文件下发的计划都采用“要点”的形式。

4. **方案**

方案是计划中内容最为复杂的一种。由于一些具有某种职能的具体工作比较复杂，不作全面部署不足以说明问题，因而其内容势必要繁琐一些，一般有指导思想、主要目标、工作重点、实施步骤、政策措施、具体要求等项目。

5. **安排**

安排是计划中最为具体的一种格式。由于其工作比较确切、单一，不作具体安排就不能达到目的，所以其内容要写得详细一些，这样才容易让人把握。

方案和安排有共同之处，即写作题材都是单项的工作，即只对一项工作作出部署和安排。这也正是方案、安排与规划、设想、计划、要点的根本不同。但两者在内容范围上也有个大小之分：方案的内容范围适合上级对下级或涉及面比较大的工作，安排的内容范围则适合单位内部或涉及面较小的工作，如《××市关于计划生育的工作安排》。方案和安排还有一种较为概要一点的写法，以便下级具体实施时灵活掌握，叫做“意见”。方案大多称“实施意见”，如《××市“七五”期间社会主义精神文明建设的实施意见》；安排往往称“安排意见”，如《××××系统关于开展增收节支活动的安排意见》。

二、工作计划的分类

根据不同的划分标准，工作计划可以分成不同的种类：

（1）按内容分。有生产计划、工作计划、教学计划、财务计划、学习计划、科研计划等。

（2）按时限分。有年度计划、季度计划、月份计划等。

（3）按范围分。有国家工作计划、地区工作计划、系统工作计划、单位工作计划、部门工作计划、个人工作计划等。

（4）按性质分。有专项性工作计划、综合性工作计划。专项性工作计划是指就某单一的专题工作拟订的工作计划；综合性工作计划是指就包括一定范围内多方面的综合性工作而拟订的工作计划。

（5）按形式分。有文书式工作计划、表格式工作计划和文书与表格相结合形式的工作计划。

三、工作计划的特征

1. 预见性

这是计划最明显的特点之一。计划不是对已经形成的事实和状况的描述，而是在行动之前对行动的任务、目标、方法、措施所作出的预见性确认。但这种预想不是盲目的、空想的，而是以上级部门的规定和指示为指导，以本单位的实际条件为基础，以过去的成绩和问题为依据，对今后的发展趋势作出科学预测之后作出的。可以说，预见是否准确，决定了计划写作的成败。

2. 针对性

计划一是根据党和国家的方针政策、上级部门的工作安排和指示精神而制订；二是针对本单位的工作任务、主客观条件和相应能力而制订。总之，从实际出发制订出来的计划，才是有意义、有价值的计划。

3. 可行性

可行性是和预见性、针对性紧密联系在一起的，预见准确、针对性强的计划，在现实中才真正可行。如果目标定得过高而无法实施，这个计划就是空中楼阁；反之，目标定得过低，措施方法都没有创见性，实现虽然很容易，并不能因而取得有价值的成就，那也算不上有可行性。

4. 约束性

计划一经通过、批准或认定，在其所指向的范围内就具有了约束作用，在这一范围内无论是集体还是个人都必须按计划的内容开展工作和活动，不得违背和拖延。

四、工作计划的作用

古代孙武曾说："用兵之道，以计为首。"其实，无论是单位还是个人，无论办什么事情，事先都应有个计划。有了计划，工作就有了明确的目标和具体的步骤，就可以协调大家的行动，增强工作的主动性，减少盲目性，使工作能有条不紊地进行。同时，计划本身又是工作进度和质量的考核标准，对大家有较强的约束和督促作用。所以计划对工作既有指导作用，又有推动作用。

1. 计划是建立正常工作秩序，使工作在正常轨道上健康运行的重要前提，起着导航作用

计划是人们行动的共同纲领，是有组织、有领导、有目的地完成某项任务的规范。无论做什么事，都应先作一番周密的准备，定出明确的目标和具体的步骤，做到心中有全局，奋斗有目标，行动有方向。计划把大家的意志和行动统一起来，增加自觉性，减少盲目性；增强主动性，减少被动性；增多预见性，减少随意性。有了计划，领导就心中有数，主动权在握，像设计师一样，事先绘制出蓝图，把行动和步骤始终导向正确的轨道，使其正常运行，直到达到预期目的。

2. 计划是取得经济效益和提高办事效率的重要途径，起着推动作用

一个科学的计划，会有助于提高纵向、横向协调，进行综合平衡，理顺关系，合理安排人力、物力、财力，统筹兼顾地把各个方面的各种力量组织在一起，以较低的消耗取得较高的经济效益，以较少的精力投入取得较高的办事效率，加快事业发展的合理速度，有力推动事业稳步前进。

3. 计划是实现科学管理，适时调整和预防失误的重要手段，起着保证作用

有了计划，领导部门可以凭借计划来加强科学管理。一是根据以往制订和执行的情况，估计今后可能出现的困难和问题，预定措施，及时主动解决；二是根据实施情况的变化反馈的信息，适时、适当修订计划，对安排加以调整，以减少失误；三是随时掌握工作进程和指标完成情况，使任务能及时保质保量地完成。

4. 计划是进行检查和总结的重要依据，起着监督作用

比较重要的计划，都要上报有关领导部门，以便上级领导部门指导、检查和督促，并能得到有关部门的配合和支持。有了计划，检查和自查就有了依据，也便于实事求是地开展工作。计划制订得是否符合客观实际，工作各环节之间的衔接和协调怎样，遇到什么新情况、新问题，解决措施是否有力、及时，都看得比较清楚，为积累和总结经验打下了基础。

第二节　工作计划的写作方法

一、工作计划写作的基本步骤

公文的拟写通常按以下步骤进行：

（一）明确发文主旨

任何一份公文都是根据工作中的实际需要来拟写的。因此，在动笔之前，首先要弄清楚发文的主旨，即发文的主题与目的。

1. 文件的中心内容

比如相关工作的改善，主要提出目前情况怎样、存在哪些问题、解决的方式、需协助事项；再如请求事项、拟请上级机关答复或解决问题等。

2. 根据文件内容，准备采用什么文种

比如，汇报工作情况，是写专题报告还是写情况简报；针对下级来文所反映的问题，是写一个指示或复函，还是一个带规定性质的通知等。

3. 明确文件发送范围和阅读对象

比如，向上级汇报工作，还是向有关单位推广、介绍经验；是给领导、有关部门人员阅读，还是向全体人员进行传达等。

4. 明确发文的具体要求

例如，是要求对方了解，还是要求对方答复，是供收文机关贯彻执行，还是参照执行、研究参考、征求意见等。

总之，发文必须明确采取什么方式，主要阐述哪些问题，具体要达到什么目的，只有对这些问题做到心中有数，才能够落笔起草。

（二）收集有关资料，进行调查研究

发文的目的和主题明确之后，就可以围绕这个主题搜集材料并进行一定的调查研究。当然，这也要根据具体的情况，并不是拟写每一份公文都要进行这一步工作。例如，拟写一份简短的通知、公告，一般来说不需要专门做搜集材料和调查研究工作，在明确发文主旨之后，稍加考虑就可以提笔写作了。但对于问题较为复杂，还要进行具体分析和归纳的，如拟订篇幅较长的文件、拟订工作计划、进行工作总结、起草规章、条例、拟写工作指示等，往往都需要搜集有关材料和进行进一步调查研究工作。

怎样为拟写公文搜集材料和进行调查研究呢？一是收集和阅读有关的文字材

料；二是到实际当中搜集活材料。例如，要草拟本部门的年度工作计划，首先需要查阅去年的工作计划及工作总结，以及参考有关先进企业的同类工作计划等，还要研究本部门今年所面临的形势、今年的中心任务和上级要求等。

总之，收集材料及调查研究，是一个酝酿的过程，是为了掌握全面的、大量的素材从而了解问题的各个方面，然后经过分析思考产生认识上的飞跃。

（三）拟出提纲，安排结构

在收集材料的基础上，草拟出一个写作提纲。提纲是所要拟写文件的内容要点，把它的主要框架勾画出来，以便正式动笔之前，对全篇做到通盘安排、胸有成竹，使写作进展顺利，尽量避免中途返工。

提纲的详略，可以根据文件的具体情况和个人的习惯、写作的熟练程度而定。篇幅不长的文件，可以大致安排一下文件的结构，先写什么问题，依次再写什么问题，主要分几层意思等。篇幅较长、比较重要的文件，往往需要拟出比较详细的提纲，包括文件共分几个部分，每一个部分又分作几个问题，各个大小问题的题目和要点及使用什么具体材料说明等。提纲的文字不需要很多，也不需要在文字上推敲。当然，需要集体讨论或呈给领导审阅的提纲除外。

拟写提纲是一个很重要的构思过程，文件的基本观点，可以召集相关人员进行集体讨论研究和修改，使提纲日益完善。由两人以上分工合写的文件，更需要共同研究写作提纲，以免发生前后重复、脱节或相互矛盾的现象。

（四）落笔起草，拟写正文

结构安排好后，要按照提纲所列顺序，开宗明义，紧扣主题来拟写正文。写作中需要注意两点：

1. 观点要鲜明，用材要得当

也就是说要用观点来统帅材料，使材料为观点服务。用材料要能说明问题，做到材料与观点统一。

在写作当中，要注意明确观点，用语不能含糊不清、模棱两可、词不达意、似是而非。如果观点不明，就会令人不知所云。有些文件，只讲观点而没有实际材料，就会使人感到抽象空洞、缺乏依据，不易信服。而只罗列材料却没有鲜明的观点，则会使人弄不清要说明什么问题，不了解发文的意图 ，特别是情况汇报、工作汇报等。

2. 语句要简练，交代要清楚

拟写文件既要尽量节省用字、缩短篇幅、简洁通顺，又要注意交代的问题应清楚明了。

（五）反复检查，认真修改

初稿写出后，要认真进行修改。写文章，需要下工夫。自古以来，好文章都要经过反复修改，写文件也同样，尤其是重要文件，往往要经过几稿才能通过。只要认真，有耐心，写公文是不难的。

二、工作计划的写法

写好计划可能是公文写作中比较难的事。因为这不仅仅是文字表达上的事，还涉及具体工作业务的组织和安排问题，需要有长远眼光和领导魄力，这种写作是一个人综合能力的表现。但是在写作上也有一些章法可循。

首先，写作者必须分清这个计划的内容属于哪一类，适合用哪一个具体的计划种类来表达，从而确定具体文种，即确定规划、设想、计划、要点、方案、安排中的哪一种。

其次，要根据具体内容和文种写作要求写作。如果是时间较长、范围较广的计划，就要用“规划”。因为规划不必也不能写得太详细，只要能起到明确方向，鼓舞人心，激发热情的作用也就差不多了。当然这并不是说规划就可以写得不切实际，但规划的切合实际问题的确只是个大致的切合。如果是初步的、不太成熟的计划，就要用“设想”。因为设想是为计划作准备的，也不必写得很细，甚至不用写得很好，只要能把大致的思路或想法写出来也就够了。但这也不是说设想就可以写得没条理，而只是说它更注重“想”，即要有突破和创新。如果计划内容是某一项工作，一般则用“方案”或“安排”，工作项目比较复杂者用“方案”，较简单者为“安排”。因为方案和安排都必须写得很详细（或很全面，或很具体），否则工作就没法开展。当然，若考虑到要给下级执行中留有余地，方案可变成“实施意见”，安排也可变成“安排意见”。如果计划内容既不是单项工作，又不是很宏大的，这就该用真正的“计划”了。因为狭义的计划是广义计划中最适中的一种。当然，若只想把这计划摘要加以公布，则可用“要点”来写。

通常来说，一份规范的工作计划，一般包括标题、正文和落款三项。

（一）标题

计划的标题常规写法是由单位名称、适用时间、指向事务和文种四个要素组成，如“××建筑工程安装公司 2011 年工作计划”、“××大学××学院 2011—2012 年第一学期教学工作计划”。除常规写法外，还有一些变通的写法。变通一方面表现在要素的省略上，另一方面表现在文体名称的变化上。

先说要素的省略。有些标题，省略单位名称，由适用时间、指向事务和文种组成，如“2012 年度全民义务植树造林工作计划”。有的计划，省略适用时间，这在专题计划中比较常见，如“××大学第二期教师安居工程工作计划”。有的计划，省略单位名称和适用时间两个要素，由指向事务和文种组成，如“科研工作计划”。也有只用文种做标题的，不过这种写法因不太正规不值得提倡。省略要素时要注意，越是基层单位的计划，省略要素的情况越普遍，因为涉及范围小，有些要素不说大家也明白。越是大单位的正规的计划，要素越不可省略。

再说文种名称的变化。由于每一份计划所强调的重心各有侧重，其指挥性、约束性的强弱程度也有较大不同，计划不一定都用本名做标题，可以根据自身的特点和需要变换名称，如“××大学党委宣传部2012年度工作要点”、“党委中心学习组2012年理论学习安排”。

（二）正文

1. 前言

前言是计划的开头部分，简明扼要地表达出制订计划的背景、根据、目的、意义、指导思想等，一般一两个自然段即可。如：“为了进一步贯彻党的十五大精神，落实用邓小平理论武装全党的战略任务，根据中央和省委有关精神，党委决定对在职副处级以上的领导干部继续采取中心学习组的形式，以《讲学习讲政治讲正气教育读本》为基本教材，以《建设有中国特色社会主义若干理论问题学习纲要》、《邓小平教育理论学习纲要》为重要辅助材料，认真学习马克思列宁主义、毛泽东思想特别是邓小平理论，并同深入开展‘三讲’教育相结合，同整顿思想、改进作风相结合，同联系实际、推进工作相结合。党委中心学习组以自学和集中学习两种形式相结合，以阅读原著为主，并辅之以必要的专题辅导和讨论。学习每一个月进行一次，一般安排在每月第一周，每次一天。××××年党委中心学习组学习专题和学习方法安排如下。”前言有时可以更短小一些，如：“根据省委和县委工作会议精神和会议上具体部署意见，结合我县粮食工作实际情况，为全面完成××××年粮食工作任务，制订工作计划如下。”前言的详略长短，要根据工作的重要程度、内容的多少来确定，总体上以精练简洁为原则。

2. 主体

主体是正文的主要组成部分，也是计划的核心内容，是要解决“做什么”、“怎样做”和“什么时候做”的问题，即通常说的计划三要素：目标、措施、步骤。

（1）目标。目标就是“做什么”、“做到什么程度”。根据需要和可能，提出一定时期的任务和要求，这是计划的灵魂。因为奋斗目标是产生计划的导因，努力方向是制订计划的出发点。在提出任务时，要确定重点、分清主次；在提出要求时，应写明数量界限和质量标准，写时可以分条列项，也可以列成表格，或将部分列成表格作为附件。

（2）措施。措施就是“怎么做”、“谁来做”。这是实现计划的切实保证，是解决“怎么做”、“谁来做”的关键。要写明达到既定目标需要的手段、办法；依靠和动员的力量；创造些什么条件，排除些什么困难；对于力量的部署，要明确负责的主管部门、协同配合的单位和人员；尤其是对非常规、跨部门的任务，更要明确分工；还要写明检查、奖惩的事项。

（3）步骤。步骤就是“什么时候做”、“在哪里做”。这是工作的进程、时序和范围。实际进行的每项任务的完成，都有它的阶段性和一定的涉及范围，而每一个阶段和范围又有许多环节交错。因此，在拟写计划时，必须全局在胸，统筹兼顾，科学有序，合理安排；哪些先干，哪些后干；哪些是重点，哪些属一般，分清轻重缓急，各环紧紧相扣。对任务的完成，既有总的，也有分阶段的时间要求。这样步步主动，使任务按时有序地完成。

主体部分是篇幅最大的一部分。通常主体部分由于内容繁多，需要分层、分条撰写。常见的结构形式为：用“一、二、三……”的序码分层次，用“（一）、（二）、（三）……”和“1. 2. 3. ……”的序码分条款。具体如何分层递进，依内容的多少及其内在的逻辑性而定，可参考下面的例文。

3. 结尾

结尾可以用来提出希望、发出号召、展望前景、明确执行要求等，也可以在条款之后就结束全文，不写专门的结尾部分。

（三）落款

在结尾后面，还要写明单位名称和制订计划的具体时间，如果以文件的形式下发，还要加盖公章。

三、例文简析

例文 1：

××学院 2011 年上半年工会工作要点

据上级工会部署和我校的实际情况，2011 年上半年工会拟抓好以下几项工作。（下略）

例文 2：

××厂纪念“三八”妇女节的安排

“三八”妇女节即将到来，根据厂妇委会《2011 年妇委会的思想政治工作计划》的安排，针对广大妇女要求提高自身素质的愿望，在 3 月 8 日组织开展以下活动。（下略）

例文 3：

××学院关于学习党的十六届五中全会精神专题计划

刚刚闭幕的党的十六届五中全会，是在我国即将完成“十五”计划，改革发展进入关键时期召开的一次重要会议。会议审议通过的《中共中央关于制定国民经济和社会发展第十一个五年规划的建议》（以下简称《建议》），是新一届中央领导集体关于加快发展、科学发展、和谐发展一系列重大战略思想的集中体现，是我们党执政方略、执政理念、执政举措的最新体现，是动员全党和全国各族人民全面建设小康社会、加快推进社会主义现代化的纲领性文件。为认真学习和贯彻落实十六届五中全会精神，根据上级党委的指示和我院的具体情况，现将《建议》的学习作如下安排。（下略）

简析：

例文 1、例文 2 和例文 3 这三个例子分别是三篇计划的前言。这三篇计划的前言都简要说明了制订计划的根据和目的。语言简练通顺，很好地体现了“为什么做”。

例文 4：

××市商业局××××年第二季度工作要点

根据全国商业工作会议和省、市计划、财贸工作会议精神，××××年工商局工作总的任务是：促进商品生产，发展商品流通，繁荣城乡经济，为人民日益增长的物质文化需要和社会主义现代化建设服务。根据这一总的任务，商业局今后的工作重点是：加强调查研究，认真总结经验，继续解放思想，清除不良的影响，大胆进行改革。积极推进以经营承包为中心的经营责任制。进一步疏通商品流通渠道，扩大推广。积极支持地方工业发展，繁荣城乡经济。不断开创商业工作的新局面。为此，第二季度要抓好以下几项工作。(下略)

例文 5：

2006—2007 年××市深化经济体制改革工作要点

2006 年是实施“十一五”规划的第一年，也是全面落实科学发展观和构建社会主义和谐社会的重要一年。2006 年，要认真贯彻党的十六届五中全会和中央经济工作会议精神，按照省委的“八八战略”、××市委的“六大联动”要求，紧紧围绕建设“平安××、和谐××、法治××”的××南郊现代化生态城市的战略目标，紧扣经济社会发展的突出矛盾和深层次问题，大力推进经济体制改革，力争在一些重点领域和关键环节取得新突破，为全面推进我市经济建设、政治建设、文化建设和社会建设协调发展，为“十一五”开好局、起好步提供强大的动力和体制保障。现根据×政发〔2006〕29 号文件精神，结合我市实际，特制定全市经济体制改革工作要点如下。(下略)

简析：

例 4 和例 5 也是两个计划的前言。这是比较重要的计划或是长远的计划，因而篇幅较长。所以在前言部分还对前一段工作的情况（成效和问题），今后工作的总目标、总任务、指导思想作出概括。这种前言是符合要点这种文体的具体要求的。

例文 6：

××市深化经济体制改革“十一五”规划

“十一五”时期，是××全面建设小康社会、加快现代化进程的关键时期，也是××率先建立起完善的社会主义市场经济体制的攻坚阶段。这一时期既是经济发展的黄金期，又是社会矛盾的多发期。我市要保持体制机制在全国同类城市中的先发优势，进一步激发全社会的创新活力，更好地实施“五大战略”、破解“七大问题”、打造“平安××”、引领“和谐创业”、建设“和谐××”，实现经济社会全面协调可持续发展，必须进一步在改革攻坚上取得新突破。

一、"十五"改革取得较大进展

"十五"期间，在市委、市政府的正确领导和省有关部门的指导下，我市不断加大改革力度，积极推进制度创新。微观市场主体改革基本完成，政府职能转变取得良好进展，按劳分配为主体、多种分配方式并存的分配制度逐步建立，社会主义市场经济体制日臻完善，多种所有制经济进一步发展，为××经济社会发展提供了强大的内在动力和坚实的体制保障。

（一）不断深化国企改革，微观市场主体活力增强。积极推进以产权制度和用工制度改革为重点的国企改革，初步实现国有经济战略性重组。截至2002年，市属工业、交通、商贸、园林、旅游、农业等系统改制企业累计279家，改制面达99%。除授权企业集团和公用行业外，全市国有企业已基本改制为多元投资主体的公司制企业，增强了企业活力，奠定了"工业兴市"的体制基础。城市公用垄断行业改革全面启动，组建了市城建资产经营公司，公交、供水、燃气、生活垃圾处理等改革初见成效。国有资产监督管理体系加快健全，市属经营性国有资产已基本委托授权营运机构管理；公共市场产权交易制度不断完善，国企改制和产权转让进一步规范，国有产权流转顺畅。积极扶持民营经济发展，加大医疗、文化和教育三大领域对民营资本的开放程度，坚持以民引外、民外合璧，引导民营企业"二次创业"，基本实现由民营经济大市向民营经济强市的转变。2005年，全市非公有经济占GDP比重达56.5%，其中个体私营经济占GDP比重达48%。鼓励民营企业参与国企改制，推动各种所有制资本流动、重组和融合，股份制成为公有制主要实现形式，基本经济制度不断完善。

（二）深入实施行政体制改革，政府职能转变取得实质性进展。（略）

（三）着力推进社会事业改革，社会领域体制改革取得突破性进展。（略）

（四）稳步推进社保体制改革，不断完善社会保障体系。（略）

（五）积极探索地方金融改革，资本市场发展迈出开创性步伐。（略）

（六）大力推进农村改革，城乡统筹发展取得显著成效。（略）

但从落实科学发展观和建设社会主义和谐社会的要求看，我市改革任务仍十分艰巨。政府职能尚无法完全适应市场经济需要，政府自身改革成为今后改革的重要内容；国有企业和国有资产管理体制改革有待深化，非公有制经济发展仍存在体制性障碍，现代企业制度建设任重道远；要素市场尤其是资本市场发育缓慢，地方金融机构抗风险能力较弱，现代市场服务体系尚不健全；社会领域改革滞后，教育、科技、文化、卫生等方面的体制改革亟须加快推进；与市场经济相适应的分配和社会保障制度尚未完全建立；农村各项改革工作还远未达到建设社会主义新农村的要求等。这些问题都需要在"十一五"时期着力加以解决。

二、“十一五”时期改革面临的新形势

“十一五”时期是加快推进现代化的关键时期，是落实科学发展观、构建社会主义和谐社会的重要时期，是经济社会发展的全面转型时期，是加入世贸组织后的全面接轨时期。面对国际国内新形势，我市既面临着深化改革的有利机遇和条件，也面临着新的困难和挑战。(略)

三、“十一五”时期改革的指导思想、基本原则和总体目标

(一) 指导思想 (略)

(二) 基本原则 (略)

(三) “十一五”时期推进改革应坚持以下原则 (略)

四、“十一五”时期改革的主要任务

“十一五”时期，深化改革必须积极消除黄金发展期的体制性障碍，着力解决矛盾凸现期的社会性问题，全面加快改革步伐。突出政府行政管理体制创新这一关键环节，建设法治基础上的公共服务型政府；统筹城乡发展，构造一体化的空间格局；深化产权制度改革，培育要素市场，健全现代市场体系；积极实施社会保障体制、社会事业发展机制和社会管理体系改革，进一步完善与经济发展相协调的社会发展格局；稳步推进开放体制改革，提升应对国际经济形势变化的能力。(略)

五、“十一五”时期改革的保障措施

深化改革是完善社会主义市场经济体制的根本措施，是解决经济发展中的深层次矛盾和问题的治本之策，是实现××全面、协调和可持续发展的必然要求。当前改革已进入关键时期，必须充分认识到改革的重要性和紧迫性，牢固树立以改革促发展的观念，把改革放到突出位置，按照党的十六届三中、四中和五中全会及省、市有关会议的部署，进一步推进经济体制改革，不断在重点领域和关键环节取得新突破。各级各部门必须充分认识改革的重要性和紧迫性，切实加强对各项改革的总体指导、统筹协调和综合配套，正确处理改革发展稳定的关系，努力做到改革方案周密稳妥、工作推进深入细致、风险防范及时有效，确保我市改革工作走在全省、全国前列。

(一) 加强组织领导和统筹协调。在市委、市政府的统一领导下，进一步发挥市经济体制改革工作领导小组办公室的职能作用，逐步建立统揽经济体制改革全局的工作机制。健全改革工作联席会议制度，从总体上把握改革进程，研究部署各项改革工作。

“十一五”时期，改革的复杂性、风险性和艰巨性大大增强，改革工作者要不断提高对新形势下加强学习的重要性和紧迫性的认识，以全新的思维、意识和观念来对改革进行研究和思考。要不断学习理论知识、业务知识和政策法律知识，积极开展改革调研，认真总结借鉴成功的改革经验，虚心听取人民群众的意

见，切实提高改革干部的工作能力。

（二）强化总体指导和综合配套。根据本规划，改革牵头部门应分年度制订深化经济体制改革的实施意见和年度改革计划，明确改革重点、工作目标、工作进度和责任单位等，指导和推动改革工作顺利进行。在改革进程中，要组织各方面的力量，通过多种形式，及时对遇到的热点、难点问题进行分析研究，理清思路，提出对策意见。

“十一五”时期，经济体制改革不断深化，政治、文化、社会等方面的改革日益深入。必须在继续实施国有企业改革、不断健全现代市场体系的同时，把政府职能转变和社会领域改革提到重要位置，更加注重改革的综合配套，增强改革方案的科学性、可行性和适应性，强化政策的一致性和连贯性，提高对改革工作的应变、驾驭、设计和落实能力。

（三）深入细致地推进改革。要周密稳妥地设计改革方案，重视对改革的调研工作，及时总结相关领域的改革经验，学习省内外其他地区改革过程中好的思路和做法，发挥相关专家和研究机构的咨询谋划作用，增强改革方案的科学性和可行性。

要研究建立改革工作规范程序制度，重大改革事项要建立方案制订、论证决策、组织实施、绩效评估等严密的工作程序，增强改革工作的预见性、公开性和规范性，加强对各领域改革的监督检查。

要加强对改革的风险防范。对一些涉及面广、触及利益层次深、风险较大的改革事项，要先进行试点，然后再逐步推广。要通过有效方式加强对改革进程的监督检查，改革方案实施过程中出现问题或实施环境发生变化的，要及时开展评估，按程序对改革方案进行调整。

（四）加大宣传力度。及时通过广播、电视、网络等多种有效形式，积极向社会宣传改革规划、改革政策以及重大改革方案的有关情况，通报年中和年度改革进展，探讨改革进程中的理论难点和政策走向，促使广大群众更多地关注和了解改革，营造全社会参与改革的良好氛围。

简析：

这是一份写得较好的工作计划，主体部分内容全面，从中可以大致看出这种计划的主体应当写好三个方面的内容：目标、步骤和措施。目标是回答“做什么”的问题，步骤是回答“何时做”的问题，措施是回答“如何做”的问题。

例文主体的第一大部分说明“十一五”时期改革的主要任务，即改革所要达到的目标，目标写得清楚明确。

人们常说：“十分计划，十二分措施。”它反映了措施的重要性和人们对措施的高度重视。此例文便在主体的第二大部分提出了具体的几条措施，这几条措施对完成该省“十一五”时期改革的主要任务，都是必要的、得体的，表明计划的制订者了解该省的经济发展状况，熟悉经济发展规律，预见了改革过程中可能出现的困难和问题。有了这样的措施才能保证预定目标的实现。

例文 7：

2008 年工会工作要点

2008 年市工会工作的指导思想是：认真贯彻党的十七大精神，高举中国特色社会主义伟大旗帜，以邓小平理论和“三个代表”重要思想为指导，深入贯彻落实科学发展观，坚持走中国特色社会主义发展道路，紧紧围绕“打造××城市圈，建设两型社会实验区”目标任务和“推进科学发展、构建和谐社会”的时代主题，牢牢把握发展和谐劳动关系主线，突出“建功十一五、和谐促发展”和工会能力建设重点，切实发挥工会组织职工、引导职工、服务职工和维护职工合法权益的作用，团结动员职工以主人翁的劳动热情和创造力，为加快和谐交通建设，实现××交通又好又快发展作出更大贡献。

根据上述指导思想，结合市交委下达的 2008 年目标任务，××市公路管理处工会 2008 年工作总体要求如下：

一、学习贯彻党的十七大精神，用科学发展观统领工会工作

学习贯彻党的十七大精神，是当前乃至今后一个时期的首要政治任务。各单位要以“高举旗帜、科学发展、共建和谐”为内容的十七大精神主题教育活动，掀起学习宣传贯彻十七大精神的热潮。一是各级工会专兼职干部要带头学习、领会十七大精神实质。二是运用多种形式，大力宣传十七大精神，深入基层，深入工地现场，深入道班，深入职工中进行宣传辅导；组织和引导职工群众准确把握十七大基本精神。三是学习贯彻十七大精神，要联系实际，不断进行工会理论创新，使工会工作体现时代性，把握规律性，富于创造性。四是把学习贯彻十七大精神与解决问题，推动工作作为衡量学习成效的重要标准，切实把十七大精神落到实处。

二、围绕发展第一要务，深化职工技术创新活动，在推进“共同建设”上充分发挥工会组织引导作用

1. 开展养护、财务、工程建设、驾驶技术比赛，组织职工苦练基本技能，立足本职，精益求精，通过参加各级技术、技能比赛，做好技术能手的选拔培养工作，造就一批高素质的技术骨干；

2. 开展创建“工人先锋号”活动，指导、协助××公司参评市级以上“工人先锋号”；

3. 继续开展创星级管理站活动，力争××区××公路管理站、××区××公路管理站达五星级标准。

三、大力实施职工素质工程，广泛开展“创争”活动，在交通精神文明建设中发挥工会特色作用

1. 开展“五个一千”活动，即“千名职工参加新知识技术培训学习、千名职工参加读书活动、千名职工参加社会公德职业道德和法律知识学习培训活动、千名职工参加技术练兵比武活动、千名职工参加合理化建议和技术创新活动”；

2. 开展“创争”活动，即创建学习型组织、争做知识型职工，在职工中大力倡导终身学习的观念。推荐××收费站申报参评市交委直属单位“创建学习型组织、争做知识型职工”双十佳的候选班组（集体）；

3. 引导职工投入××交通精神文明建设活动，积极参与“四城同创”的实践活动；

4. 进一步加强职工文化室、活动室的建设。开展各类形式多样的职工文化体育娱乐活动；

5. 开展送温暖、送清凉活动；

6. 按要求完成劳模和一线职工疗休养工作。

四、抓住和谐劳动关系主线，加强工会维权机制建设，在保障“共同享有”上充分发挥工会维权作用

1. 广泛开展《劳动合同法》学习宣传贯彻活动，工会积极参与新一轮劳动合同的签订；

2. 完善职工民主管理机制。着力完善以职工（代表）大会为基本形式的事业单位民主管理制度。按照职工（代表）大会制度，全年召开二次职工（代表）大会，年内申报验收三星级以上民主管理单位；

3. 做好各类矛盾纠纷的调解疏导工作，不出现由于工会工作的不力致使职工上访升级事件。

五、坚持不懈加强工会自身建设，提高工会发展和谐劳动关系的组织凝聚力

1. 做好工会女职工工作，开展纪念“三八”国际妇女节活动，维护女职工合法权益和特殊利益。组织80%以上女职工参加安康保险工作；

2. 管理好工会经费，及时上缴，在经费使用上不出现违纪现象；

3. 组织培训工会骨干，举办一期培训班；

4. 积极组队参与市交通工会组织的直属单位职工文化体育活动。

二〇〇八年三月四日

简析：

这份要点从五个方面列举了2008年工会的主要工作，而这些工作大多属于工会日常工作，只是比较重要罢了。这些工作怎样做，由谁做都是有常规的，因此只要交代什么时间做什么就够了。如果再写为什么做、怎样做等显然不必要，而且也不成其为“要点”了。

例文8：

中国人民银行××支行××××年工作计划

根据全省金融工作会议精神，结合我县实际情况，我支行××××年工作的指导思想是：继续强化金融监督，防范和化解金融风险，进一步完善内部管理机构和加强“三防一保”工作，维护全县良好的金融秩序，促进我县经济金融的健康稳定发展。

一、××××年金融监督工作的主要任务

全省金融工作会议提出了“继续强化金融监督，维护良好的金融秩序，促进金融的健康稳定发展”的金融监管总目标，按照省行提出的金融监管的总体要求，××××年我支行加强监管的主要任务：

1. 严禁非法设立金融机构和非法从事金融业活动，一经发现，坚决取缔。

2. 坚决杜绝高息贴水吸存，非法集资现象。

3. 严禁金融机构用信贷资金和拆借资金买股票。

二、强化金融监督的主要措施

加强金融监督是保证金融业依法经营、稳定发展的基础。为了完成今年金融监管工作任务，既要充分发挥全行各职能部门的作用，自觉履行中央银行职能，又要采取行之有效的措施，狠抓监管工作的落实。

1. 继续按季度做好本县金融风暴预测分析工作。

2. 加强检查督促。

3. 做好对各金融机构经营活动的分析工作。

三、进一步完善内部管理机构，提高工作效率和办事效率，顺利完成今年各项工作任务

1. 根据各股室、各岗位的工作性质、职责，重新修订完善各股室、各岗位工作责任制，从行长到职工都要做到职责分明。

2. 制定空白有价凭证保管领用、账户处理、库房处理等制度，堵塞各种漏洞。

四、加强“三防一保”工作，保障职工和国家财产安全

要贯彻“防查并举，标本兼治，重在预防”的方针，进一步修订完善“三防一保”工作制度，做到人防和技防相结合，坚决杜绝盗窃、抢劫、诈骗等事件发生，确保今年各项工作任务顺利完成。

××××年×月×日

简析：

这是一篇银行的工作计划。就内容而言，作者不仅全面考虑到了工作计划的诸要素，而且就银行工作的性质与特点进行构思，突出了重点，抓住了关键。在金融体制改革以后，人民银行的职能转换了，主要是发挥中央银行加强宏观调控，金融监管的作用。该计划从前言到主体，从任务目的到方法措施，处处都突出了“金融监管”这个中心，可以说是抓住了人民银行工作的根本，因而重点突出。

就写法而言，它的结构较规范，作为工作计划，它有前言，有主体，有目的任务，有方法措施。就语言表达而言，其用语精练简洁。

例文9：

2007年街道办事处工作计划

按照建设富裕、秀美、文明、安全新××的总体要求，为推动和谐××的全面发展，根据市委、市政府的工作部署，结合××街道实际，特制订2006年工作计划。

一、指导思想

深入贯彻落实党的十六届五中全会精神，以邓小平理论和“三个代表”重要思想为指导，以落实科学发展观为统领，以党建工作为龙头，以“打造商务旗舰，进军千强乡镇”为战略目标，以构建和谐××为工作主题，以“经济发展、社会进步”为两条工作主线，促进和谐××的全面发展。

二、工作目标

坚持全面加强和改善党的领导，创一流的领导班子；坚持调整优化经济结构，转变经济增长方式，促进经济跨越式发展；坚持服务社区，服务居民，促进社区建设健康有序发展。积极构建平安××、人本××、数字××、亮丽××、和谐××，达到保××市十强乡镇，争创全国千强乡镇的工作目标。

三、工作任务和措施

（一）围绕“一个主题”。围绕构建和谐××这一主题，基本形成经济发展

有序、服务功能完善、居住环境舒适、治安秩序良好、文化教育繁荣、管理手段先进、人际关系融洽、自治参与广泛的和谐社会发展态势。

（二）贯穿“两条主线”。

1. 贯穿经济建设这条主线，实现经济提效。

以“十一五”经济发展规划为统领，实现2006年经济高效快速发展。一是以规范建设特色街区为重点，大力发展楼宇经济，实施商贸兴街战略，全力打造商务中心、文化中心、贸易中心、金融中心。二是加大招商引资力度。包装推介现代服务业、城市基础设施、旅游文化产业等“热点”项目招引客商，招商引资突破5 000万元。三是优化经济发展环境。建立党政领导联系企业制度，为企业排忧解难。确保实现企业总产值增长20%，突破12亿元，完成GDP 7.2亿元，增长20%，财政税收突破8 500万元，实现居民人均增收400元。

2. 贯穿社区建设这条主线，实现发展提质。

以社区党建为龙头，探索社区党员教育管理工作的新机制新方法，着力加强非公有制经济党建工作；标本兼治，强化教育，不断加强党风廉政建设；强化和完善社区、小区、楼栋三级组织体系；以社区文化建设为抓手，提升社区文化品位；以社区服务为核心，拓展社区服务领域；以社区自治为方向，顺利完成社区换届选举；以社区共建为载体，做到共驻共建，资源共享，逐步形成自治型、服务型、平安型、学习型、生态型社区。

（三）抓好“三大工程”。

1. 抓好重点项目工程，实现建设提速。一是抓好××中学二期工程建设。加大投入力度，加快建设速度，力争完成二期工程的综合楼、运动场、校门、围墙等建设项目。二是全力配合市政府对车站路、黄泥湾路等道路进行改造。三是对城东、城西、北园、联城社区背街小巷、居民区房前屋后按照硬化、绿化、亮化要求全面进行改造。四是对北园社区严家冲小区排水、排污工程进行改造，切实改善居民区生活质量，营造和谐的人居环境。

2. 抓好社会保障服务工程，实现保障扩容。一是街道、社区、企业单位免费对剩余劳动力、失地居民和下岗失业人员尤其是“4050”人员提供劳动技能培训和再就业意识培训，社区建立家政服务中心，拓宽服务领域，想方设法增加就业岗位，力争2006年失业人员大部分实现再就业，所有社区达到最充分就业社区。二是扩大养老保险覆盖范围，实现城镇居民养老保险扩面。三是推行新型合作医疗，建立个人交费、社区扶持和政府资助相结合，以大病统筹为主的居民医疗互助共济制度，使参加合作医疗覆盖率达90%以上。四是完善低保保障机制，形成低保动态科学规范管理。五是将“爱心超市”触角延伸至小区、楼栋，建立居民小区“爱心屋”、楼栋“爱心角”，营造和谐的生活保障环境。

3. 抓好文明街道创建工程，实现素质提升。以创建文明街道为契机，全面提高市民素质。一是要总结提炼出“××精神”，使之成为××的公德名片和品位标志。二是要通过设置公益广告，潜移默化地激发市民热爱××的自豪感、遵守社会公德维护城市环境的责任感、加快发展的紧迫感。三是开展“文明小区”、“文明楼栋”、“文明家庭”、“文明市民”的评选活动，倡导文明、友爱、诚信、节约的社会新风。四是建立各具特色的楼院文化、街巷文化、广场文化和校园文化，营造和谐的文化氛围。

（四）力争“四大突破”，打造“四大品牌”。

1. 力争社会综治工作有新突破，打造平安××。一是做好矛盾纠纷调处工作，调解率达到100%，调解成功率达到100%，不发生民转刑和非正常的死亡。二是做好平安社区创建验收审核工作，并将平安社区创建触点向小区、楼栋、单位延伸。三是稳妥推进消防进社区工作，实现社区消防自我管理、自我教育、自我提高。四是做好法制进社区、进楼栋、进家庭的普法、学法、用法工作。

2. 力争在社区管理模式上有新的突破，打造数字××。一抓网络建设。在社区、小区两级网络的基础上，将触点向楼栋、单元延伸，建立四级网络。二抓信息建设。在全面推行“社区事务管理系统软件”运用的基础上，建设社区网上服务平台，完成街道、社区二级服务中心的联网，实现政府、社区和居民信息的快速对接，提升现代社区服务和社区管理水平。

3. 力争在计划生育服务上有新的突破，打造人本××。坚持以人为本，搞好“五个服务”，推广“三大工程”，一是搞好政策服务、生殖健康服务、药具宣传服务、随访亲情服务、一条热线释疑解惑服务五大服务。二是推广“知情选择避孕措施工程”、“出生缺陷干预工程”和“生殖道感染干预工程”三大工程。三是充分发挥计生协会作用，实现居民的自我教育、自我管理、自我服务，使群众对计生工作的满意率达90%以上，意外妊娠率控制在20%以下，计生率达98.5%以上，争创××市人口与计划生育示范街道。

4. 力争在城市管理上有新的突破，打造亮丽××。一是成立专门的城市管理领导小组办公室，实现管理模式的两个转变，变被动管理为主动管理，变突击管理为经常管理。二是办事处调整、充实城管办公室，各个社区成立城管协会，扩大管理覆盖面。三是要继续巩固绿化率。全力配合做好群众绿化、城市建设配套绿化、拆违还绿等工作，创市级绿化先进集体。四是建设节约型城区。组建社区环保志愿者队伍，建立和健全社区环保节能管理制度和群众性的环境监督体系。

××街道办事处

二〇〇七年×月×日

第三节　工作计划的写作要求

工作计划写作要求简明扼要、具体明确，遣词造句必须准确，不能含糊。

一、具体要求

（一）格式

（1）计划的名称要写完整。包括订立计划单位或团体的名称和计划期限两个要素，如“××印刷厂团委2011年工作计划”。

（2）计划的具体要求要写细致。一般包括工作的目的和要求，工作的项目和指标，实施的步骤和措施等，也就是为什么做、做什么、怎么做、做到什么程度。

（3）订立计划的日期要标明。

（二）内容

（1）要有情况分析（制订计划的根据）。制订计划前，要分析研究工作现状，充分了解下一步工作是在什么基础上进行的，是依据什么来制订的。

（2）要有工作任务和要求（做什么）。根据需要与可能，规定出一定时期内所应完成的任务和应达到的工作指标。

（3）要有工作的方法、步骤和措施（怎样做）。在明确了工作任务以后，还需要根据主客观条件，确定工作的方法和步骤，采取必要的措施，以保证工作任务的完成。

（三）要符合以下几个条件

1. 贯彻方针政策，处理好几个关系

拟写计划时，首先必须深入学习与领会党和国家的有关方针政策，作为制订计划的指针，这样才能保证指导思想正确、方向明确。同时，拟写计划时，还应该正确处理好局部与整体的关系、目前与长远的关系、重点与一般的关系。局部的、目前的、一般的利益与工作不能忽视，但整体的、长远的、重点的利益与工作更要考虑，在两者发生矛盾时，则以大局为重。

计划是为贯彻执行方针政策服务的，制订计划的目的是为了更好地落实党和国家的方针政策，努力完成党和国家交给的任务。

只有正确处理好这些关系，才能保证计划沿着正确的轨道进行。否则，各有各的打算，就无法协调有效地进行各项建设。

2. 加强调查研究，做好预测工作

计划是人们为完成某项工作而事先所作的设想、打算与安排。它植根于实践，还要指导实践。在这里，科学的预见性是很重要的。要使计划的预见科学、准确，唯一的办法是加强调查研究，讲究实事求是，一切从实际出发。

只有通过对事物的本质与现象、主观与客观、历史与现状的透彻了解，深入分析，才能把握它的发展规律与趋势，才能根据已知推断未知，产生科学的预见。

比如，计划中所提目标、任务、指标等要合理，既先进，又可行，通过努力能够完成或超额完成。任务定得过高或过低，既不利于调动群众的积极性，也不利于“四化”建设。

3. 坚持群众路线，集中群众智慧

计划的制订，需要发动群众出谋献策，集中群众的智慧，这样才能集思广益。群众里面能人多，点子新，办法巧。只有坚持群众路线，才能使计划切合实际、更科学。

计划的执行，也需要得到广大群众的理解、拥护、支持。群众同心协力，才能保证计划的顺利执行。所以在制订计划的过程中，我们要虚心听取群众的意见，经过自上而下、自下而上的几次反复修改，并在计划的执行过程中，通过群众的实践，不断检验与修正，使计划更趋完善。

二、必须掌握的五条原则

（1）对上负责的原则。要坚决贯彻执行党和国家的有关方针、政策和上级的指示精神，反对本位主义。

（2）切实可行的原则。要从实际情况出发定目标、定任务、定标准，既不要因循守旧，也不要盲目冒进。即使是做规划和设想，也应当保证可行，能基本做到，其目标要明确，其措施要可行，其要求也是可以达到的。

（3）集思广益的原则。要深入调查研究，广泛听取群众意见、博采众长，反对主观主义。

（4）突出重点的原则。要分清轻重缓急，突出重点，以点带面，不能眉毛胡子一把抓。

（5）防患未然的原则。要预先想到实行过程中可能发生的偏差，可能出现的故障，有必要的防范措施或补充办法。

三、反对和克服计划工作中的一些不良倾向

1. **避免一般化**

计划常见的通病就是一般化。一是缺乏特色，简单地按上级主管部门或是其他单位的计划去套，与本单位的实际不挂钩或是联系不大；二是缺乏创新，单凭老经验、老想法，与以往计划雷同或是其翻版，没有新鲜内容，反映不出新进展和创造性；三是缺乏内容、任务抽象、要求平稳、步骤模糊、责任不明、分工不清、平平淡淡，令人过目即忘。

2. **杜绝极端化**

由于单凭主观愿望、理想、感情和动机，不顾客观实际和现实情况，制订计划时，就很容易走两个极端。一个极端是盲目冒进，追求大场面、高指标，甚至吹牛浮夸，弄虚作假；另一个极端是害怕风险，僵化保守，不努力找窍门，挖潜力，有意压低指标，一心只想去追求“超额完成计划”的表扬和奖励的虚荣。

3. **切忌表面化**

所谓表面化，就是片面追求形式，热衷搞花架子。把精力放在造词句、编文章上，计划看起来头头是道，至于是不是行得通就不管它，甚至根本就没打算去实行。这种挂在嘴上、写在纸上、放在桌上、贴在墙上，虎头蛇尾、有名无实的计划，只是一纸空文，没有实际价值。

【本章小结】

工作计划是计划类公文常见的文种，我们的学习、工作和日常生活都离不开它。为充分掌握工作计划这种文体的写法，必须先了解和理解计划的含义、分类、作用、特点、结构和写作要求。

计划是预先对一定时期内的学习、工作、生产等事项所作出的科学性部署和安排的陈述性文书。根据不同的划分标准，工作计划可以分成不同的种类。它有预见性、针对性、可行性和约束性四个特征。

工作计划的作用主要表现在四个方面：

（1）计划是建立正常工作秩序，使工作在正常轨道上健康运行的重要前提，起着导航作用。

（2）计划是取得经济效益和提高办事效率的重要途径，起着推动作用。

（3）计划是实现科学管理，适时调整和预防失误的重要手段，起着保证作用。

（4）计划是进行检查和总结的重要依据，起着监督作用。

工作计划的写作主要是写好前言（指导思想）、主体（计划事项）和结语（执行希望）。要写好一份工作计划要从格式、内容、语言等方面达到相应要求。

【关键术语和概念】

计划　工作计划　规划　设想　打算　安排　方案

【参考文献】

1. 曾昭乐．现代公文写作．广州：中山大学出版社，1999.
2. 陈少夫．应用写作教程．广州：中山大学出版社，2001.
3. 张元忠．最新公文应用文写作．长沙：中南工业大学出版社，1997.
4. 孙三令．最新公务应用文写作．长沙：中南大学出版社，2001.
5. 胡安周．文秘办公百事通．北京：中国经济出版社，1993.
6. 傅柏松．金融应用写作．北京：金融出版社，2000.
7. 欧阳周．大学实用写作．北京：高等教育出版社，1996.
8. 尹依．新编财经写作．北京：中国商业出版社，2002.
9. 杨元华．秘书写作．上海：复旦大学出版社，2004.

【思考与练习】

1. 什么叫工作计划？它的特征和作用是什么？
2. 工作计划的写作步骤有哪些？有何写作要求？
3. 根据不同的内容和要求，工作计划有不同的名称，请根据规划、要点、设想、意见、安排、打算、方案等不同的特点，说出它们分别适用于何种情况？
4. 根据自己的工作实际，写一份合乎规范的工作计划。

5. 下列这些计划的标题拟得是否恰当？为什么？

（1）广东省十年绿化荒山安排

（2）康佳电子集团公司一季度生产规划

（3）××大学 2011 年教学改革意见

6. 请认真阅读下文，然后回答后面的问题。

××区银行办事处中专班学习计划

近几年来，我们银行的青年职工人数越来越多，已经成了业务骨干力量，他们在经济战线上发挥着积极的作用，展示了我们银行视野的希望和前景。但也不能忽视，一些青年由于理论水平低，文化素养差，科学文化知识贫乏等而感到我们做的工作，没有意思。根据中国人民银行总行要求，提高在职干部文化水平，我们办事处开办了中专班，脱产学习一年，招生的对象是在银行工作两年以上，高中毕业或相当于高中毕业水平的同志。为更好地完成学习任务，我们教育科计划如下：

（一）学习内容

主要学习基础理论，学习政治经济学、哲学、货币概论、会计原理、高等数学、大学语文等20门课。

（二）学习进度

第一学期。有数学、语文、政治经济学、货币概论、会计原理。第二学期，有语文、财政、转账结算、哲学、银行会计、商业会计、统计。第三学期，有应用文、党史、储蓄、企业管理、工业会计、工商信贷、政治思想教育、体育。学完一门课，进行一次结业考试，不再进行全面考试。

（三）学习方法

任课教师，请××大学、××××学院、××第三师范学校、××电大和银行的老师。学生上课时做笔记，课后参考书籍做复习题、练习题，有任课教师批改作业。各门功课学习完两章进行一次阶段考试，看看学生是否真正掌握。

××教育科

××××年×月×日

（1）本文标题存在什么问题，请予以改正。

（2）请指出本文的前言缺漏了什么，有哪些内容应该放在计划事项中去，并修改好该段前言。

（3）请就本文所反映的内容，对本计划进行修改，补上应该写上的内容，使之完整（可根据需要，重新调整结构）。

（4）应用写作的语言，必须做到准确、平实、简洁、得体。请指出本文在语言上的毛病，并改正。

第五章　工作总结

【本章学习要点】

1. 工作总结的含义和特点

2. 工作总结的结构和写法

3. 工作总结的写作要求

总结类文书最常用的名称是总结，有时还可称为小结、回顾、体会、经验、做法等。我们做任何事情，必须事前做好计划，事后做好总结。在现实生活中，人们的各项工作，就是通过计划—实践—总结—再计划—再实践—再总结的多次反复而不断提高和发展的。工作总结是总结类文书中最常用的一种文体，总结类文书还包括个人工作总结。本章前三节着重介绍的是公务文书中工作总结的基本概念和写法，而个人的工作总结则在第四节以“述职报告”的形式进行介绍。

第一节　概　说

一、工作总结的含义与分类

（一）总结的含义

工作总结是对一定时期内的工作加以总结、分析和研究，肯定成绩，找出问题，得出经验教训，摸索事物的发展规律，用于指导下一阶段工作的一种书面文体。它所要解决和回答的中心问题，不是某一时期要做什么，如何去做，做到什么程度的问题，而是对某种工作实施结果的总鉴定和总结论，是对以往工作实践的一种理性认识，是集体或个人对一个时期内的工作情况进行的回顾或评价。

（二）工作总结的种类

从性质、时间、形式等角度可划分出不同类型的总结，从内容分主要有综合总结和专题总结两种。综合总结又称全面总结，它是对某一时期各项工作的全面回顾和检查，进而总结经验与教训。专题总结是对某项工作或某方面问题进行专项总结，尤以总结推广成功经验为多见。总结也有各种别称，如自查性质的评估及汇报、回顾、小结等都具有总结的性质。

根据不同的分类标准，可将总结分为许多不同的类型。

按范围分，有班组总结、单位总结、行业总结、地区总结等，当然也有个人总结，但因个人总结已不属于公文的范畴，本节不加以介绍。

按性质分，有工作总结、教学总结、学习总结、科研总结、思想总结、项目总结等。

按时间分，有月份总结、季度总结、年度总结等。

按内容分，有全面总结、专题总结等。

区分以上总结的种类，目的在于明确重心、把握界限、为构思写作提供方便。但上述分类不一定是绝对的，相互之间可以相容、交叉。如《××大学2012年度工作总结》，按性质讲是工作总结，按范围讲是单位总结，按时间讲是年度总结，按内容讲是全面总结。同时，大学的工作总结不可能不涉及教学和科研，那么它也包容了教学总结和科研总结的成分。这说明在总结的分类上，应灵活掌握，不必过于拘泥。

二、工作总结的特点

1. 客观性

总结是对过去工作的回顾和评价，因而要尊重客观事实，以事实为依据。

2. 典型性

总结出的经验教训是基本的、突出的、本质的、有规律性的东西，在日常学习、工作、生活中很有现实意义，具有鼓舞、针砭等作用。

3. 指导性

通过工作总结，深知过去工作的成绩与失误及其原因，吸取经验教训，指导将来的工作，使今后少犯错误，取得更大的成绩。

4. 证明性

这是说总结的基本表达手段是被动的（严格地说是证明），它要用自身实践活动中的真实的、典型的材料来证明它所指出的各个判断的正确性。

工作总结是既不同于公文，又有别于文章的文种，它除了具备应用写作的共性外，还有独自的特点：其一，在语言上朴实而不呆板，生动而不华丽，综合朴实、稳重、生动活泼三位一体的风格。其二，在表述上以直述为主，议论很少，用事实说话，言之有物，反对假、大、空等虚言诳语。其三，在观点上力求创新，给人以新鲜感，但不能哗众取宠、无限拔高、脱离工作实际。其四，在结构上不套用固定模式，结构比较灵活自由。其五，在篇幅上可长可短，视内容而定，一般3 000字左右即可。

三、工作总结的作用

有的人认为工作总结是“例行公事”，是“老一套”，其实，这是一种误解。从实际情况看来，工作总结是做好各项工作的重要环节。通过它，可以全面地、系统地了解以往的工作情况，可以正确认识以往工作中的优缺点；可以明确下一步工作的方向，少走弯路，少犯错误，提高工作效益。

1. 沟通作用

一份全面的工作总结，可以向上级机关、下属单位和有关部门提供某一时期的工作情况，使他们知道你这个单位做了哪些工作，是怎么做的，从而有助于社会了解你这个单位。特别是那些成绩突出的单位，通过工作总结，除交流信息外，还有利于提高知名度。

2. 借鉴作用

工作总结不仅仅是总结成绩，更重要的是为了总结经验，发现做好工作的规律，也可以找出工作失误的教训。这些经验教训是非常宝贵的，对本单位、本地区、外地区的工作都有很好的借鉴与指导作用，在今后工作中可以改进提高，趋利避害，避免失误。

3. 监督作用

一般的机关、单位，都会通过定期总结向群众报告工作。企业则向职工报告工作，听取群众意见，接受民主评议。这样，不仅使工作总结更加符合实际情况，而且也接受了群众的监督。在某种意义上，工作总结也是一种民主监督的形式。

4. 提高作用

通过工作总结，领导要深入基层，开展调查研究，培养与锻炼自己的思维方法、分析能力，实际上这是自我提高的好方法。一般地说，总结一次，认识提高一次，领导的能力和水平就会长进一次。如果说领导者可以在实践中增长才干，那么经常总结工作也是增长才干的一种好方法。所以，工作总结的过程也是领导自我提高的过程。

5. 考核作用

上级机关检查下级机关和基层单位的工作，除了听汇报、看现场、进行实地调查以外，看工作总结也是一种方法。从工作总结中可以看到成绩，发现存在的问题，再看实际情况是否与工作总结相符。就这方面来说，工作总结可起到考核的作用。

6. **认识作用**

工作总结还是认识世界的重要手段，是由感性认识上升到理性认识的必经之路。通过工作总结，使零星的、肤浅的、表面的感性认识上升到全面的、系统的、本质的理性认识上来，找出工作和事物的发展规律，从而掌握并运用这些规律。毛泽东同志曾指出，领导者的责任，就是不断指出斗争的方向，规定斗争的任务，而且必须总结具体的经验，向群众传播这个经验，使正确的获得推广，错误的不致重犯。

第二节　工作总结的写作方法

一、工作总结的写作步骤

撰写工作总结的基本步骤与工作计划相类似，需要注意的是，工作总结一般人都会写，但要写好并不那么容易，尤其是带有指导性的经验型工作总结。写好工作总结，要从内功和外功两方面下工夫。内功就是要学习写作知识，提高驾驭语言的能力；外功就是要会收集材料，调查研究，熟悉本单位的工作情况及有关的信息。

写工作总结的具体要求如下：

1. **充分占有材料**

材料是总结的基础，是第一性的。没有材料，工作总结便无从写起，材料不充分，写出的工作总结就干瘪。所以，在写作前要收集材料，包括与总结相关的材料，诸如数据、业绩、人物、事实等，既要有物质文明材料，又要有精神文明材料；既要有全面材料，又要有典型材料。在收集方法上，可以多种多样，如统计报表、查看记录、深入调查、座谈访问、观察现场、听取群众反映等，尽可能地掌握大量的第一手资料，从材料中形成概念、观点，然后才开始动笔。

2. **运用辩证思维方法**

辩证思维方法是科学的思想方法，它用联系、发展、变化和一分为二的观点来观察和研究事物。写工作总结，就是要把收集的各种材料吸进大脑，然后用辩证思维的方法，进行系统的分析研究，去粗存精，去伪存真，由表及里，由此及彼，梳理出有条理的内容，用准确的语言表述出来。因此，写工作总结的过程也是思维活动的过程。如果不经过思维活动，不经过大脑加工，那么，所收集的材料便不能发挥作用，等于一大堆没有建成高楼大厦的“建筑材料”。

3. 拟好提纲

写工作总结需要先立下提纲，有纲有目，按照纲目落笔。拟提纲要从工作总结的整体出发，考虑写几个部分，每个部分里写几个观点，每个观点里再写几层意思，或再分几个小观点。一般应写到三级观点。如果能详细更好，越细越好。考虑写提纲时，不能硬拼乱凑观点，玩观点游戏。可以这样说，提纲是工作总结的骨架，材料是基础；材料附着于骨架，骨架需要材料衬托、支持。两者缺一不可。

4. 把握领导意图

一个单位的工作总结，除了征求下属单位、职工群众的意见外，更重要的是必须得到领导层的认同。因为领导处于特定的位置，高瞻远瞩，掌握全局，许多工作是由他们决策、指挥的，所以他们有深刻的体会。工作总结其实也是领导者的工作总结。写作人员在撰写工作总结时，应当首先把握领导的意图，请领导提提看法，看领导有何想法。一般来说，领导是会提出要求的。如果领导一时提不出来，写作人员可以把自己的想法和意见讲出来，请领导提出修改意见。经过领导修改和赞同的提纲，那就成为领导的意图。这时，写作人员就可以按照提纲写作，写好草稿交领导审阅通过。

5. 熟悉工作特点

有人怕写工作总结，说什么“不怕飞机大炮，就怕总结报告”，认为工作总结难写。其实，任何写作都是“苦差使”，是一种艰苦的脑力劳动。不过，我们只要熟悉工作总结的特点，常写常练，反复修改，不怕返工，是完全能够写好的。

二、工作总结的写作方法

（一）工作总结的内容

写工作总结没有固定的模式，但有大体的“路子”。

1. 过程概述

这部分主要概述一段时期的工作过程，可按时间顺序概述，或按工作内容概述，字不宜多，简明扼要，点明就行。这段文字可以限制为一个段落，是工作总结的开头语或导语，其内容应起到提示全文总纲的作用。

2. 成绩归纳

这部分为成绩的概括，应该有条理有顺序地摆数据、讲事实、搞对比，把本单位这段时期的主要成绩写出来。如成绩多而且琐碎，可以概括起来，归纳几条来写，抓住主要成绩，不能面面俱到，写成流水账。每条成绩开头要考虑一个小观点，各成绩之间用一、二、三、四等序数词隔开，也可以拟成一个小标题，冠在前行。这样可使人看了比较清楚，条目分明。在结构上，一条成绩一般为一个段落，如果是重大的成绩，也可以分为几个小段落，组成一个大段落或大的层次。写成绩要用直述的表达方法，语言实实在在，少发议论，应当多用数据，多举事实，让事实说话，没有虚言。这部分的篇幅决定于内容，该长则长，能短则短，以说明成绩为准。

3. 经验提炼

一般来说，成绩是实实在在的，看得见，摸得着，有目共睹的；而经验则是隐含的，隐蔽在成绩里面，需要经过分析研究，在大量事实的基础上进行升华，才能提炼出来。从某种意义上说，成绩是实践的概括，经验是把成绩上升到理性认识。经验源于成绩，但又高于成绩，工作总结的过程也是由感性认识上升到理性认识的过程。因此，写经验部分要很好地开动脑筋，把经验高度概括地提炼出来。

总结的经验主要表现在自我性、回顾性、客观性和经验性四个方面。

（1）自我性。总结是对自身社会实践进行回顾的产物，它以自身工作实践为材料，采用的是第一人称写法，其中的成绩、做法、经验、教训等，都有自我性的特征。

（2）回顾性。这一点总结与计划正好相反。计划是预想未来，对将要开展的工作进行安排。总结是回顾过去，对前一段的工作进行检验，但目的还是为了做好下一步的工作。所以总结和计划这两种文体的关系是十分密切的，一方面，计划是总结的标准和依据，另一方面，总结又是制订下一步工作计划的重要参考。

（3）客观性。总结是对前段社会实践活动进行全面回顾、检查的文种，这决定了总结有很强的客观性特征。它是以自身的实践活动为依据的，所列举的事例和数据都必须完全可靠，确凿无误，任何夸大、缩小、随意杜撰、歪曲事实的做法都会使总结失去应有的价值。

（4）经验性。总结还必须从理论的高度概括经验教训。凡是正确的实践活动，总会产生物质和精神两个方面的成果。作为精神成果的经验教训，从某种意义上说，比物质成果更宝贵，因为它对今后的社会实践有着重要的指导作用。这一特性要求总结必须按照“实践是检验真理的唯一标准”的原则，去正确地反映客观事物的本来面目，找出正反两方面的经验，得出规律性认识，这样才能达到总结的目的。

经验可以分条写，用序数词一、二、三、四分开，或者可以冠上小标题。每条经验安排一个段落，也可以在一个大段落里再分出几个自然段。重要的经验还可在每条经验里再分（一）、（二）、（三）、（四），成为三级或四级的观点。在几条经验中，应分主要的、次要的、再次要的经验，主要经验排第一，次要的和再次要的经验按次序排在后面；主要经验应展开写，写深写细，多用些笔墨，次要经验可以浓缩，概括地写，以节省文字，但一定要写清楚。

例如，一位同学总结自己的复习时写道："'学而时习之'，这是学习的经验之谈。经常复习，知识就不断巩固，进而系统化。每学习一个阶段，我就进行总结归纳，写小结心得，将自己摸索出来的方法完善起来。比如，学习文言词语，从课文中找出它们在不同句子中的含义，列举实例，总结规律，不仅记忆起来方便，也锻炼了自己的能力。"这样写，读了感到清楚、具体。所以，除了概括性的说明外，最好还能配合一两个恰当的典型例子，做到点面结合。此外，列举一些数字，有时也很必要，特别是前后对比的数字更能说明问题。

4. 问题分析

问题分析是工作总结的结尾部分。这部分的内容主要是把问题找准，分析深刻。不管什么单位，工作再好，成绩再大，难免会存在一些问题。写问题要抓住要害，找出实实在在的几条，不要把鸡毛蒜皮的琐事罗列进去。对问题要做分析，从主客观两个方面找原因，尤其要从思想上剖析，不能怕揭短。这部分的文字不宜长，能写深刻便可。

上述四个部分是有机联系的整体。没有第一部分便没有第二部分，因为只有做工作，才能有成绩，如果不把工作过程写上，成绩便无从谈起。第三部分又是第二部分的正向延伸，因为有成绩才会有经验，没有成绩便谈不上经验，经验是从成绩中来的。第四部分是成绩部分的反向延伸，因为做任何工作，有成绩也有失误，失误是工作的另一面，所以也是成绩的反面。但是，在写工作总结时，不是四个部分都要写，有时为了突出某部分，就重点写某一部分，其他部分可以省略或合并。比如，要突出写经验部分，前两部分可以合并成一个部分，而且可以简写。这样经验部分就比较丰满而实在。所以，工作总结基本构成是四个部分，但也可以写两个或三个部分，这就要看领导人的要求了。

（二）工作总结的写法

1. 标题

工作总结的标题可分为以下三种：

（1）文件式标题。一般由单位名称、时限、内容和文种名称构成。如"××局××××年度拥军优属工作总结"。

（2）文章式标题。以单行标题概括主要内容或基本观点，不出现总结字样，但对总结内容有提示作用。如某高校的专题总结"我们是如何实行教学与科研相结合的"。

（3）双行式标题。指分别以文章式标题和文件式标题为正副标题，正标题揭示观点或概括内容，副标题点明单位、时限、性质和总结种类。如“知名教授上讲台教书育人放异彩——××大学德育工作总结”。

2. 正文

工作总结的前言一般介绍工作背景、基本概况等，也可交代总结主旨并作出基本评价。开头力求简洁，开宗明义。

主体应包括主要工作内容、成绩及评价、经验和体会、问题或教训等。这些内容是总结的核心部分，可按纵式或横式结构形式撰写。所谓纵式结构，即按主体内容纵向所做的工作、方法、成绩、经验、教训等逐层展开。所谓横式结构即按材料的逻辑关系将其分成若干部分，标序加题，逐一写来。

以上部分也不必一一都写到每篇总结里。有的可以合并，有的可以突出，有的还可以省略，这要根据总结的写作目的和要求来确定，灵活安排。

结尾作为结束语，可以归纳呼应主题、指出努力方向、提出改进意见或表示决心信心等，要求简短精练。

3. 落款

一般在正文右下方署名。如果是报纸杂志的交流经验的专题总结，应在标题下方居中署名。

三、工作总结的格式

（一）工作总结的格式和构成

总结的格式，也就是总结的结构，是组织和安排材料的表现形式。其格式不固定，一般有以下几种：

1. 条文式

条文式也称条款式，是用序数词给每一自然段编号的文章格式。通过给每个自然段编号，总结被分为几个问题，按问题谈情况和体会。这种格式具有灵活、方便的特点。

2. 两段式

总结分为两部分：前一部分为总，主要写做了哪些工作，取得了什么成绩；后一部分是结，主要讲经验、教训。这种总结格式具有结构简单、中心明确的特点。

3. 贯通式

贯通式是围绕主题对工作发展的全过程逐步进行总结，要对各个主要阶段的情况，完成任务的方法以及结果进行较为具体的叙述。常按时间顺序叙述情况，谈经验。这种格式具有结构紧凑、内容连贯的特点。

4. **标题式**

把总结的内容分成若干部分，每部分提炼出一个小标题，分别阐述。这种格式具有层次分明、重点突出的特点。

写总结不必非要遵循固定的格式，采用何种格式来组织和安排材料，是由内容决定的。所选结论应反映事物的内在联系，服从全文中心。

（二）例文简析

例文1：

先进个人事迹材料（档案工作）

近三年来，我们××市委办公室坚持以邓小平理论和党的十五大精神为指导，认真贯彻落实总书记及中央领导同志关于档案工作的重要题词和讲话精神，紧紧抓住市委、市政府在全市范围内开展"档案系统创先"、"档案工作优质服务年"和"档案科技年"活动，切实加强全市党委办公室系统机关档案管理，大力开发档案信息资源，积极主动地为国有企业改革、农业和农村工作、机构改革、社会稳定、抗洪救灾等中心工作和市委、市政府的重大决策提供优质服务，努力实践"面向社会，紧贴中心，服务上水平，利用出效益"的档案工作宗旨，使机关档案工作迈上了一个新台阶。1999年、2000年连续两年被省委办公厅、省政府办公厅评为档案工作先进单位；2000年被《中国档案报》评为好新闻一等奖；同年被市档案局评为档案编研优秀成果奖；2001年12月被省人事厅、省档案局评为全省档案先进集体。这些荣誉的取得是与各级领导的关心和档案局的指导分不开的。几年来，我们按照档案局的要求做了以下几点工作。

一、狠抓系统创先，为优质服务提供组织保障

机关档案室自成立以来，得到了历届领导的关心和支持。市委副书记、秘书长×××同志十分重视机关档案工作，每年至少要开一次秘书长、办公室主任专题会议，研究布置档案工作。办公室领导班子把机关档案工作抓在手上，经常研究分析情况，帮助解决档案工作中存在的实际问题。2000年市委办、市政府办《关于在全市范围内开展"档案工作优质服务年活动"的通知》发出后，我们办公室迅速成立了以市委办公室负责同志为组长的开展优质服务年活动领导小组，制订了工作方案，明确了具体工作人员，并将优质服务纳入年度工作目标。办公室及时召开专题会议，召集各区、直管镇街党委办公室主任，就开展"档案工作优质服务年活动"作出部署，要求各级党委办公室将档案工作列入党委办公

室工作议事日程，在全市开展“档案工作优质服务年活动”中争创先进，下达了全市党委办公室系统机关档案全部升级达标的工作目标。并从组织领导、人员、经费和库房设备等实际问题入手，具体安排，逐个解决，为机关档案室配备了一台微机。同时，办公室负责同志带领有关科室同志先后深入到区、直管镇街进行督办。在各级领导和具体承办人员的共同努力下，我们机关档案室和四个区档案室全部达到了省二级标准。同时，有部分乡镇党委机关档案工作达到市、省级标准。我们市委办公室连续两年被评为全省档案工作先进单位。市委副书记、秘书长×××看到表彰通报后作出重要批示：“全市党委系统档案工作达标取得了明显成绩，但不能满足，要向更新的目标冲刺，能否就去年党委系统档案升级迅速议出一个方案，力争有更多的单位达到省一级。”由于领导的高度重视，全市党委办公室系统机关档案工作得以迅速发展。

二、强化质量管理，为优质服务创造物资条件

文书立卷工作是文书处理的最后一个环节，也是档案业务的初始工作。立卷质量的好坏是检验一个机关档案工作水平高低的重要标志，也是优质服务的物资基础。为了把好档案质量关，我们在每一个环节都实行全过程、全方位的质量管理，而且还制定了量化的目标管理办法，为做好档案工作打下了坚实基础。一是把好文件质量关，案卷是具有密切联系的若干文件的组合体，文件质量的高低直接关系到案卷质量的好坏。在文书运转过程中，我们注意文件的质量，认真执行《中国共产党机关公文处理条例》，从自己做起，抓好案卷的质量。对起草的文件和领导签阅的文件，凡是使用圆珠笔、铅笔等不符合档案要求的，坚决予以退回，要求其重新签批和拟稿，要求印刷厂印制的文件用纸大小一致，文头格式都严格执行国家标准；对于下属单位送来的公文，发现其请示报告不分的、多头抄送的、文理不通等情况，我们马上予以退回。在收到传真文件后，首先将文件复印，用复印件进行传阅，直至归档。二是把好文件收集关。办公室是市委的综合工作机构，是承上启下、沟通左右的枢纽，文件来源广，流转环节多，文件收集难度大。这就要求文书和档案部门的同志要有很强的归档意识，必须在日常的文书处理工作中做好，做到事事有回音、件件有着落。在工作中，我们坚持执行归档制度，确定归档范围，明确归档时期，对部分确需保留文件底稿的，一律实行明细登记，适当放宽归档期限。每年元月份，我们向有关人员发出通知，要求对上一年度的底稿文件进行清理，并移交档案室。三是把好分类组卷关。办公室形成的文件材料多，内容涉及面广，如何科学分类是十分重要的。我们结合省委办公厅下发的《关于加强全省党委办公厅（室）档案工作业务建设的意见》的规定，进一步完善了档案组卷的分类方案，遵循了文件材料的形成规律，保持了文件之间的有机联系，科学地规划分类组卷环节。

三、发挥档案作用，为党委政府中心工作服务

管理档案是手段，利用档案是目的。加强档案工作总的目的就是开发档案信息资源，为经济建设和社会发展服务。我们充分认识到“档案工作优质服务年活动”的重要意义，积极开发档案信息资源，不断强化服务意识，拓宽服务领域，改进服务方式，提高服务质量，努力在信息资源的开发利用方面有较大的突破，使档案部门成为各级党委、政府和各单位领导用得上、信得过、离不开的得力助手和参谋。我们市委办公室历来就十分重视开发档案的信息资源，注重做好编研工作。如市委办公室文件汇编自1983年开编以来，近二十年来从未中断，文件汇编已过100多册，在汇编工作中，我们十分注重突出重点内容，突出热点主题。如市葛店经济技术开发区1986年被省委、省政府、市委、市政府先后印发了许多有关的优惠政策条款。机关档案室发挥自身优势，将有关优惠政策条款装订成一个合订本《市招商引资优惠政策汇编》，供外商洽谈、参考。1998年长江发生了全流域性的大洪水，我市也深受其害。为了将灾害减少到最低限度，我市各级各部门全员行动，积极为防汛抗洪服务。作为档案部门，我们以市委办公室《领导参考》的名义编发了《市1954年抗洪情况简介》、《××堤溃口的教训》、《从抗洪中得到的启示》等5期关于防汛抗洪的资料，时任市委书记现任省委常委、公安厅厅长×××同志看后，对此作了三次批示，各级各部门按照市委的统一部署，进一步加强了抗灾及防疫工作，战胜了一次又一次洪峰，确保了大灾之年无大疫，取得了抢灾夺丰收和防疫工作的好成绩。在今年开展“档案工作优质服务年活动”中，我们紧密结合改革开放和经济建设的新形势，不断开拓创新，使档案编研工作取得了新的突破。前不久，中央电视台《焦点访谈》栏目披露了南方某部门收缴向农民宣传党中央、国务院减轻农民负担书籍一案，在全社会引起了很大反响。我们敏锐地觉察到，这是个极严肃的政治问题，也是档案部门服务的重点。我们办公室机关档案室和市档案局业务科有关人员连夜召开碰头会，着眼于农民减负这一实际，商议编印一本关于中央、省、市有关减轻农民负担的文件汇编。大家思想统一、意见集中，说干就干，经过几天的艰苦努力，完成了《中央、省、市有关减轻农民负担文件汇编》。市委副书记、时任市委秘书长×××看后，当即作出批示，要求将文件汇编迅速发给各区和乡、镇街，切实做好农民减负工作，以便中央、国务院减轻农民负担的政策在农民手中得到落实。各单位收到《汇编》后迅速组织力量，进一步检查各项政策的落实情况，促进了农村的社会稳定。在元旦、春节期间，未发生一起因减负问题引发的纠纷和上访事件。这项工作以《市委强调农民减负，档案部门信息快供》为题在《中国档案报》头版头条并加编者按刊登后，引起很大反响，被《中国档案报》评为好新闻一等奖，同时也促进了全市减负工作的开展，得到了市领导

和各部门的好评。

我们市委办公室档案工作虽然取得了一定的成绩，但离档案工作科学化、规范化、现代化的要求，与改革开放和经济建设的需求，还有一定的差距。在今后的工作中，我们要牢固树立强烈的档案服务意识，认真学习“三个代表”重要思想，进一步加强对档案工作的领导，不断提高管理水平和案卷质量，努力开阔和拓宽档案利用工作的眼界和思路。

例文 2：

2011 年保险公司工作总结

2011 年是值得××保险人难忘和考验的一年，根据省公司和保监局的筹建批复文件精神，我公司自 4 月份开始筹建至 5 月 10 日正式挂牌开业，至今各项工作都已步入正轨，公司发展初见规模。正式开业以来，在省公司党委、总经理的正确领导下，在市委、市政府及社会各界的大力支持下，我司员工以拓荒者的勇气，团结拼搏，攻坚克难，取得了骄人的战绩，至 12 月中旬累计完成签单保费 1 085 万元，全面完成了省公司下达的各项任务目标。这些成绩验证了我司“特别能吃苦，特别能战斗”的公司精神。现将 2011 年所做工作总结如下：

一、深入开展市场调查，制订积极的筹建方案

为确保筹建工作的顺利进行，公司筹备组在成立伊始就认真开展市场调查，根据省保监局和总公司、省分公司的要求，筹备组结合市场情况和自身工作实际，制定了筹建日程安排表，将筹建工作细化到每一个工作日，并在公司职场的选址、装修以及筹备经费的预算、机构设置和人员招聘、培训等工作均提出了详细的工作计划和实施方案，做到筹备工作目标明确，措施具体，协调一致，落实到位。并在此基础上制订了筹建方案以及未来中心支公司发展的总体经营思路和目标。用以指导整个筹建工作的正常开展。在筹备组的努力下，公司的筹建工作得到了市委、市政府的关心和支持，由于各项计划、措施安排得当，公司于 5 月份顺利通过了保监局的验收并批准开业。

二、紧紧抓住“第一要务”，牢固树立发展意识

公司从筹建伊始就将发展的观念深入到每位热爱保险加盟公司的员工心中。对于新进入我市保险市场的新公司，如何在激烈、甚至无情的市场竞争中占有一席之地，并实现超常规、跨越式的发展，是摆在我们每一位员工面前的当务之急，公司领导班子统一思想，以省公司提出的 2011 年业务发展思路作为我们切入市场的指导思想，多次召开员工会议，统一思想，集思广益，大家群策群力，

出点子想办法，细分、研究市场，一旦找准突破口后便制订详细周密攻关计划，领导班子靠前指挥，打好每一个攻坚战。在发展直销业务和个人代理业务的同时，中支公司总经理室还十分重视业务发展渠道的建设，努力构建多渠道，全方位的保险产品的销售网络。通过积极努力，我司在较短的时间内就与中国银行、中国建设银行、中国工商银行、中国农业银行、福建兴业银行等签订了兼业代理合作协议，为今后的银行代理业务的全面快速发展奠定了良好的基础。

三、坚持“两手抓，两手都要硬”的原则，使公司管理与发展齐头并进

管理是企业永恒的主题，制度是管理到位的保证。成功的企业源自卓越的管理，卓越的管理源于优异的制度。为了保证中支公司开业后，各项工作能够有条不紊地开展，做到有章可循，在筹建期间我们就对总、省公司制定的《内控制度》进行了细化，并结合当地具体情况制定了一系列管理制度，并按上级公司“集约化经营、规范化管理、程序化运行、标准化运作、优质化服务、制度化建设”的管理模式搭建管理平台，牢固树立“管理无小事，管理就是生产力”思想，正确处理好加快发展与加强企业管理的矛盾，提出了向管理要效益的口号。全体员工上下一致，充分发挥了每个人的主观能动性，认真执行各项政策法规和业务流程。公司在狠抓市场发展、开拓的同时，也积极做好员工的队伍建设、管理、培训工作，从政治思想素质及业务技能等多方面入手，努力提高每个员工爱岗敬业的主人翁思想，在培训中使他们充分了解中华保险的条款体系，市场战略方针，企业文化精神，业务发展思路等。2011 年，我们共举办各类业务培训 4 次，参加人数达 180 人/次。通过集中培训，分散指导，提高了队伍整体素质、业务水平及风险防范管控意识，使公司在发展中不断充实、提高、完善整个队伍的综合素质，为公司可持续健康发展打下了坚实的基础。公司自成立以来，共核保、签发各类保单 2 240 份，实现签单保费 1 085 万元，接受各类报案 185 起，代查勘案件 14 起，已决案件 61 起，占已决案件的 94%。

四、在竞争中求生存，在服务中促发展

面对日益激烈的市场竞争，保险公司特别是新公司要赢得市场，不仅要为客户提供满足其多样化、差异化和个性化需求的保险产品，而且还要尽可能地为客户提供零距离的保险服务。所以中支在成立之初就倡导全体员工要树立“业务要发展、服务要先行”的理念，以中华保险品牌、公司的实力背景为依托，以高品质、个性化、人性化的保前、保中、保后服务赢得客户、赢得市场，从而促进公司业务快速发展。因此如何提高服务工作质量，建设一流的客户服务平台，也是我们工作的重中之重，随着保险市场竞争主体的不断增加，各家保险公司都加大了对市场业务竞争的力度，而保险公司所经营的不是有形产品，而是一种规避风险或风险投资的服务。因此，建设一个优质服务的客服平台显得极为重要，

当服务已经成为核心内容纳入保险企业的价值观，成为核心竞争时，客服工作就成为一种具有独特理念的一种服务文化。因此，中支在成立之初就严格规范客服工作，把中华保险一流的客服管理平台运用、落实到位，并建立健全语音服务系统，让众多的客户全面了解语音服务系统强大的支持功能，以提高自身的市场竞争力，实现客户满意最大化。同时加强客服人员培训，提高客服人员综合技能素质，严格奉行“热情、周到、优质、高效”的服务宗旨，坚持“主动、迅速、准确、合理”的原则，严格按照岗位职责和业务操作实务流程的规定做好接报案、查勘定损、条款解释、理赔投诉等各项工作。切实执行“以市场为导向，以客户为中心”的经营理念。

2011 年，在省公司的正确领导和全体员工的共同努力下，我司做了一些工作也取得了一些成绩，但离总、省公司的要求还有很大差距。2012 年，中支将认真贯彻省会议精神，努力发展。

回顾即将过去的一年，我们对加盟公司无怨无悔；展望未来，前程将更加坎坷艰辛，但我们坚信：有省公司的正确领导和有力支持，中支将开拓思路，勇于拼搏，用我们辛勤的汗水和智慧的力量去铸造更加辉煌的业绩，为做大做强公司保险事业而努力奋斗！按照省公司“2012 年总体工作思路”要求，实现速度、规模、效益同步快速增长！

二〇一一年十二月二十日

简析：

例文 1 和例文 2 两篇工作总结分别是××市委办公室、××保险公司的同志写的综合性的工作总结。这两篇总结有不少地方值得我们学习、借鉴。

（1）观点提炼得好。作者善于从众多材料中提炼观点，把每段或每层的观点准确地放在每段或每层的首句，读者只要一看，就能抓住这一段或这一层的要点，迅速把握文章的脉络。

（2）材料运用得好。这两篇文章的材料翔实、典型，而且能够做到点面结合。

（3）语言表达得好。一是就表现手法而言，做到有叙有议，叙议结合，既让读者了解情况，又能提高读者的认识。二是语言运用准确、简洁，且富有文采。此外，作者在语言上善于归纳、概括，很好地体现了综合性总结的语言要求。

第三节 工作总结的写作要求

一、工作总结应遵循的要求

不论何种格式的工作总结，其写作都应遵循以下要求：

1. 掌握客观事实，广泛占有材料

这是写总结的基础。总结，就是总括事实，得出结论。没有事实就无法得出结论。总结的材料要准确、典型、丰富。写总结的人得花大量的精力去搜集，积累丰富的材料，又要对搜集的材料进行筛选，确保材料的真实性和典型性。

2. 对占有的材料作认真的分析研究

这是写好总结的关键。认真分析与研究，首先要有正确的指导思想，这就要求工作总结者加强学习马列主义、毛泽东思想及邓小平理论，并将其作为评价工作得失的理论依据。其次，要坚持实事求是的原则，克服夸大成绩、回避错误的缺点。再次，要坚持运用辩证法，全面地看待过去的工作。既能看到得，又能看到失；既能看到现象，又能看到本质；既能看到主流，又能看到支流。最后，要突出重点。总结不是流水账，不能不分主次地去罗列数字和事例，要围绕一个中心主题精心选用，分析典型材料，突出主要问题。

3. 反映特点，找出规律

这是撰写工作总结的重点。每个单位都有自己的特点，好的总结应当总结出那些具有典型意义的，能反映自身特点的以及带规律性的经验教训。

4. 要走群众路线

“从群众中来，到群众中去”是党的一切工作的根本路线。只有走群众路线，才能集中群众的智慧和经验，丰富总结的思想内容。

写好工作总结，须勤于思索，善于总结。这样才可以提高领导的管理水平，培养出更多理论与实践相结合且具有工作能力的干部。总结中，须对工作的失误等有个正确的认识，勇于承认错误，可以形成批评与自我批评的良好作风。写好总结，须从以往的工作实际出发，养成调查研究之风。总之，写好工作总结是非常重要的，但也是非常困难的。难度主要表现在两方面：一是总（过去的工作），二是结（工作的经验，教训，规律）。要正确处理好两者的关系，总是结的依据，结是总的概括。

二、具体写作过程中的要求

1. 编好写作提纲

在编写的提纲中，要明确回答想写什么问题，哪些问题是主要问题等。就是简单的总结，如果不写提纲，也得有个腹稿。

2. 交代要简要，背景要鲜明

总结中的情况叙述必须简明扼要。对工作成绩的大小以及工作的好坏，叙述一般要用比较法，通过纵横比较，使得背景鲜明突出。

3. 详略要得当

根据总结的目的及中心，对主要问题要详写，次要的要略写。

4. 忌“三多”

年终将近时，各单位、部门都忙于对一年来的各项工作进行总结概括。工作总结，顾名思义，就是对所做工作进行总体归纳和全面概括的具体结论。它不仅是对各项工作的具体做法、进展情况、取得经验进行总结，更是对工作中存在的问题、不足及下一年工作安排的概括。因此，工作总结特别是年终总结应具有客观性、全面性和概括性。可如今，一些单位的工作总结则变了“调”，串了“味”。例如，有的单位在写工作进展情况时，总是“基本完成”、“将要完成”、“预计达到”等字眼当头；在写到存在的问题时，则用“依然”、“还”、“比较”等字词掩人耳目；当写到取得的成绩时，就开始“添油加醋、浓墨重彩”地进行一番叙述，把工作总结写成了“业绩汇报”、“工作汇报”，这样，总结就变成了“工作业绩多、虚话套话多、模糊字眼多”的“三多”总结。其实，工作总结只需要把所干工作实实在在、有条理地写出来即可。对所做的工作，既要看到取得的成绩，又要看到不足的地方；对于存在的问题，既要实事求是，又要全面客观。所以，只有在心系群众的基础上，真正干了工作，才能用“实绩”写出让群众满意的“总结”来。

三、写好总结需要注意的问题

1. 要实事求是

成绩不夸大，缺点不缩小，更不能弄虚作假。这是分析经验教训的基础。

2. 条理要清楚

总结是写给人看的，条理不清，人们就看不下去，即使看了也不知其所以然，这样就达不到总结的目的。

3. 剪裁要得体，详略要适宜

材料有本质的，有现象的；有重要的，有次要的，写作时要去芜存精。总结中的问题要有主次、详略之分，该详的详，该略的略。

4. 要紧紧围绕自己

总结要遵循各司其职的原则，不要超越自己的职责范围和权限而去总结其他人的工作成绩或失误，虽然你的工作也许会有其他部门的配合。这也是写总结的最基本要求。

5. 要针对领导的需求

拿中层经理人来说，年终总结的受众对象一定是企业的领导，还有一部分受众是平级的部门经理，有的企业普通的员工也会列席总结会。那么，此时你的总结最主要的是要针对领导的需求。

领导的需求更多的是你今年取得的成绩和经验，有没有达到去年制定的目标，比去年的业绩提高了多少，如果业绩下降，要说明理由。要通过总结让大家看到部门的希望和前景，这是重中之重。

反之，如果你什么都讲，如部门存在的严重问题，如何的令人担忧，虽然你说的是事实，甚至是非常坦诚的表达，但是有些是不适合当着公司全体人员说明的。否则会使普通员工对部门甚至是公司失去信心，或者对领导的能力产生怀疑，这是非常糟糕的。

6. 力争图文并茂

总结如能力争做到有数据、有图示、有丰富的文字说明，做到图文并茂会比较理想。

当然，总结也不能过于专业化，至少要有 60% 是领导能一目了然并能够马上作批示的内容，而有 30% 是领导通过你在总结中的解释可以理解的，另有 10% 是非常专业的，目的在于显示自己水平的内容。

如果有可能，不妨利用多媒体演示，让人看起来既非常专业，又非常便于理解，同时会认为你的总结非常认真和准确，也可为自己树立一个非常职业化的形象。

首先，多用数据和图示。企业的领导通常都很忙，因此他们平时可能只关注大数据，对微观的内容部分关注不多。因此，他们就会非常想知道一些细节的东西。此时，总结多用一些数据或量化的数字、对比图、文字说明做论据，会非常符合领导的需求。

其次，如果能运用一些科学的分析方法，比如，SWOT 分析法、树状图分析法、鱼刺图分析法、图表分析法，一定会使总结非常专业和精彩。

总结虽然不能像写文章一样，追求“语不惊人死不休”，但也一定要有个人的语言风格和特色。在写总结时，不妨先写出提纲，然后再把提纲中所涉及的事件加进去，之后再细致地进行加工，最后再进行文字的润色。

7. 不能“只想”自己

（1）反思亦创新。总结的主要目的是通过反思过去，找出问题。但是仅仅找到问题还不行，更应该拿出解决方案。如果你能做到拾遗补缺，拿出有效的解决方案，其实就是一种突破和创新。

（2）知己亦知彼。总结的内容一定要做到心中有数，总结中的关键是要有重点，要展现出自己的工作重点和亮点，特别是领导关注的问题一定要详细具体。

（3）瞻前亦顾后。写总结时不要忽略细节，尤其是一些重大事件的细节，通过细节的描述，赢得领导的关注和理解，因为领导在决策层，有时并不能理解执行层的苦衷。

第四节　述职报告

一、述职报告的含义

述职报告可以说是工作报告中的总结性报告。报告是向上级机关陈述事项的上行文，属于行政公文中议案、报告和请示三种上行文之一。《国家行政公文处理办法》规定“报告适用于向上级机关汇报工作，反映情况，答复上级机关的询问”。报告中的总结性报告多用于提交大会进行讨论，如各级政府向同级人民代表大会所作的“政府工作报告”。这种报告虽然是代表法定社会组织及其部门的，但却是在报告人自身负有全责的情况下运转工作的，实质上就是述职报告。可以看出，述职报告是社会组织机关和部门的负责人向上级管理机关陈述自己某一阶段的工作情况，进行总的回顾，找出内在规律，以指导未来实践的履行职务情况的口头报告。作为综合性较强的公文，这既属于报告的一种，又与总结和讲话稿相似。

二、述职报告的特点

1. 个人性

述职报告对自身所负责的组织或者部门在某一阶段的工作进行全面的回顾，按照法规在一定时间（立法会议或者上级开会期间和工作任期之后）进行，要从工作实践中去总结成绩和经验，找出不足与教训，从而对过去的工作作出正确的结论。与一般报告不同的是，述职报告特别强调个人性。个人对工作负有职责。自己亲身经历或者督查的材料必须真实。这就要在写作上更多地采用叙述和说明的表达方式。叙述不是详述，而是概述；说明要平实准确，不能旁征博引。要据实议事，运用画龙点睛式的议论，提出主题，写明层义。讲究摆事实、讲道理；事实是主要的，议论是必要的。

2. **规律性**

述职报告要写事实，但不是把已经发生过的事实简单地罗列在一起。它必须对搜集来的事实、数据、材料等进行认真的归类、整理、分析、研究。通过这一过程，从中找出某种带有普遍性的规律，得出公正的评价议论，即主题和层义以及众多小观点（包括了对经验和规律的思想认识）。议论不是逻辑论证式，而是论断式，因为自身情况就是事实论据。如果不能把感性的事实上升到理性的规律性的高度，就不可能作为未来行动的向导。当然，述职报告中规律性的认识，是从实际出发的认识，实践理性很强，也就不需要很高的思辨性。不管怎样，述职报告是否具有理论性、规律性是衡量一篇述职报告好坏的重要标志。述职报告的目的在于总结经验教训，使未来的工作能在前期工作的基础上有所进步，有所提高，因此，述职报告对以后的工作具有很强的借鉴作用。任何一项工作都不可能是凭空而来的，总是具有一定的继承性与创新性。而继承性，就是要继承以前工作中的一些好的方面，去掉不好的方面，然后加以创新，这样工作才会有进步，完全抛离过去的工作去创新是不可能的。策略性也是规律性的一个方面。策略即今后的工作计划，是述职报告的重点内容。

3. **通俗性**

面对会议听众，要尽可能让个性不同、情况各异的与会代表全部听懂，这就决定了述职报告的讲话稿必须具有通俗性。对于与会者来说，内容应当是通俗易懂的。即使是专业性、学术性很强的内容，也要尽可能明晰准确，以让与会者理解为标准。形式更是要通俗。结构是格式化的。语言则是口语化的。术职报告不同于一般的科学文章，更不同于一般的公文，其最明显的一点是语言的口语化。一般的科学文章，主要诉诸人们的视觉，要让读者理解，语言就要概括精练，甚至讲究专业性。而一般公文尤其是行政公文，语言则是规范的，有的格式用语甚至是特定的，最重视的是准确、明晰、简练。相反，讲话稿的语言则由讲话的本身性质所决定的，必须口语化。由于讲话是声入心通的人和人之间的传播活动，需要更加适应人们的接受心理，拉近讲话者和听众的心理距离，这就要求特别讲究语言的大众化、口语化。

4. **艺术性**

述职报告的艺术性是其魅力所在，直接影响着整个报告这一艺术生命体。因此，写作述职报告必然要联系整体的讲话活动特点来进行。述职报告可以分为两部分来看待："述职"，是主体的实质性道理；"报告"，是呈现表象而又整体的艺术生命体。作报告者要两者并重。写作述职报告，最好从上述总的认识出发。

通俗性和艺术性，一般表现在口语化、感情化、个性化的语言上。

三、述职报告的结构内容

述职报告的外在结构是格式化的，包括标题、称谓、正文和落款四部分。

（一）标题

（1）单行标题："述职报告"或者"在……（上）的述职报告"。

（2）双行标题：正题写主题，或者写述职报告类型。前者如"加快改革开放和现代化建设步伐，夺取中国特色社会主义事业的更大胜利——在中国共产党第十四次全国代表大会上的报告"和"继往开来，与时俱进，全力以赴向国家级示范性高中冲刺——在××中学第二届教职工代表大会第四次扩大会议上的述职报告（2011—2012 年度）"；后者如"政府工作报告——××××年×月×日在第七届市人民代表大会上的报告"。副题写述职场合，如上述例题。

（二）称谓

称谓是报告者对听众的称呼。称谓要根据会议性质及听众对象而定。称谓放在标题之下正文的开头，有时根据需要在正文中间适当穿插使用。称谓一般采用提行的写法。如一篇在教职工代表大会上的述职报告中使用的称谓是"尊敬的各位领导、来宾，全体教职工代表，全校教职工同志们"。

（三）正文

述职报告的写法依据报告的场合和对象而定，一般情况下采用总结式写法，共分四部分。

1. 基本情况

履行职责的基本情况，用简短、精练的文字，概括地交代，如主要情况、时间、地点、背景、事件经过等。

（1）工作过程。主要是本人的工作经历。

（2）内容概括（以成绩、经验为主）。可以将总结出来的规律性的认识、主要的经验或教训、主要的成绩或存在的问题用简短概括的文字写出来。

（3）主题认识。使听众对报告的全貌有一个大致的了解，也能够统领全篇，激发听众的兴趣，启发和引导听众积极思考。

2. 成绩经验

除了基本情况，还包括成绩经验、问题教训和今后计划三部分，要分出层次来分析证明主题，这样才能条理分明。

层次安排方法，一般采取横向排列（各层次独立性强，共同论证主题的正确）。每一层次都要有一个小的主题，写成层义句。层义句一般写在层次前面，或者每一层次前后都要写出，也有的层义句写成了小标题。层义句可以是口号（主题句）的反复。层次中间要恰当运用材料。

在写作成绩经验、问题教训时有三个要求：

（1）要以事实和材料为依据。对以往的工作实践进行回顾、分析，因此以往实践所发生的事件是写作的唯一依据。述职报告必须把过去一段时间之内所做工作的材料全面地搜集起来，包括面上的材料与点上的材料、正面的材料与反面的材料、事件材料与数字材料以及背景资料等。事件材料必须真实可信，数字材料要准确可靠，背景材料要有辅助性，能与事实形成鲜明的对比或者烘托。材料的来源主要依靠以下途径：一是平时积累，作者最好能有亲自参加实践活动的经历，这样得来的材料会更真实可信；二是开座谈会，与会人员要具备代表性，各方面的人都要有，这样得来的材料才不至于偏颇；三是个别走访；四是查阅各部门递交或者以往的文字材料，诸如计划、简报、部门总结、会议记录、统计报表等。述职报告的写作切忌闭门造车，随意编造事实或数据，欺上瞒下，或者走过场。

（2）要点面结合，重点突出。写述职报告如顾及方方面面，希望十全十美、天衣无缝，什么工作都写，这样势必犯了大而全的错误。包罗万象、应有尽有，表面看上去好像很不错，实际上是眉毛胡子一把抓。这样的述职报告实际上是为了讨好各方，没有什么实际意义。还有的述职报告几十年如一年，年年相似，只是改动一些年份与数字，没有特点。每年的工作可能大同小异，但每年都有各自的特点。写述职报告时应认真总结出限定时期的工作特点，抓精华，找典型，以这段时期工作中突出而富有典型意义的事件来反映一般，抓住主要矛盾，写出这一阶段工作的特色，这样的述职报告才不会造成千篇一律的面孔，才会确实具有指导意义。

（3）要分析事实与材料，找出规律。述职报告的目的是为了以后更好地工作，扬长避短，因此经验与教训是一篇总结的关键。要从自己掌握的事实与材料中总结出规律性的东西，这样的述职报告才有意义。因此，要把已知的材料分门别类地进行分析、比较、鉴别，把零散的感性的事实与材料上升到理性的高度，引出让人看得见、摸得着、用得上的规律。写述职报告切忌简单地罗列事实。没有分析与归纳，这样的述职报告仅仅只是一篇汇报材料而已，只能作为资料收藏，对实际工作毫无指导意义。

3. **问题教训**

要实实在在，要有条理，不要避重就轻。

4. **今后计划**

包括目标、措施和要求三要素。计划一定要切实可行。这部分与总结部分不同，数量要少一些，占全文 1/5 以下为好。

述职报告结束时要用称谓礼貌用语，如："以上述职报告妥否，请予审议。谢谢大家！"

（四）落款

述职报告的落款要写明自身姓名及单位名称，最后写报告的年、月、日。

四、述职报告的写作要求

1. **实事求是**

介绍履职情况，要用事实说话。评价自己时既不能夸大，也不能缩小，要准确恰当，分寸合适。要处理好成绩与问题之间的关系，既不能争功诿过、掠人之美，也不能让功揽过、让美于人。

2. **提炼主题**

述职报告一般以 3 000 字以内为宜。抓住最能显示工作实绩的大事或关键来写，不必面面俱到，应该突出自己的特色，显示自己独有的气质，独有的风格。

3. **变文字为有声语言**

在写作述职报告的时候，一定要随时考虑到讲话时的情况。这就需要将文字变成有声语言。讲话稿一般是生活化、口语化、大众化的，多用短句子，注意长短交叉合理。应慎用文语（古语和欧化语），少用单音词，避免同音不同义或易混淆的词语，不随便用简略语，还可以适当增加语气词如"吧"、"吗"之类。为了方便聆听，有些标点符号还要用文字代替，如顿号改为"和"，破折号改为"是"，引号表示否定时加"所谓"，括号补充另用文字说明等。

【本章小结】

当某一项实践活动达到一定的时限而告一段落的时候，为了明辨是非，权衡得失，肯定成绩，纠正错误，吸取经验教训，有必要对以往的工作作一番回顾、评价，作出结论。工作总结就是对一定时期内的工作加以总结、分析和研究，肯定成绩，找出问题，得出经验教训，摸索事物的发展规律，用于指导下一阶段工作的一种书面文体。为充分掌握工作总结这种文体的写法，必须先了解和理解总结的分类、作用、特点、结构和写作要求。

根据不同的划分标准，工作总结可以分成不同的种类。它有客观性、典型性、指导性和证明性四个特点。

工作总结的作用主要表现在信息作用、借鉴作用、监督作用、提高作用、考核作用和认识作用六个方面。

工作总结的写法主要是写好前言（基本情况概述）、主体（主要成绩和经验、存在的问题和教训）和结语（今后的努力方向）。要写好一份工作总结需要从格式、内容、语言等方面达到相应的要求。

【关键术语和概念】

总结　工作总结　汇报性工作总结　经验性工作总结　报告性工作总结

【参考文献】

1. 曾昭乐．现代公文写作．广州：中山大学出版社，1999.
2. 陈少夫．应用写作教程．广州：中山大学出版社，2001.
3. 张元忠．最新公文应用文写作．长沙：中南工业大学出版社，1997.
4. 孙三令．最新公务应用文写作．长沙：中南大学出版社，2001.
5. 胡安周．文秘办公百事通．北京：中国经济出版社，1993.
6. 傅柏松．金融应用写作．北京：金融出版社，2000.
7. 欧阳周．大学实用写作．北京：高等教育出版社，1996.
8. 尹依．新编财经写作．北京：中国商业出版社，2002.
9. 杨元华．秘书写作．上海：复旦大学出版社，2004.

【思考与练习】

1. 什么叫工作总结？它有何作用？
2. 工作总结的写作步骤有哪些？
3. 工作总结与述职报告有何特点？在撰写工作总结与述职报告时应该注意哪些问题？
4. 根据自己的工作实际，撰写一份合乎规范的工作总结。
5. 阅读下文主体部分所列的材料，然后概括出三条主要措施，达到学会归纳、概括、提炼观点的目的。

积极扩大工业品下乡

××县百货公司

今年，我公司进一步改善与基层供销社的关系，积极扩大工业品下乡，取得了良好效果，1～10月份公司总销售额1 492.8万元，比去年同期增长15.3%；其中批发给农村的销售额99.3万元，比去年同期增长18.6%。

主要措施有三条：

（一）

由于种种原因，基层供销社向国营批发部进货遇到困难，工业品下乡渠道受阻塞。近年来，公司一方面改进经营作风和服务态度，另一方面尽力帮助供销社排忧解难，基层社运力有困难，我们就经常派出车辆送货上门，服务到家。对进货数额不多的，就按路途远近合并派车，沿路分送，并在运费上给予优惠，在经营中，对基层社坚持薄利多销、批发让利，无论是铝制品、陶瓷制品等紧俏商品还是涤棉布、电风扇、毛巾、胶鞋等平销商品都给予扩大倒扣的优惠。

为了解除基层社进货的后顾之忧，公司还实行退换货制度。基层社向公司批发部进货后，如不适销，在商品质量不受影响的情况下允许退换货。今年第二季度宁北镇供销社到公司综合批发部购进一批衬衫，因颜色不适合当地消费者的习惯，卖不出去，公司根据实际情况给他们办理了退货手续。对农村基层社进货资金有困难的，则采取延期付款的办法解决，如综合批发部今年第二季度调给基层社的汗衫、背心、衬衫、电风扇等，就因基层社资金有困难延迟到8月底才结算付款。百货批发部8月份调给基层社的冬令鞋类商品也延长到年底才结算。采取上述措施，大大促进了基层社进货。

（二）

今年，公司重视搞好农村市场调查和商品预测，根据市场供求状况增加供应品种。据百货、综合批发部统计，经营品种共4 266个，比去年增长25.5%。对农村供求缺口较大的商品，公司积极组织货源，有限供应。如前段时间，搪瓷口杯、搪瓷面盆供应偏紧，公司便组织口杯、面盆共3万多个供应到农村，使今年头10个月调基层社的口杯、面盆分别比同期增长20.7%和40.6%。为了使一些新产品能直接与农村消费者见面，我们还积极同外地一些工厂开展代批代销业务。基层社反映，百货公司的品种齐、花色多、价格合理，到百货公司进货好。

（三）

公司把中断了的“供货会”制度恢复起来，通过“供货会”，加强与其他公司以及集体、个体商业的联系，共同安排好农村工业品市场。最近召开的一次百货、文化用品、五金交电、针棉织品现货供应会成交商品总值14.1万元，达到了预定的目的。对农村的集体、个体商业，我们做到货源分配一视同仁，降低批发起点，拆零供货，全天候营业，方便个体户选购，热情扶持集体、个体商业。目前，共有1 285个集体、个体商户到公司进货。

6. 请阅读下文，回答下面的问题。

各项存款稳定增长，超负荷经营的状况有所改善

今年年初以来，我行抓住农村金融体制改革的机遇，坚持“存款立行”的经营思想，千方百计组织资金，存款稳定增长，实现了“时间过半，任务完成过半”的目标。6月末，全行各项存款×亿元，比年初增加×亿元，增长15.16%，完成总行下达任务的63.4%：其中储蓄存款增加×亿元，增加16.67%。外币存款×亿美元，比年初增加×万美元，增长5.4%，完成任务的86.1%。今年资金组织工作压力大、困难多，但全行上下坚持依法经营，不断更新开拓和培育负债市场的观念。通过清理和纠正违规经营，深刻认识到了搞高息存款的危害性，严格禁止了违规存款。我行转变观念，针对不同的客户群体采取不同的服务模式，取得了较好的效果；坚持优质服务，不断完善服务功能，优化存款结构，促进了对公款和活期储蓄存款的增长。6月末全行对公存款比年初增加×亿元；增长10.8%，同比多增×亿元；活期储蓄存款比年初增加×亿元，增长16.6%，同比多增×亿元；新增对公存款和活期储蓄存款占新增各项存款比重的49.1%，比上年同期的30.9%提高了18.2个百分点。不畏困难，用于竞争，进一步提高了存款市场占有率。6月末，我行存款余额占全省四大国有商业银行各项存款余额的25.4%，比年初提高0.8个百分点，增量存款占47.2%，同比提高15.8个百分点；各项存款增幅为15.2%，比四家银行平均增幅7.01%高8.16个百分点。存款稳定增长，提高了资金的实力，增强了化解经营风险、消化超负荷包袱的能力。全行存贷比例由年初的94.2%下降到86.25%，下降了8个百分点，与此同时归还人行借款×亿元，归还总行借款×亿元，归还系统外借款×亿元。

（1）该文为某银行的一篇工作总结中节录的一段文字。小标题即为此段文字的观点，请就该观点及观点与下文的关系，分析其存在的毛病。

（2）请理清该段文字的思路，划分它的层次与段落，指出它的毛病，并修改。

（3）指出该文语言方面的毛病，并修改。

（4）根据上述问题，重新改写这段文字。

第六章　调查报告

【本章学习要点】

1. 了解调查报告的特点

2. 理解调查报告“调查—研究—表达”的形成过程，领会“深入的研究”这一阶段得出结论的方法——“去粗取精，去伪存真；由此及彼，由表及里”

3. 掌握调查报告的结构和写法，能写出合格的调查报告

俗话说“没有调查就没有发言权”，调查报告是“了解情况”的重要手段。在现代经济生活中，做好调查研究是从事经济活动的一个重要前提，它的文本形式就是调查报告的写作。

第一节　概　说

一、调查报告的含义

（一）调查报告的含义

调查报告是对发生的事件、问题与现象进行深入细致的调查，对所获得的材料进行认真分析研究，揭示事物的本质，找出规律，作出正确结论的应用文书。

调查报告是一种可用于新闻和应用文的常用文体。它既是应用文的一种，在机关工作中发挥作用；同时，又是报刊文体的一种，用来报道重大的典型、重要的经验或问题，是新闻文体中的重要武器。一些在机关之间流通的调查报告，可以没有新闻性；而在报刊、广播上发表的调查报告，必须要有新闻性。

调查报告能够为党和国家的路线、方针、政策的制定和修改提供极有价值的第一手材料，供上级领导机关进行科学决策时参考，从而有针对性地解决问题，推动整个工作的开展；可以扶持新生事物，传播典型经验；可以揭露和批评丑恶现象，克服弊端，起着以点带面的作用，使全局工作沿着正确轨道前进。

（二）调查报告的特点

1. 选题的针对性

这是由调查报告的作用决定的。一份调查报告价值的大小，主要看它的选题是否抓住了当前迫切需要解决的热点、难点、疑点问题。所以，写调查报告必须从现实需要出发，根据党和国家的方针、政策，选择针对性强的课题进行调查。针对性越强，作用就越大。

例如，由于正规本科、专科的录取人数有限，于是有了各种各样的成人教育方式，各校纷纷举办自学考试辅导班、脱产成人教育班等。这些办学方式的效果如何？学生能否在这样的教育方式下被培养成才？有人对此作了调查并写出报告供有关部门参考。这显然就是很有针对性的写作。

2. 内容的真实性

调查报告需要列举大量的相关事例、统计数字和各方意见，并在此基础上提出作者自己的意见。因此，内容真实是调查报告的生命。无论是反映新情况、研究新问题、总结新经验，还是揭露某事实的真相，调查报告都必须注重客观事实，实事求是，用事实说话，绝对不允许运用夸张、虚构、想象等写作手法。如果调查不真实或欠准确，那么，在此基础上进行研究，得出的结论肯定也会错误，因而失去写调查报告的意义。

在调查报告的写作中，强调“用事实说话”，这使调查报告具有一种“事实胜于雄辩”的强大说服力。

3. 提供规律性认识

调查报告确切地说应该叫调查研究报告，它的价值不仅在于调查和报告，更在于研究。研究的结果就是得出规律性的认识，并把这些规律性认识提供给读者。

这些规律性认识是在大量事实的基础上得出的，是大量事实的理论归宿。只列举种种现象，而缺少理论归纳的调查报告是肤浅的。

4. 表现手法的叙议结合

调查报告是以叙述和议论作为主要表达方式的。在一般的调查报告中，叙述的成分多于议论的成分。叙述用于交代事实，议论用于阐明观点。夹叙夹议、叙议结合是它的一个重要特征。所谓夹叙夹议，就是在叙述情况、摆出事实的同时，进行分析，表明看法，得出结论；或者是先提出观点、看法，然后摆情况、举事实，使观点和材料相融，叙述情况和议论交织。

二、调查报告的类型

（一）经验调查

这类调查报告是通过对典型经验的调查分析，从中找出规律性的东西，进行推广以指导全局。这类典型经验往往与新生事物相联系，常常体现在好人好事之中。

如《中国教育报》2004 年 2 月 1 日刊登的《上海民办教育蓬勃有序走向规范》，该调查报告侧重介绍上海民办教育发展的经验：一是办学类型多样化；二是教育层次多样化；三是与经济发展相适应；四是政府指导思想明确。最后建议：一要完善设置程序；二要进一步规范收费标准。这些经验具有很大的经济意义和社会意义。

介绍经验的调查报告跟一些以反映工作成绩为主的通讯有些近似，区别在于调查报告重在调查，特别注重对调查过程的叙述和调查所获得数据的列举。

（二）问题调查

跟上种类型相反，这是针对某一存在问题展开调查，以揭示这一问题的种种现象和深层原因为主要目的的调查报告。它的主要功能是揭露和批判，探究问题产生的原因，分析问题的症结所在，提供解决问题的思路和方法。

这里说的“问题”泛指要求研究讨论并加以解决的矛盾、疑难。它的任务是提出现实生活中值得注意的问题或回答需要澄清的问题。具体又有两种不同的情况：

一是值得注意的问题调查。多是作者自己发现和提出问题，然后提出自己对解决问题的看法。这种“问题”并非事故和错误，常常是新事物成长过程中暴露出来的矛盾，及早和正确处理了就不至于酿成灾祸，但如果任其发展，就有导致严重后果的可能。

二是需要澄清的问题调查。其特点是调查的“问题”（即事故和错误）已可肯定，而且问题造成的后果也毋庸置疑。写这种调查报告的用意，主要是澄清是非，拨乱反正。如《人民日报》2004 年 2 月 16 日发表的《学校食堂：让学生吃得放心》通过山西省 2003 年曾发生的 15 起中小学集体食物中毒事件，揭露了部分学校食堂存在的问题，呼吁学校必须加强整顿、强化监督，才能保证学生用餐的健康、安全。

（三）情况调查

这类调查报告侧重于反映现实中某种新近产生或新近有了长足发展的事物的情况。

现实中新生事物总是不断涌现的。这些新生事物究竟是顺应了社会发展的某种趋势，有着光明的发展前景，还是昙花一现的偶然现象？对这些新生事物究竟应该给予肯定，还是应该引起足够的警惕？情况调查就是全面报道某一新生事物的背景、情况和特点，分析它的性质和意义，指出它的发展规律和前景。如《金融时报》××××年8月12日刊载的《银企合作的新篇章——上海市实施主办银行制度的调查报告》，就是对主办银行制度这一新生事物进行认真调查之后给予了肯定的评价，同时指出尚需完善之处。

第二节 调查报告的写作

从外部形式上看，调查报告由标题、前言、主体和结语四个部分组成。

一、标题

（一）单标题

1. 公文式写法

公文式写法是指通过介词“关于”引出“调查对象+调查课题+文体名称”这样一个公文式标题。如“关于珠海市人民币、港币过境流通情况的调查”、“关于广州市工业企业流动资金情况的调查”。这样写的好处是要素清楚，读者一看就知道这是写的什么地方、单位，涉及的是什么问题，文种也很明确。这样写的不足之处是太模式化，不够新鲜活泼。

2. 文章式写法

（1）直接写明调查的对象，归纳出主要内容。如“当前金融职工队伍建设的误区及出路”。

（2）直述主旨。如“规范房地产投资行为，培育新的经济增长点”。

（二）双标题

双标题由正副标题组成，其中正题一般采用文章式写法，揭示调查报告的主旨或概括调查报告的主要内容。副标题则采用公文式写法，说明调查对象或范围、调查选题、文体名称。如“明晰产权起风波——对太原市一集体企业被强行接管的调查”、“银企两活天地宽——关于南京交行搞活经营支持企业的调查”。

二、前言

前言是指正文的开头，也叫引言或导语。前言是全文的提要，是在展开调查报告内容前做些交代，使人们一开始就对调查对象有一个基本的了解。一般要概括说明这样三点内容：

（1）有关调查本身的概况，诸如调查的起因或目的、时间、地点、对象、范围、经过、方法等。

（2）有关调查对象的概况，如组织规模，有关背景，历史与现状，主要成绩或问题，事件形成的简单过程等。

（3）有关研究成果的概说，如肯定意义，指出影响，提出结论意见或点出报告的主要内容等。

前言应力求写得精练一些。

三、主体

前言之后、结语之前的文字，都属于主体。它是调查报告的主干和核心，是导语的延伸和发展，也是结论产生的依据。其内容包括两大方面：一是调查到的事实情况，包括事情产生的前因后果、发展经过、具体做法等；二是研究这些事实材料所得出的具体认识或经验教训，也即通过对富有说服力或根据充分的事实的叙述，切实说明问题及对问题的认识。

换句话说，该部分主要用典型的、具体的事例和确凿无误的数据，针对调查报告提出的问题，介绍调查对象的情况、经验，分析其存在的主要问题，以及产生问题的原因，并在此基础上提出解决的对策。

主体部分材料丰富、头绪繁多。怎样有步骤、有次序地展开内容，表现主旨，在写作中最主要的问题就是结构的安排。其主要结构形态有三种：

1. 纵式结构

纵式结构是指按照调查对象发生、发展变化过程的时序划分为几个阶段，一个阶段即成为一个层次。或者可以按照调查的先后顺序展开。按照时间的顺序安排结构主体时，应注意阶段性，不同的时段，其情况、经验、问题可能有所不同。

纵式结构多用于以事物发展作为主线的调查报告。这样安排，事物的前后变化比较鲜明，时间线索比较清楚，符合人们认识事物的客观规律。

2. 横式结构

横式结构是指将说明主题的材料，根据事物的内在联系，或按事物的性质分成若干类（如几个方面的情况，几个方面的经验，几个方面的问题），每类用小标题即分论点统率。各个小标题之间既相对独立，又有内在逻辑联系，呈现出并列的关系，由此成为有机的整体。从而将复杂的事物，表达得有条不紊。

这种结构方式层次清楚，条理性强，观点明确，重点突出，适用于内容较丰富的调查报告。

3. **综合式结构**

综合式结构是指在调查报告中纵式和横式交错使用的一种结构方式。纵式和横式交错使用，对于反映和表述某些头绪繁杂的事物，可以起到纲目并举，条理明晰的作用。它既有一条纵的时间先后的线索，又有按问题分门别类的立目。纵观脉络清晰，横察阵列有序。一般来说，在叙述和议论事理的发展过程中常用纵式结构；在分析问题或归纳认识、经验时，则常用横式结构；当两者有机地结合，夹叙夹议时，则可采用综合式结构，起到既有广度又有深度的作用。

主体部分不论采取哪种结构方式，都要注意先后有序、主次分明、详略得当，这样才能更好地表现主题。

主体部分的表述，应注意观点和材料的有机结合。为此，要做到：

（1）用事实说话。材料支撑观点，观点统率材料。

（2）善于比较材料，从比较中说明问题，阐明观点。如先进典型和落后典型对比；正面材料同反面材料对比；历史材料同现实材料对比；点上情况同面上情况对比。这样更具说服力。

（3）善于用数字材料来说明问题，阐明观点。数字材料具有很强的概括力和表现力。一些问题或观点有时用很多议论也难以表述清楚，而用一个数字，一个百分比，就可以使人们对事物的面貌和问题的实质一目了然。

四、结语

有些调查报告在主体之后往往还需要对前面的内容进行概括、升华，进一步总结、归纳文中的观点，作一个结束性的简要说明，以增加篇章的严密性和完整性。

结语一定要简短、明确。如果主体部分已叙述清楚，也可以省略结语。

结语常见的写法有下述三种：

1. **概括全文，明确主旨**

概括全文，明确主旨是指将全文由点到面进行拓展，从更高的角度、更广阔的背景上来作出展望，指出方向，深化主题。例如《关于邯郸钢铁总厂管理经验的调查报告》一文的结尾：

邯钢的实践证明，国有企业适应建立社会主义市场经济体制要求，必须在转换经营机制的基础上转换经营方式，切实转变经济增长方式，这样才能充分挖掘企业的内部潜力，提高企业的整体素质和市场竞争力。邯钢的做法为国有企业实行从传统的计划经济体制向社会主义市场经济体制，从粗放经营向集约经营两个具有全局意义的根本性转变提供了借鉴的经验。

2. 指出问题，启发思考

如果一些存在的问题还没有引起人们的注意，如果限于各种因素的制约，作者也不能提出解决问题的办法，那么，把问题指出来，引起有关方面的注意，或者启发人们对这一问题的思考，也是很有价值的。例如《暗访北京站前发票非法交易》一文的结尾：

记者随后又转了几个地方，16 时 10 分从北京站前离开。在这 40 分钟里，碰见了大约 20 名卖发票的不法人员。听口音他们大都是外地人。从言谈举止中可以感觉到他们知道自己的行为是违法的。在广场、路口维持秩序的公安、保安人员不少，也许是司空见惯了吧，记者没有看到他们出面制止这种不法行为。

非法交易发票的现象，到底该由谁来管，怎么管？作者亦不能给出具体答案，唯有指出这一问题，以引起有关部门的重视。

3. 针对问题，提出建议

在揭示有关问题之后，为解决问题提供一些可行的建议。例如，××××年 11 月 23 日《人民日报》刊登的专题调查《人情消费，让人如何承受你》就写了一个建议性的结尾：

在人情消费已成为一种风气的情况下，制止大操大办单靠某一个人、某一个单位很难从根本上奏效，如喝喜酒，往往是通知范围大了人们反感，范围小了没接到通知的人也有意见。遏制人情消费，建立新型的人际关系，倡导社会新风，是一项社会系统工程，需要各级、各部门共同努力。首先，要加强宣传和教育。提倡新事新办、勤俭持家、厉行节约，建立新型的社会主义人际关系。节日期间，报纸、电台、电视台可举办专题栏目、节目进行宣传，文化部门应挑选一批优秀的影片（主要是婚丧嫁娶新事新办方面的）在各乡镇、村巡回播放。通过广泛深入的宣传教育，使人们树立正确的人情消费观。其次，要制定社会规范。在政府机关和企事业单位建立红白理事会，推行节俭办红白喜事。建立约束机制，对人情消费进行引导、规范、管理。再次，严格稽查。对大操大办甚至借机敛财的干部要严肃处理，直至在新闻媒体上曝光。

作者提出了三条建议来解决人情消费的严重问题，其中不乏切实可行的措施。

第三节 调查报告写作前的准备

调查报告是归纳和总结调查研究成果的文字，调查研究是调查报告写作的基础。周密的调查、深入的研究、精确的表达是写好调查报告的三个关键。由此，写调查报告的关键是搞好调查研究工作。这就需要作者在写作之前做好一系列的准备工作——占有材料、研究分析材料、形成观点，最后得出结论。

一、周密的调查

（一）做好调查前的准备工作

首先，选好调查课题。所选课题应是目前社会、政治、经济改革发展中迫切需要解决的理论问题和实际问题。

其次，熟悉调查对象，掌握相关知识。如与调查对象相关的方针、政策；与被调查对象有关的专业知识；有关被调查对象的现实、历史资料等。

再次，就是要根据调查的目的确定范围，选好调查对象，拟出调查提纲。提纲内容大致包括：调查选题、目的要求；调查的具体项目及重点；调查的范围、地区、对象；调查的方式方法；调查的步骤和进程、时间安排；调查的物质准备。

最后，如果选用问卷调查法进行调查，要事先设计好调查表格或问卷内容。

如2005年11月4日在“搜狐理财”上登出的《参考消息·北京参考》“创建好银行”调查问卷：

“创建好银行”调查问卷

金融作为服务业的重要组成部分，发挥着越来越重要的作用和影响。随着银行改革的不断深入，服务理念不断更新，银行离百姓生活越来越近。

北京银监局从去年开始在辖内国有独资商业银行、股份制商业银行、北京市商业银行和北京市农村信用合作社联合社中大力开展和推动“创建好银行”工作。普通百姓作为银行服务直接客户，其看法也将对北京银行业“创建好银行”工作有积极的促进作用。因此，本刊特别策划了“创建好银行”调查问卷，望读者和网友积极参与。

“创建好银行”调查问卷
1. 你认为目前银行所提供的理财产品离你的需求差距大吗？
□没有差距
□有一点儿
□有很大差距
2. 你认为目前银行的理财规划师的专业水平是否到位？
□到位
□还差一点儿
□还差很远
3. 你是否经常去银行接受理财服务或购买理财产品？
□只是存取款
□偶尔购买理财产品
□经常去银行咨询
4. 你认为目前各家银行最需要提高哪个项目的服务水平？
□网上银行
□银行卡
□柜台业务
5. 你在选择银行为自己提供金融服务过程中，首先考虑的第一因素是什么？
□信用
□费用
□快捷高效的服务
6. 银行业计划对客户实行差别化管理和服务，你支持这一改变吗？
□支持
□不支持

（续上表）

“创建好银行”调查问卷
□无所谓
7. 你觉得北京银行业整体服务水平如何？
□满意
□不满意
□一般
8. 你个人的水电费、物业费等日常生活费用都能通过银行方便快捷地代收代缴吗？
□能
□不能
□不一定
投票 | 查看

（二）深入调查，掌握第一手材料

材料是形成文章主题的基础，也是表达文章主题的支柱。对调查报告来说，材料尤为重要。材料即客观存在的事实。没有客观事实的存在，作者就不可能产生对它的认识和看法，甚至不可能产生写作的意图。没有客观事实的佐证，读者也难以接受作者的观点。因此获取尽可能多的材料，是写作调查报告的首要准备。

获得材料的过程就是调查的过程。调查结论是否正确，能否研究出成果，在很大程度上取决于这个阶段的工作。调查的方法很多，其中最重要的是作者本人直接感受客观事物。所谓直接感受，就是亲自深入被调查的环境之中，近距离地与被调查的对象相处，对其进行观察了解，获得真切、直观的感受。此外，对知情人进行访问、召开座谈会等也是常用的方法。问卷调查是广为采用的一种调查方法，但问卷的设计一定要讲究，要以答卷人能迅速、简要和便于回答为原则，否则收不到预期效果。除了运用上述方法获得第一手材料之外，还要注意文字材料的收集，因为它们也是客观情况的反映。总之，通过调查，做到尽可能全面、系统地掌握情况，为写作打下坚实的基础。

二、深入的研究

在掌握一定材料之后，就要着手对材料进行分析研究，以找出规律性的东西。这是写作之前的一个很重要的环节。

在分析研究材料时，要做到去粗取精，去伪存真，由此及彼，由表及里。

所谓“去粗取精，去伪存真”，即对材料的真伪、优劣进行鉴别筛选。

所谓“由此及彼”，即在剔除了粗、伪的材料中寻找其内在的本质联系，并将其分门别类地加以归纳、分类、汇总，形成能够清晰地说明问题的系统材料，得出规律性的认识。

所谓“由表及里”，即对材料加以纵横比较，以确定构成事物存在和发展的决定性因素（即主要矛盾），从全部材料中找出规律性的东西，形成全文的基本观点，即调查报告的主题。

上述这一分析综合材料的过程，既是作者站在更高的角度，对材料从具体到抽象，从个别到一般的再认识过程，也是以基本材料为根据，提炼、确立主题的过程。在这个过程中，既要实事求是，避免主观臆造、任意拔高，又要在正确的思想指导下对事物进行概括和升华。否则就事论事将会降低调查报告应有的社会意义。

需要指出的是，在实践中，调查和研究往往是同时或交错进行的；调查是研究、综合的基础，研究、综合又促使了调查向广度和深度开展。边调查、边研究、边综合，彼此不仅不能分割，反而应当相辅相成。

第四节　调查报告写作应注意的问题

一、写调查报告应注意的问题

1. 要实事求是

坚持实事求是地进行调查，是写好调查报告的可靠保证，因此，作者一定要亲自参加调查。报告中引用的调查资料要翔实可靠，对于重要的数据要反复核实、测算，做到确凿无误。同时，选材时要客观、全面，不能只选对自己观点有利、支持自己看法的材料，如有对自己观点不利、与自己观点相左的材料，也应当说清楚，或加以分析，或录以备考，尽可能避免片面性，以免领导据以决策时出现失误。

2. 注意观点和材料的统一

撰写调查报告不能满足于材料的堆积和数字的罗列，必须既要有真实而有说服力的材料，又要有新鲜正确的观点。观点统率材料，材料说明观点，切忌观点和材料脱节，更要防止二者相抵触。作者要在反映情况的基础上提出有见地、有说服力的意见或建议。

二、例文简析

例文 1：

浅谈农业银行人力资源管理的相关问题

人才问题，是一个古老而又时尚的话题。人员包袱沉重而人才奇缺，是当前农行在人的问题上最全面、最客观的真实存在。冗员减不掉，人才进不来，人才难以真正发挥应有的效用，已成为农行加快发展的掣肘。在金融业竞争日趋激烈的形势下，农业银行如何通过人力资源的开发配置与人才的培育使用，将丰富的“人力”转化为“资源”，是我们亟待认真研究思考并加以解决的现实战略问题。本文试就此谈一些管窥之见，权作引玉之砖。

一、现状写真：人力丰富，资源奇缺

（一）员工总量相对过剩。据不完全统计，农行系统在册固定员工总数近 50 万人，同时还有各类临时工几万人，人力应该说十分丰富。但由于历史和现实的诸多原因，致使员工总量中冗员占较大比例。虽然这几年业务发展迅速，各项业务指标成倍增长，但人均有效业务量、人均利润率以及劳动生产率与金融同业仍存在较为巨大的差距，如按工、建、中三行的人均业务量计算，农行的员工总量过剩 2/5 以上。

（二）素质结构极不合理。由于农业银行特殊的发展路径决定了特殊的存量员工素质结构：具体表现为传统业务人员多，新兴业务人员少；人员知识结构老化，新技术、新业务人员短缺；知识结构单一，全方位复合型人才奇缺；一般素质员工较多，高学历、高档次的人才不足。以某二级分行为例，该行 2004 年末 1 968余名员工中，原始本科学历仅 52 人，仅占总人数的 2.6%，原始初中及以下学历 141 人，占总人数的比例高达 7.2%。由于受分流政策和工作条件的影响，近年来员工一直是负增长，引进的本科生，往往不安于现状，一部分人陆续离开了农行。

（三）资源分布严重失衡。由于区域之间地理环境、经济条件差异较大，农行相对稀缺的人才资源分布极不均衡。高、中级职称和学历的人才大多数集中在沿海和内陆较发达的大中城市管理行，直接从事业务经营与操作的基层行处却极少，不少支行上百号员工中找不出一个原始本科学历的员工，这与快速发展的银行业务对金融人才多方面的需求是极不相称的。

（四）年龄结构明显老化。由于连续推行了减员工作，多数农行多年来不但没有进人，反而通过内退、病退和买断工龄等减员途径，使一大批能够重新就业的员工离开了农行，造成了严重的年龄断层和老化问题。以某二级分行为例，2004 年末全行职工平均年龄达 39.7 岁，45 岁以上人员占比高达 14%，30 岁以下青年人占比不到 10%，不仅年龄结构极不合理，而且面临着严重的缺档断档、后继无人的问题。

（五）人才氛围尚未形成。一是效用理念的落后。没有把人才资源的开发利用工作提到应有的高度加以重视，对人才问题缺乏系统的研究和探讨；人才激励和竞争机制没有完全形成；对人才存在着重使用轻培养的现象，不利于人才素质的提高。二是对人才资源的开发利用缺乏科学系统的规划。没有做到从实际出发，根据变化了的形势，在指导思想和思维方式上真正树立"人才资源是第一资源"的理念，更没有将人才资源的有效开发、利用纳入农业银行的整体发展战略之中，缺乏全方位、多层次的人才培养规划。三是在选才用才上缺乏竞争机制。仍然有任人唯亲、论资排辈现象，用人机制落后。

二、成因透视：理念落后，机制僵化，体制缺陷

（一）缺乏科学的选人机制。突出表现在缺乏超前的思维、统一的标准、规范的程序、公众的参与，选人权力过于集中，选人标准过于单一，选人视野过于狭窄。如这些年招聘员工权力全部集中在总行，招聘的标准一律是大学本科以上学历的员工，致使广大基层单位急需的操作型人员长期缺位。

（二）缺乏有效的用人机制。由于多年计划经济体制下行政化的用人机制惯性效应，干部能上难下、员工能进难出的矛盾仍很突出。尽管农行早已提倡商业化经营、市场化运作，但仍然不能像股份制企业那样科学灵活地对员工进行使用与调配、聘用与解雇，从而阻碍了人才的合理流动，限制了经营效率的提高。现在虽然基本上都实行了"聘任聘用制"，但多是流于形式，已经坐上"位子"的人是很难下来的，目前"用人"与"业绩考核"还不完全科学对等。并且，在用人观念上论资排辈的思想还是比较严重，对经验、资历或社会关系等要素看得相对较重，制约了优秀青年人才脱颖而出，造成人才资源的巨大浪费。

（三）缺乏合理的淘汰机制。农行系统现有人员数量不是不足，而是人员质量相对低下，迫切需要腾出空间来吸引招聘优秀人才。但总行目前尚没有减员分流的配套政策措施，加之多年行政化的用人方式与体制，导致富余人员分流困难重重。由于缺乏合理的淘汰机制，不仅增加了农行人力要素成本，也带来冗员过多与结构性矛盾并存的突出问题。一方面，冗员较多，劳动生产率较低，人工成本不堪重负；另一方面，由于人权高度集中的体制性缺陷，造成熟悉市场经济和金融业务的高级管理人才和复合型人才奇缺，又没有有效的引进途径。以某二级分行为例，2004 年末在岗与不在岗员工之比为 1∶0.8，有的支行高达 1∶1.2，

可见人力负担是何等之大。

（四）缺乏科学的激励机制。农业银行激励机制的落后，首先表现在薪酬分配的不合理。据调查了解，农行基层员工的收入普遍偏低，其中月工资在1 000元以下的员工占较大比例，工资收入呈明显的“金字塔”状。导致这一问题的深层原因是目前一些行实行“岗位系数工资”制，即根据岗位职务的高低不同享受不同的岗位系数，领取不同的工资，由于没有真正做到科学的“以能定岗，以岗定薪，以绩计酬”，导致收入与责任、收入与贡献、收入与风险等方面存在着较为严重的脱节，这一分配方式被员工戏称之为“官本位工资制”。同时，农业银行目前的激励手段单一，存在对经营者激励严重不足的情况，使得他们没有充分发挥自己的经营才能甚至出现大量人才流失。

（五）缺乏实用的培训机制。有些银行由于局限于眼前的经营困境，一直坚持以“节约”为原则，而不去考虑员工培训的边际产出。加之费用的使用捉襟见肘，难以拨出专项费用用于员工素质培训与文化教育，致使广大员工在知识结构、业务能力、职业道德素质等方面与现代商业银行的要求很不协调；有些行片面重视发展的外部环境和条件，没有真正把农行摆脱困境求发展转移到依靠科技进步和提高员工素质的轨道上来；有的只注重抓技能培训，抓目标考核，而相对忽视思想道德教育，难以激发员工进取感与责任感。因此，科学地设计培训体系，建立并完善培训与用人相结合的机制是农业银行人力资源开发的当务之急。

三、对策思考：引进急需人才，用好现有人才，稳定关键人才，培养未来人才，淘汰冗余人力

（一）关于“引”的原则。有人说“玉不琢，不成器。选人如同选钻石，必须首先选准钻石的原石”，用人的关键也是要选准人。因此，农行应把选人作为企业“人本文化”建设的重要内容，积极发挥群体的智慧和力量，产生出“相马效应”。基于当前人才市场机制的不断完善及求职观念的不断变化，人才的求职和流动更为便捷的现实，要充分利用自身的发展实力、不断改善的物质待遇及个人发展机会等有利因素，并以合理有效的运行机制，人性化的管理制度来打消人才的诸多顾虑，使其留下任职。必须坚持“用好的作风选人和选作风好的人”这一根本原则，以建立能上能下、能进能出、有效激励、严格监督、竞争择优、充满活力的用人机制为目标，尽力营造人尽其才、优秀人才脱颖而出的成才环境，确保真正能够让有思想、有能力、有干劲、有政绩的人有机会、有舞台、有地位、有作为。据人力资源管理专家分析，未来几年国内金融行业将急需以下几类人才：一是产品开发人才，尤其是熟悉中间业务和私人业务产品开发的人才。二是客户经理。随着经营的市场化，对客户经理的需求将大大增加。三是复合型人才，尤其是既懂金融业务，又精通计算机技术的金融信息类人才。四是管理人

才，特别是中层以上的管理人才和骨干。五是会计人才，主要是懂管理会计的人才。六是法律人才，主要是熟悉各种金融法规和相关法规的人才。对以上这些门类的人才，农总行近年来采取的网上报名，公开招考是一种科学的选才方式，应该坚持下去。同时，鉴于目前基层行严重缺乏现代操作型的员工，上级行应该借鉴中行、建行和移动、电信等部门的做法，通过委托高校代培、人才市场招聘等方式，来一次基层操作人员的大换血。这不仅能提升柜面整体服务水平，而且也能重塑农业银行的公众形象。

（二）关于“用”的策略。一是好钢要用在刀刃上。要做到“智者取其智，勇者取其威，愚者取其力，怯者取其慎”的用人策略，用其所长。二是要不拘一格选人才。要心胸坦荡，真正做到从农行的事业出发，唯才是举，用人要出于公心，出于民主。三是要选择复合型人才。当前农行需要的是那些既懂经济、外语、法律知识，又熟悉金融业务和电脑知识的综合型人才。四是要多用优秀的年轻人才。年轻人富有思想、上进心强、思维敏锐、有创造精神，要在尽可能的条件下，破格录用优秀的年轻人才，做到避其所短，用其所长。五是要多用业绩、贡献突出人才。由于商业银行以经营为主，要提高经营水平，改善经营方式，追求利润最大化，就必须重业绩、重贡献。六是要真正打破铁饭碗，严格实行全员劳动合同制。要破除编制对人才的束缚，实行人员正常市场化流动；要通过公开聘任制启用干部，任期内要对其岗位适应能力与岗位业绩挂钩考核，能上能下；要通过“择优录用，双向选择”决定员工的聘用。对不适应岗位要求的人员实行下岗培训、下岗待业，直至提前退休或辞退，真正建立起竞争、公开、公平的人事管理与协调发展的长效机制。

（三）关于“培”的要求。在高速运转的知识经济时代背景下，现有人才的特长和优势将可能弱化，甚至消殆，以致不能适应形势的发展变化，从而被时代所淘汰。因此，不应该把人才当作不断燃烧的蜡烛，而应将其视为一个蓄电池，在不断放电的同时，也应不断地给其充电。一是慢慢转变员工认识，变“要我学”为“我要学”。在知识经济时代下，人类的知识更新周期十分短暂，终身学习是必然选择。而农行为员工提供的培训既是充电器，能使员工的知识储备状态始终保持最佳；又是发动机，能使员工的成长速度更快。因此，要让员工认识到，在社会、单位和个人成长的压力下，不仅要自己主动去寻找机会学习，更要充分利用单位的资源，不断提高素质，保持个人竞争力，实现可持续发展。二是培训要走出办公室，深入一线，了解员工内在的培训需求。要建立开放的培训需求调查系统，既欢迎员工就个人或是团队感兴趣的信息提出培训建议，也要深入一线去发掘各级行员工真正缺乏的内容，结合农行的发展计划，通过有效的分析、组织，把零散的、原始的个人兴趣整合、上升为系统的培训需求。三是设计或选择有针对性的、与农行现状和员工水平相吻合的培训内容。培训内容的设计要做到：与需求吻合、与农行现状吻合、与学员水平吻合。四是灵活选择合适的培训方式。不能千篇一律地采用课堂上课、填鸭式的培训。要根据培训对象、培训内容、培训目的的不同，结合培训方式的适用范围，充分地沟通，灵活地选择、确定培训方式。五是为实践培训内容创造条件。培训只是在理论上或是通过案例分析指导学员应该怎么做、告诫学员不应该怎么做，对学员而言，充其量是认识上或是观念上接受了一些新事物、新概念，至于能不能把培训上得到的理论、认识转化为自然而然的行动和能力，从而改善、提高学员的行为方式和处事技能，在培训结束后要为学员创造实践、实践再实践的条件。

（四）关于“留”的学问。众多事实证明，人才的去留，在很大程度上影响着企业的兴衰与荣辱。那么，怎样才能留住人才呢？本人认为应从以下几个方面进行努力：一是用事业留人。人才最大的满足是在事业上获得成就，充分展现自身的价值。作为单位的决策管理层，应该为人才创造满足其发展需求的环境，使他们能够充分发挥才能，施展才华，为单位创造最大价值。因为单位发展的重要途径之一是单位与个人共同进步。只有将个人的事业发展与实现单位的目标紧紧联系在一起，才能成为单位发展的根本动力。二是用政策留人。适当的政策有利于实现人才的个人利益，达到其目标。只要能使单位目标与个人目标相一致，两者紧密联系，就可以大大减少人才流失问题的出现。人才作出了突出的贡献，不但从精神到物质上要给予重奖，而且要给予他们更多的自主权和提升素质的机会，使他们看到自己的努力得到了肯定、自己的价值得到体现。三是用机制留人。多数人才希望生活在一个充满活力的、公平竞争的和谐氛围里。单位要创造一种好的机制和好的激励氛围，使人才愿意把自己的事业与单位的发展融合在一起，为单位的发展作出自己的贡献。四是用感情留人。人的感情是互动的，和谐的内部环境和风气是人们干好事业的基础，“团队内耗、关系复杂”是阻碍人才事业成功的重要原因。一个单位能否做到尊重人才、容纳人才、知人善用，是能否留住人才的关键。要懂得“留人先留心”的道理，注重以人为本的“柔性管理”模式，把人才当成自己的志同道合的合作者，与他们共同探讨单位的改革和未来发展；要坚持“公平待人、公正处事”的原则，形成有效的激励环境；要真心为人才服务，多为他们着想，不争功诿过。

（五）关于“汰”的法则。目前，农业银行的存量员工与其有效业务量确实不成比例，加之股改的需要，裁员是不可避免的事。但作出裁减或留用的决定是为了更好地发挥人力资源的最大效用，包括发挥员工个人的最大价值和整个队伍的整合效应。因此，我们可以把关注点从原来的“要裁掉什么人”转移到“未来需要什么样的人才队伍”上来，确定什么样的人员是我们要保留的。具体可以从业绩、能力和人员差异性这三个角度来判断。角度一：员工综合的业绩表现。虽然以员工的业绩表现作为裁员的唯一标准有不妥之处，但考核结果仍然不失为考核员工的一个重要角度，在运用综合绩效考核结果来判断该员工未来可能的绩效表现时，要更加注重员工在过程中的动态表现，而非一味依据最终的数字结果。角度二：员工能力和未来业务需求的匹配。要迅速建立起能力素质模型并进行日常管理，从能力角度对员工进行裁减或保留的判断。角度三：保持未来员工队伍的差异化。人力资源效用最大化最终讲究的是员工队伍整体创造的效益。因此，在制订裁员计划时，应该适当关注保留下来的员工队伍是否还有足够的多样化，并以此来保证整体队伍的活跃和高效。除了关注员工的背景、年龄、知识结构等方面外，还要根据其在团队中通常扮演的角色决定其去留；根据员工职业发展的定位决定其去留。能力卓越的“明星员工”肯定是农业银行发展必须挽留的核心力量，但大量“压船石”式的员工在改革过程中的稳定和平衡作用也不能忽视。

人才资源既是新知识经济的依托，更是社会发展和科技进步的最重要资源。人才资源管理是一种探索式的学习过程，需要相互借鉴，不断完善。如果能拥有一批高素质的人才队伍和完美的管理体系，就能真正拥有市场发展的主动权，拥有未来，赢得竞争的胜利。

简析：

本文是一篇揭示问题的调查报告。在主体部分，它按照“是什么—为什么—怎么办”的清晰思路展开，体现在文章的结构上就是“提出问题（即人力丰富，资源奇缺）—分析问题（即理念落后，机制僵化，体制缺陷）—解决问题（即引进急需人才，用好现有人才，稳定关键人才，培养未来人才，淘汰冗余人力）”，即针对农行系统在人力资源的开发配置与人才的培育使用上存在的问题，分析造成这一问题的原因，并提出解决问题的对策。该调查报告具有较强的现实意义，值得我们学习、借鉴。

例文 2：

银企合作的新篇章

——上海市实施主办银行制度的调查报告

××××年7月1日，中国人民银行颁布了《主办银行管理暂行办法》。主办银行制度正式在全国300户重点国有大中型企业和北京、天津、上海等7个城市的国有大中型企业中实施。

上海实施主办银行制度的概况是：××××年全国300户企业中，上海占有29户；××××年第二批全国新增212户，上海为18户。第一批29户企业，已有25户企业与银行签订了《银企合作协议》(工行17户、建行6户、农行1户、中行1户)；第二批18户企业中，有13户与银行签订了《银企合作协议》(工行9户、建行4户)。迄今为止，一年中4家银行共向第一批签约企业累计发放贷款259.6亿元。企业贷款余额新增41.8亿元。据不完全统计，第一批29户企业占全市工业产值和销售收入比重分别为31%和30%，占全市工业利税的比重为78%。上海市实施主办银行制度有如下几点值得注意：

一、有利于解决企业资金困难

资金短缺是国有企业在改革发展中面临的主要问题之一。主办银行满足了重点国有企业对资金的合理要求，为企业的发展注入了新鲜血液。这为国有企业在市场竞争中保持发展后劲，提高国有企业的技术含量，振兴国有企业名牌提供了良好的外部环境。如上海梅林（集团）有限公司同工行上海长宁支行签订《银企合作协议》以来，共得到8 679.91万元的贷款支持。镇企业响应上海市政府“东西联动”、“拓展内地”的号召，将2 800万元投资用于四川梅林明日工业园区的开发建设；为弘扬民族品牌该企业又出资1 100万元，收回上海咖啡厂股权，重新投入沪上知名产品菊花晶的生产之中。企业家还认为，过去银行贷款的区域界限在主办银行制度实施后得以打破，使大集团有条件进行资产的统一运作，从而避免了下属企业多头贷款，集团难以控制的局面，大集团、大企业的资金管理由此逐步进入良性循环的轨道。

二、企业经营效益提高

主办银行制度的实施，提高了企业经济效益，如农行上海市分行去年8月同上海汇丽（集团）公司签订《银企合作协议》后，同意新增贷款8 000万元，至今年5月末，新增贷款全部到位，有力地支持了汇丽（集团）公司的生产经营。今年1~5月，该公司实现产值2.31亿元，实现净利润288万元。又如上海东风机械（集团）有限公司××××年同工行上海市闸北支行签订《银企合作协议》，得到贷款3 000万元后，该集团年销售收入同比增幅达25.9%，亏损额减幅达22.8%，为企业走出困境创造了条件。

三、银企关系进一步改善

银行与企业人士共同认为：主办银行制度的实施，密切了银行与企业的关系，有利于开展银企间的合作。从一年的实践来看，主办银行制度以银企双方共同约定的形式，通过规范双方行为，协调双方利益，促进了银企双方的共同发展。企业分清了与各银行的主次关系，对争取银行的支持明确了方向，因此能做到认真履约，保全资产。主办银行可以凭借其人才、信息等方面的优势及时沟通信息，当好企业的参谋，帮助理财，提高金融服务的广度和深度。例如，农行上海市分行结合开展“四讲一服务”活动，对以主办银行方式签订《银企合作协议》的企业，扩大服务领域，提高服务质量。具体做法是：落实专职人员，定期主动上门了解和掌握企业生产经营过程中对银行的需求，给企业以多功能、全方位、配套的金融服务。同时积极参与企业生产经营管理，促进企业技术改造和技术进步。又如建行上海市分行在对重点国有企业的合理资金需求进行支持的同时，为这些企业提供结算，现金收付、信息咨询等全方位的金融服务。在支持这些企业生产、经营和发展的同时，也改善了银行的存贷款结构，提高了信贷资金使用效益，遏制了不良贷款的产生。

四、几点建议

主办银行应对企业建立有效的监控机制，这是主办银行制度的本质特征要求。对于管理不善、效益不佳的企业，主办银行应会同有关部门，积极探索转换企业经营机制的有效途径，在强化金融服务的同时，探索有效的监控企业机制，加强主办银行贷款监督。企业涉及投资、融资等重大经营决策都应征求主办银行意见。主办银行应积极督促企业补充自有流动资金、改善财务状况等，为国有企业结构调整、财务和资产重组提供高效率的金融中介服务。

在规范中稳步推进主办银行制度，防止“一刀切、扩大化”倾向，要与“抓大放小”相配套，与国有企业资本结构的优化重组措施相配套，与企业转机建制配套实行，不能搞成新形式的“供给制”，要在“借贷制”的基础上开展主办银行制度。

对于刚组建的“壳子”集团企业，在资产经营尚未一体化之前，应暂缓推行主办银行制度。俟其内部经营管理财务体制理顺之后，逐步到位。这既有利于企业改革，又有利于主办银行制度产生实际效果。

（《金融时报》××××年8月5日，作者：孟燕芬）

简析：

这是一篇反映情况的调查报告。主办银行制度在上海的国有大中型企业已经试行一年多了，取得了实效，但也还存在着不足。文章充分肯定了主办银行制度这一新生事物，同时也指出这一制度尚需进一步完善，由此提出了几点建议。该调查报告运用典型的事例和数据，简明扼要地说明了在主办银行制度推行中，银行与企业应该如何合作，尤其是银行如何既支持又保证资金的安全。

【本章小结】

调查报告作为一种在实际工作中使用频率很高的应用文体，具有很强的实用性。但本章的内容却具有较强的理论性，侧重从理论上详细、系统地讲授调查报告的特点、分类、结构和写作要求。其中，“调查报告的写作”和“调查报告写作前的准备工作”作为本章的重点、难点，其问题更加抽象，因而学习的难度相对较大。为此，一方面，需要教师深入浅出地反复讲解，力争让学生理解、消化；另一方面，应尽可能地多让学生进行实地调查，多动笔，在实践中体会这些理论知识，并将理论知识转化为实实在在的各种能力。

【关键术语和概念】

调查报告的特点　调查报告的结构与写法　调查报告结论的形成过程

【参考文献】

1. 李天相．干部应用写作．武汉：武汉工业大学出版社，2003.
2. 李保初，吴明芳．应用文写作技巧．北京：华文出版社，2006.
3. 洪文明．财经应用写作．北京：中国财政经济出版社，1998.
4. 邱宣煌．财经应用文写作．大连：东北财经大学出版社，2001.
5. 胡中柱．金融应用写作．北京：中国金融出版社，2007.

【思考与练习】

一、问答题

1. 调查报告的主要特点是什么？
2. 调查报告的结构形式一般由哪几部分组成？
3. 调查报告的写作为什么要有一个明确的具体的目的？
4. 为什么要对调查研究获得的材料进行加工整理？

二、改错题

下面是一则调查报告，试指出其存在的毛病。

大学生课外阅读情况的调查

阳光下、草坪上、教室里、图书馆……到处可以看见书不离手的大学生，他们脸上洋溢着满足自信的笑容。

“你课外阅读的主要目的是什么？”“你最喜欢阅读哪种类型的书籍？”“你平

时看一本书用多长时间?”……前不久我们对大学生的阅读取向进行了一次访问式调查，目的是了解当代大学生读什么书，读多少书和怎样读书的问题。

通过调查有部分学生的课外阅读主要是为了休闲。他们认为“平时专业课程的阅读量已经很大了，课外阅读当然选择内容较轻松的课外书籍，以缓解读书的压力”。这样的学生大约占44.9%。还有部分同学的课外阅读是为了拓展知识面。这样的学生所占比例较少，只有8%。

大学生不青睐具有专业知识的书籍是否合理呢？不少招聘企业都感慨现在的大学生专业能力很薄弱，学以致用的能力较差。在学校期间不注重专业知识的积累和自身专业技能的训练，不阅读、不关注相关专业课外书籍，是造成这种现象的原因之一。

在回答“你最喜欢阅读哪种类型的书籍”时大多数学生选择报纸杂志。报纸杂志始终占据大学生阅读排行榜的首位。多数学生选择此类书籍的原因大多是因为“阅读起来方便”和“信息量大，来源广泛，易获得”。调查中发现，学校为学生免费提供的《文汇报》成为阅读人次最多的报刊，《青年报》、《环球时报》、《参考消息》、《电脑报》、《读者》有一定的市场。在阅读内容上，阅读新闻占61%，领先其他三项，阅读“生活信息及收集资料”占24%，阅读“文学作品”占16%，阅读“评论文章”占18%。

目前大学生的阅读结构对大学生正确世界观、人生观的形成非常不利，急需加以正确引导。

三、材料作文题

根据以下资料，以×××物价局政策研究室的名义，拟写一份调查报告，并提出解决问题的对策。

（1）首都机场餐饮商品价格昂贵，成了经济“特区”，长期无人过问，直到××××年著名经济学家茅于轼先生投书报纸曝光88元一杯咖啡后，才引起了物价主管行政部门的重视，并督促进行整改。

（2）××××年，本报刊发了记者集体摄影报道的《机场物价太离谱》、《机场商品缘何天价》和本报社评《“特殊场所”的物价谁来管》等一组文章。当时记者在首都机场消费、用餐时发现，机场内的消费价格远远高于市价，有的甚至是市价的十几倍。在首都机场二层的商场中，一听在冰柜中的可口可乐定价5元，在机场三层餐厅中卖15元，而在国内出发候机厅就涨到20元。此外，还有10元一杯的开水、25元一袋的方便面、30元一瓶的燕京啤酒，最离谱的还有10元一个的包子、5元一个的饺子、66元一套的汉堡薯条套餐等。

(3) ××××年1月，记者来到首都机场新航站楼，发现一些饮料和食品的价格已有所下降。在航站楼三层的“航空餐厅”，价目表上套餐的价格平均还在七八十元左右，但一听可乐的价格为8元。在候机楼三层咖啡厅，饮品单上88元的咖啡仍赫然在列，红牛饮料18元。在对面的商店里，冰柜中的可乐标价5元，红牛饮料10元。在一层的超市里，可乐也是5元，红牛饮料8元。在国内隔离区的商店中发现，过去卖20元的可乐现在标价5元，登机口附近还有自动售货机，可乐同样是5元。

(4) 记者从市物价局了解到，××××年媒体对机场内商店、餐厅等处的商品价格过高情况进行报道之后，国家计委随即发文委托市物价局对此进行调查研究，市物价局已经将关于此事的报告提交给国家计委。

(5) 据物价局有关人士介绍，机场方面在调查期间主动提出了一套调整方案，其中包括对商业设施的经营权实行招标以增加经营者之间的竞争，避免价格垄断的出现；对商品进行明码标价；在机场内设置自动售货机、免费饮水机；增加中低档价格商品数量等内容。有关人士表示，市物价局将密切关注机场商品价格的调整状况，在必要的情况下将会介入。

(6) 记者从机场物业部门了解到，北京市物价局已经对机场的物价问题提出建议。据悉，与机场物业部门新签订协议的商户，开始采用新的租金缴纳方式，即较低的定额租金加营业额提成。这种缴纳方式使租金比过去降低了四到六成，从每平方米每月千元降到400~600元。机场内商户合同到期后，都将可能采取这种租金缴纳方式，这给商品价格的降低奠定了基础。

(7) 首都机场的有关人士表示，机场方面对国家计委、北京市物价局的意见及媒体的报道非常重视，并在××××年底就已开始对商户实行新的租约方式，包括采取较低租金与一定销售额提成的“二部制”收费方式，至于新增的改进措施和具体操作办法，机场将于近期公布结果。“其实我们比谁都着急，只有顾客满意了，我们的工作才算做好了。但相关举措的出台并不是一蹴而就的事，还需要一个过程。”

(8) 在采访中，当记者问及首都机场内的商户对媒体的报道有何看法时，不少商户表示并不知道国家计委提出的三点举措。有些商户虽然有所耳闻，但认为这都是机场的事，与其本身并无多大关联。一位不愿透露姓名的商户告诉记者，政策由机场落实到商户，这中间涉及许多复杂的环节。不少商户都是削尖了脑袋才竞争到经营机会的，这么大点儿地方，又怎么可能引进那么多商户呢。“物以稀为贵”，价格自然就上去了。

第七章 经济新闻

【本章学习要点】

1. **经济新闻的含义及其特点**
2. **经济新闻的种类**
3. **经济新闻的写法**
4. **经济消息的写作**
5. **经济通讯的写作**
6. **经济专访的写作**
7. **经济特写的写作**

经济新闻主要是针对新闻报道的内容而言的，它涉及经济生活的方方面面，写好经济新闻不仅需要有丰富的经济知识，也要对新闻这种文体的写作有一定的了解。写好经济新闻应把两方面的知识结合起来，融会贯通。

第一节 什么是经济新闻

一、经济新闻的含义

经济新闻是新闻的一种，是对经济活动中新近发生的、发现的或变动着的具有社会意义和经济价值的事实的及时报道。经济新闻主要反映产业、市场、财政、金融等经济生活各个领域的现状及其发展变化，报道面广。随着社会主义市场经济体制的建立和完善，经济新闻在宣传国家经济政策，报道国民经济发展状况，传播经济信息，沟通经济关系等方面，起着十分重要的作用。

二、经济新闻的特点

经济新闻的特点主要包括以下四个方面：

1. **真实性**

这是经济新闻必须遵循的基本原则之一。经济新闻的真实性主要是指它所反映的事件确实可靠，所引用的数字准确无误，所作出的判断和评价实事求是。同时，要把真实性提到党性原则的高度来认识，既要反对道听途说、牵强附会，也要反对夸大渲染。报道的失实不仅会影响新闻本身的可信度，还会影响党和政府的威信。

2. **时效性**

经济新闻的时效性主要表现在“迅速”和“适时”两个方面。

“迅速”是指经济新闻要将经济活动中新近发生的新闻事件尽可能快地报道出去。迅速及时的经济新闻，不仅会对实际工作起到指导和推动作用，有的还可能会对整个经济局势起重大影响。

“适时”是指经济新闻的报道要适合时宜。经济新闻的快或慢，不是绝对的，要看社会效果如何而定。如果“火候”不到，为快而快，尽管它是当天的最新消息，也会降低它的新闻价值，影响宣传效果；相反，如果时机适宜，虽然是一则过去的“历史”，也会成为很有针对性的新闻，变得身价百倍。

3. **思想性**

经济新闻必须要有思想性，要能在思想上给读者以教育和启迪。在报道经济活动、传达经济信息的同时，它也应该体现或反映党和国家经济建设的方针、政策，反映人民群众在经济生活中的愿望、要求和呼声，为社会主义经济建设反映舆论、引导舆论。

4. **流通性**

经济新闻文体传播的经济信息，只有扩散于经济社会，才能产生经济效益。在经济信息流通过程中，经济信息资源又具有增值性，信息的流通将使同样的信息量为更多的人所掌握，从而可以转化为更大的经济效益。正因为如此，经济新闻文体的写作应该积极挖掘经济信息资源，并通过报道加速并扩大其流通。

三、经济新闻的种类

由于划分标准不同，经济新闻的类别也就各异。根据经济新闻的形式，可分为经济消息、经济通讯、经济特写、经济人物专访和经济评论等。

四、经济新闻的写法

经济新闻的结构一般由标题、导语、主体、背景和结尾五个部分组成。

（一）标题

经济新闻的标题是对经济新闻内容的高度概括，它可以帮助读者尽快了解新闻的内容和意义，同时起到吸引读者、先声夺人的作用。经济新闻的标题常见的有三种：

1. 三行标题

三行标题即引题、正题和副题俱全的标题。引题又称眉题、肩题，它的作用是交代背景、说明原因、烘托气氛，以引出正题。正题又称主题，主要用于概括新闻的主要事实和中心思想。副题又称辅题，居于正题之下，它的作用是对正题作补充和说明。例如：

中国入世后知识产权第一案旗开得胜（引题）

裁决前夜赢回传奇域名（正题）

一个漂泊6国的域名辗转来到中国杭州，却引来了来自澳大利亚的国际诉讼，前日，从世界知识产权组织传来消息：域名归中国公司所有（副题）

2. 双行标题

双行标题有两种。一种是由引题和正题构成的双行标题。例如：

进一步弱化直销　加强零售与渠道（引题）

戴尔电脑进入苏宁和IT卖场（正题）

另一种是由正题和副题构成的双行标题。例如：

国美去年销售收入424.79亿（正题）

收购整合效果上半年有待考验（副题）

3. 单行标题

单行标题，即只用一个正题的标题。例如：

银监会抽样调查部分商业银行理财产品

经济新闻的标题应该新颖、醒目，能反映所报道的经济事实内容。应根据报道的需要拟写合适的标题。

（二）导语

导语是指新闻的开头部分。它的作用是将最重要、最能吸引人的事实或全文的中心思想概括出来，以便读者迅速了解新闻的主要内容，进而产生阅读兴趣。写作导语常见的形式是：

1. 叙述式

以平易、朴素的叙述方式，概述主要的新闻事实。这种写法多用于动态新闻。例如：

由于今年股市行情趋淡，越来越多的广东人乐于将其理财资金转存在银行里。广东省统计局18日发布的资料显示，由于“炒股资金”大举回流，一季度广东城乡居民新增存款1 283.69亿元，创下历史新高。

2. 描写式

用形象生动而又简洁的描写方式，突出报道对象的特点，或通过场景描写，渲染气氛，烘托主题。这种写法容易给人留下深刻的印象。例如：

2007年底，高举民族文化的大旗，被冠以“国饮”之名的王老吉凉茶荣登人民大会堂国宴殿堂，获得了“人民大会堂宴会用凉茶饮品称号”，开始在觥筹交错与高贵典雅的筵席之间展现它独特的魅力。自此，王老吉与国酒茅台共同演绎国字号之光华。

3. 提问式

先提出一个问题，引起读者的注意和思考，然后在主体部分给出答案。评述经济新闻较多采用这种形式。例如：

今日央行决定于4月25日再度上调存款准备金率0.5个百分点，届时存款准备金率将达到16%。面对不断深化的紧缩政策，商品市场是否会面临冲击？

4. 结论式

首先明确报道对象的性质，点明事件的结果，再回过头叙述事件的经过，以收到吸引读者的效果。例如：

昨天，在此间举办的“知识产权战略与企业竞争力国际研讨会”上，众专家把脉中国知识产权保护与发展现状，称中国应结束“世界工厂”时代，中国企业应渐有自主品牌意识，走自主研发之路。

导语的写作要做到开门见山，鲜明、简练、生动，达到引人入胜的效果。

（三）主体

主体是新闻的主要部分，是对导语的具体阐述。它的作用是使一则新闻报道的事实充实、详细、完整，让读者了解这则新闻的全部内容。主体部分内容层次较多。为了使线索清楚井然，可按下面两种顺序来写：

1. 时间顺序

按事情发生、发展、结束的先后顺序来组织材料，安排结构。

例文：

买到粮食却运不走　万吨粮食受困东北内幕

“我们是响应政府号召，托市收购粮食，收购之后政府怎么能不帮忙运呢?”杜晓锋不能理解。

2008 年 2 月 29 日上午，由国家粮食局、财政部、国家发改委联合召开的山海关内销区与东北三省粳稻（大米）产销衔接见面会在长春举行。会议主要目的是通过政府推动，解决东北三省水稻市场供大于求、农民卖粮难问题。

同时，政府还承诺，从 2008 年 1 月 23 日起，到 6 月 30 日止，在此期间把东北稻谷运到山海关内其他省份的，可凭发货凭证享受运输费用的补贴。

这次见面会吸引了上千家企业和单位。南方几乎所有的省份都有企业参与，包括国有粮库和私人企业。据媒体报道称，通过这次产销衔接见面会，吉林省共与山海关内销区签约水稻（大米）17.5 亿公斤。

“就是在这次会上，我们和云南昆明国家粮食储备中转库（以下简称云南中转库）达成合作，云南中转库委托我们收购 5 000 吨稻谷，并负责发运。”2008 年 3 月 1 日，第二粮库和云南中转库签订了 5 000 吨稻谷的购销合同。之后，第二粮库以平均每天 150 吨的收购速度收购稻谷。

杜晓锋透露：“原计划是 10 000 吨，由于收购之后外运难，云南方面减少了收购量。”

即使减半之后，收购的 5 000 吨稻谷外运也成了问题，这让杜晓锋头痛不已。“头发都愁白了。”

3 月 15 日，杜晓锋开始以第二粮库的名义向沈阳铁路局“请车”。第二粮库所在地的山场屯站通过网络向沈阳铁路局“请车”50 节。

3 月 17 日，杜晓锋请的 50 节车皮，只拿到了 20 节的计划号。尽管计划号少了许多，能争取一些是一些。随后，他用 20 个计划号向沈阳铁路局申请了 5 个车皮。

3 月 18 日下午，山场屯站“一直没有回电话”。按照惯例，要是有车皮，山场屯站会主动联系第二粮库。杜晓锋有些失望。

3 月 19 日上午，他又申请了 10 个车皮，结果仍然是失望。

此后，杜晓锋天天“请车”，结果是天天失望。

“往年，拿着计划号都能拿到车皮。今年却不行。”杜晓锋告诉《华夏时报》记者说，那 20 个计划号没能给他带来一节车皮。

2. 逻辑顺序

按事物的内在联系来组织材料，安排结构。可以根据报道对象的因果关系、主次关系、点面关系或并列关系等来确定写作顺序。

例文：

亚太股市普遍大涨

美股道琼斯指数前夜劲升 256 点或 2.08%，从而刺激港股市场周四强势反弹。恒生指数在中资股集体劲升的推动下早段急升，盘中最多上涨 563.72 点并高见 24 442.07 点；不过，午后随着 A 股市场大幅跳水，港股市场中资股升势明显回落，并拖累恒生指数最终将涨幅收窄至 380.61 点，虽再度企稳二万四关口，但年线的支撑得而复失。

日本股市日经指数周四收高 1.92%，为连续第三日上扬，因 IBM、摩根大通等企业财报良好缓和了投资者的忧虑，佳能（7751.T）等出口股带头上涨。日经指数全天收报 13 398.30 点，上涨 252.17 点或 1.92%，指 13 313.06 ~ 13 495点区间。

韩国股市周四在科技股引领下收高。首尔综合股价指数收报 1 768.67 点，上涨 10.11 点或 0.57%，收盘接近日内低点 1 765.59 点，指数盘中一度升至 1 783.85高点。

澳大利亚股市周四上涨 0.95%，为连续第三个交易日上涨，澳股指标 S&P/ASX 200 指数上涨 52.4 点或 0.95%，至 5 587 点，盘中最高至 5 630.5 点，低见

5 568.0 点，股指已连续三个交易日上涨。

主体的写作要内容充实，结构严谨，层次分明，条理清楚，既要注意与导语的紧密配合，又要注意不能简单地重复导语部分的内容。

（四）背景

背景是与新闻事实的产生相联系的历史背景、现实环境及客观条件。交代背景，有助于说明事情发生的原因，揭示事件的性质和意义，增加新闻的知识性和趣味性。

常见的背景材料有历史背景、地理背景、事物背景等。背景材料可以单独作为一个部分，也可以穿插在其他部分中。背景的写作主要采用对比、说明、阐释等手法，要注意发挥其烘托的作用。

（五）结尾

结尾是新闻的最后一个部分，它的作用是表现新闻的完整性和结构的严密性。

结尾的写法很多，有的抒发感情，发出号召；有的预示结果，引人深思；有的归结全文，以加深印象等。当主体已把该说的话说完，就没必要再加上一个结尾。

五、写作经济新闻的要求

1. 事实要准确

真实是新闻的生命。经济新闻中反映的事件必须确实可靠，所引用的数字要准确无误，所作出的判断和评价应实事求是。不能道听途说、牵强附会，更不能凭空想象或进行歪曲。

2. 导向要正确

经济新闻在报道经济活动、传播经济信息的同时，要体现或反映党和国家经济建设的方针、政策，反映人民群众在经济生活中的愿望、要求和呼声，正确反映舆论，引导舆论。

3. 报道要迅速

经济新闻具有很强的时效性。要将经济活动中新近发生的新闻事件尽可能快地报道出去，起到对实际工作的指导和推动作用，及时的经济新闻甚至可能对整个经济局势起重大影响。当然，有的经济新闻也有一个报道时机的问题，不一定要快，但一定要选择合适的时机，以便取得最佳报道效果。

第二节 常见的经济新闻写作

一、经济消息

（一）经济消息的概念与特点

经济消息，是以叙述为主要表现手法反映新近发生的重要事实的简短性经济新闻报道。这是经济新闻文体中使用最多的一种基本的体裁。经济消息主要反映生产、分配、交换、消费、货币、价格、财政、金融等经济生活各个领域的现状及其发展变化，它的报道内容十分广泛。例如，经济发展中的新形势、新成就、新问题、新经验；国家的经济政策；国内外的市场行情；经营管理和经济理论的动态；产品知识和科技发明；消费者对商品消费的意见和建议等，均属于经济消息的报道范围。

经济消息除具备经济新闻的共同特点之外，还有自己的独特之处，概括起来，主要有以下四点：

1. 标题的多层次

经济消息的标题，不同于其他经济新闻，更不同于一般文章。它的标题往往是多层次的，有引题，也叫肩题、眉题，常常用来介绍背景，烘托气氛；有正题，也叫主题，它是标题的本题，常常概括消息的主要内容；还有副题，也叫辅题、子题，多用于补充介绍正题，提供事实和思想，点明意义，扩大效果。有时还有次副题等。

2. 内容的六要素

经济消息虽然不长，但在内容上往往由必要的因素组成。这些因素国外新闻界称之为“五个 W”，即时间、地点、人物、事物和原因。因为这五个词的英文字母（When，Where，Who，What，Why）都是以 W 打头，故称之为“五个 W”。在我国有人称作“六要素”或“六何”，即何人、何时、何地、何事、何因、何果。一般来讲，要想把一个新闻事实说清楚，这些要素是不可缺少的。

3. 结构的倒金字塔

经济消息是以事实说话的，在结构中对事实的排列呈倒金字塔形，即经济事实的重要性以依次递减的方式排列。换句话说，最重要的经济事实放在最前边，次重要的放在第二位，以此类推。这样安排事实材料，有助于迅速地写作，便于编辑设计版面，也适合读者的阅读需要。举例如下：

广东养老金人均提高166元/月

惠及全省约345.7万企业退休人员，调整比例10%

据新华社电　记者昨日从广东省人力资源和社会保障厅获悉，广东省从2012年1月1日起调整企业退休人员的基本养老金。此次调整将惠及全省约345.7万企业退休人员。测算调整后全省企业退休人员月人均基本养老金将增加166元。

据广东省人社厅有关负责人介绍，广东省今年采取普遍调整与适当倾斜相结合的办法，定额调整与定比调整相结合的方式，调整比例按照2011年全省企业退休人员月人均基本养老金的10%左右确定。

其中，定额调整部分是以2011年全省企业退休人员月人均基本养老金为基数，按照5%的增幅增加养老金，全省所有参加养老保险的企业退休人员每人每月统一加发83元。

定比调整部分是按照本次调整前根据本人缴费年限和缴费水平等因素计算的本人调整前基本养老金的5%定比计算调整额，全省退休人员平均增加额约为83元。具体由于缴费年限及缴费水平高低不同而有所差别。

本次调整设定的定额调整与定比调整比值为5∶5，适当平衡了珠三角等养老金水平较高的地区企业退休人员与养老金水平较低的地区企业退休人员养老金的增长幅度。

4. 背景的巧穿插

背景是指经济事实的历史情况或它同其他事物之间的联系等。一般经济消息都有背景材料，用以对比衬托、丰富主体、突出主题。这种背景材料有说明性的、对比性的和注释性的三种。背景材料在经济消息中无固定位置，关键在于巧穿插、妙安排，可以放在导语之后。

（二）经济消息的结构和格式

经济消息一般由标题、导语、主体、结尾和背景五个部分组成。

1. 标题

经济消息的标题较之其他文体的标题，作用更大，要求更严。它是经济消息内容的高度概括，可以是“一行标题”，也可以是“多行标题”。“多行标题”中，在主标题之上的称引题（或称眉题、肩题），它的作用是交代背景、点明意义；在主标题之下的称副题（或称脚题），它的作用是对主标题作补充或说明。经济消息的标题应该新颖、醒目，能反映所报道的经济事实内容。可以根据报道的需要选用合适的标题。

2. 导语

导语指消息的开头，是对一则消息中最有价值、最精彩部分的概述。它要求用最简明扼要的文字，揭示消息中最基本、最新鲜的事实及最重要的思想意义，以便读者迅速了解消息的主要内容，进而产生阅读兴趣。在单段式经济消息中，开头的一句话即是导语；在多段式经济消息中，第一自然段即是导语。导语的写法因事、因人而定。常见的写法有叙述式、描写式、设问式、评论式、结论式、引语式、对比式等。不管采用什么写法，导语的写作都要从新闻事实的实际情况出发，并要有创造性。

3. 主体

经济消息的主体是导语的展开部分。它包括主要事实的叙述，次要事实的表达，以及导语中未提及的新事实的补充。这些内容，或是阐发导语，或是回答导语，对新闻事实作充分而具体的报道和说明。

经济消息表达思想的主要手段是用事实说话，因此，叙述是消息主体的主要表达方式。一般情况下，经济消息忌讳作者直接说出自己的观点，但并不排斥作者将自己的观点、倾向寓于事实的叙述之中，通过对事实的报道去影响读者。

消息主体的结构，可以按照时间顺序来安排，即按事实发生、发展的先后顺序来安排层次；也可以采用倒金字塔式，即按事实的重要程度先主后次地安排材料，动态消息常采用这种结构；还可以按照逻辑顺序来写，即根据事物的内在联系，用典型材料分别表现它的各个侧面，或并列，或因果，或点面。经验消息和综合消息常采用这种结构。

经济消息的主体要内容充实、结构严谨、层次分明、条理清晰，要能很好地表现主题思想。

4. 结尾

消息的结尾往往是附属于主体的，所以与一般文章相比，多数消息没有结尾。因为在导语中已经交代了结果，所以主体将事实过程叙述之后，文章也就自然结束。当然不能说消息一律不能有结尾，要视报道内容的需要而定。有时可做概括性的小结，以加深读者印象；或用启发、激励的话结束，以强化读者的感受；或不把话说尽，给读者留下思索、回味的余地等。

5. 背景

它是经济消息的要素之一，主要包括经济消息产生的历史和环境。它是为充实新闻的内容、烘托和发挥主题服务的，是消息的从属部分。根据需要，消息的背景材料可穿插在新闻的任何一部分中。

例文：

深圳金融创新将出重拳　深港有望双向跨境贷款

深圳将出台系列重大金融创新措施，加快深港跨境人民币贷款业务试点。深圳市政府常务会议12日研究通过《关于加强改善金融服务支持实体经济发展的若干意见》。前海股权交易所建设、大力扶持小额信贷行业成为今年金融创新的重点，相关工作有待国家有关部门正式批准后实施。

据悉，前海深港现代服务业合作区在金融创新方面将先行先试，系列举措最为引人注目。其中包括推进前海股权交易所建设，加快深港跨境人民币贷款业务试点等内容。

作为推进前海金融创新的内容之一，深圳将加快推进深港银行跨境人民币贷款业务试点，利用香港低成本人民币资金支持前海开发开放和重点产业发展。同时，争取更多前海地区企业和金融机构在香港发行人民币债券。

根据《意见》，深圳计划2012年跨境人民币业务结算量不低于3 600亿元，继续保持全国前列。为此，意见提出，深圳将丰富金融服务市场主体，进一步完善人民币跨境结算基础设施，支持跨国企业在前海设立全球结算中心。

另外，深圳今年还将推进前海股权交易所建设，率先建成在全国有重要影响力的区域性场外交易市场。

深圳前海深港现代服务业合作区是经国家批准的发展现代服务业的特定区域，主要承担现代服务业体制机制创新区、现代服务业发展集聚区、香港与内地紧密合作先导区、珠三角地区产业升级引领区等四个方面的功能，重点发展金融业、现代物流业、信息服务业、科技服务和其他专业服务等四大产业领域。

此外，深圳还将出台系列金融措施扶助微小企业发展。

2012年，全市各项贷款增速要高于经济增长速度5个百分点，高于全省同期贷款平均增速2个百分点；小企业贷款余额超2 100亿元，增量不低于380亿元，增速不低于深圳市全部贷款平均增速6.5个百分点。将小微企业贷款风险容忍度提高至5%，存贷比指标按规定的控制线上浮不超过5个百分点；全市小额贷款公司贷款余额不低于80亿元，新增贷款累计超过200亿元；2012年融资担保机构新增融资担保额不低于480亿元。

《意见》还提出，要大力扶持股权投资基金发展，推动经济实现战略转型，促进实体经济自主创新。

（资料来源：《羊城晚报》）

二、经济通讯

（一）经济通讯的概念、特点与分类

经济通讯，也称经济通讯报道。它是以叙述和描写为主要表现手法，在较大范围内，用比较详尽具体、生动活泼的材料，及时地反映经济领域中的客观事实和典型人物的经济新闻文体。

为了准确地了解通讯的特点，我们不妨将它与消息作一番比较。

通讯和消息都是新闻文体，它们之间有共同点：首先，通讯和消息都必须为舆论宣传服务，都具有新闻性。其次，报道的人和事都必须真实。只有真实，才能取信于民，才能发挥它的宣传作用，绝不允许虚构，哪怕是细节都不能掺假。再次，讲求时效性。消息的时效性比通讯更强，往往报纸上先发消息，再发通讯。通讯是消息的补充与深化，使读者对新闻事实的了解更详细、更深入。当然也有通讯与消息同时发表的。此外，两者都是记叙文体。同时，与经济消息相比，经济通讯又具有自己的特点，主要是：

1. 报道的容量大

经济通讯的内容丰富，容量很大。只要是现实经济生活中具有典型意义的人和事，都可以写，而且可写得具体、详尽。

2. 涉及的范围广

经济通讯的材料是丰富多样的。无论现实的、过去的、典型的、一般的材料都可以写，而且可写得很生动。写事情，可有发生、发展、变化、高潮、结局；写人物，可有音容笑貌、服饰、性格、思想，甚至动作细节，比较讲究形象性、典型性。

3. 写作的方法灵活，表现形式多种多样

经济通讯可以综合运用记叙、描写、议论、抒情、说明等多种表达方式，借用文学表达方法，采用访问记、印象记、散记、日记、书信等不同形式来组织材料，表现主题。

经济通讯的种类，按报道的内容来分，大致有六种：

（1）人物通讯。人物通讯是一种以记人为主的通讯。它主要报道在经济工作战线上涌现出来的开拓者、改革家、先进人物、英雄模范等的先进事迹。要求以表现人物的先进思想为中心，多角度地反映他们崇高的思想境界、革新精神，给人们以教育和启发。

（2）事件通讯。事件通讯是一种以记叙事件为主的通讯。这类通讯经常是围绕经济活动中具有教育意义的典型事件进行叙述。它通过对典型事件发生、发

展、结局的描述，挖掘其中具有普遍指导意义的思想。事件通讯也可以用来揭露生活中存在的问题，以引起人们的注意。

（3）概貌通讯。概貌通讯是反映一个地区或一个单位的新气象、新面貌的一种通讯。它不一定要求写出事件的全部过程，往往通过一些片断的描述来展现全貌。这类通讯的特点是取材广泛、角度灵活，常用点面结合、剪影取势的手法，捕捉对象的某种总体印象，具有强烈的现场感，读来能有身临其境的感觉。常见的“访问记”、“纪行”、“见闻”、“散记”、“侧记”等都属于这一类。

（4）工作通讯。工作通讯是一种反映经济活动中某项工作的先进经验和成就，或研究工作中的问题的通讯。它通过具体、生动的事例，形象地介绍某种典型经验，分析某项工作进展中的成败得失，概括出具有规律性的东西，用以指导并推动面上的工作。

（5）集纳通讯。集纳通讯又称“主题通讯”，即围绕一个主题，集纳一组新闻材料而进行报道的通讯。

（6）新闻故事。新闻故事是一种既具有新闻性，又具有故事性的小通讯。这类通讯尽管篇幅短小、内容集中、题材单一、情节性强，但能“以小见大”、寓意深刻，在平凡的小故事中体现具有重大意义的新的思想和风貌。

（二）经济通讯的结构与格式

通讯的结构与消息不同。消息由导语、主体和结尾等部分组成，结构形式较固定；通讯的结构则灵活多样，根据报道的内容不同而富于变化。大体来说，与一般的散文写作有共通之处。其结构应包括最基本的两方面内容，即标题和正文。

1. 标题

标题类似于一般的散文，多为一行标题，也有的是正副标题。正标题突出主题，副标题对正标题加以限定或补充。

2. 正文

一般由开头、主体和结尾组成。写法没有统一规定，只要开头漂亮、结尾有力即可。主体部分有三种结构方式，即纵式结构、横式结构和纵横结合式结构。纵式结构，即按时间先后次序纵向安排素材；横式结构，即按事物性质分类横向安排素材；纵横结合式结构，即纵中有横，或横中有纵，纵横结合使用。

例文：

鹤岗矿难现场目击

11月21日2时30分左右，黑龙江省龙煤控股集团鹤岗分公司新兴煤矿发生爆炸事故（下称“11·21”事故），截至11月25日中午，已确认107人遇难，1人失踪，其中20余具遗体因残缺不全需通过DNA进行识别。

23日，国务院“11·21”事故调查组成立，并在鹤岗召开第一次会议，这意味着近三天的紧张抢险救援工作告一段落，事故调查全面展开。调查组组长、国家安监总局局长骆琳愤怒地表示，根据初步调查的情况来看，此次事故是一起明显的责任事故。黑龙江省省长栗战书表示，对于这次矿难，自己负有重要的领导责任。

事故发生后，《中国经济周刊》记者第一时间赶到了鹤岗。

瓦检队：陪同下井“探险、监护”

11月24日一大早，新兴矿大院外停满了汽车，多名保安和警察紧守着大门，阴冷的天气显得气氛更加凝重。

在矿区，看不到供人进行吊唁的集体灵堂，矿难发生地也没有为遇难矿工献花的地方。

在新兴矿瓦检队，队长葛成兴正忙碌着给各瓦检小组分配工作，并大声地嘱咐着安全事项，至于此次事故中瓦检队员表现出的临危不乱、英勇救人及遇难队员的情况，他不愿提及。他告诉《中国经济周刊》，瓦检队的职责就是“探险、监护”，“现在的工作重点是跟随调查组和救援人员深入井下，保障他们的安全”。分配完工作后，葛成兴就同瓦检组队员忙成一片。

8时许，两辆中巴从新兴矿大院内先后驶出，向井口方向驶去，车内坐满了全副武装的调查组成员。国务院新兴煤矿瓦斯爆炸事故调查组第一次入井实地调查就此展开。至12时左右，调查组升井。

随同入井的瓦检工称，事故调查组深入到井下第二、第三水平面，进行了实地测量、取证等工作，并查看了部分通风设备受损情况。同时，调查组对发生煤矿瓦斯爆炸突出核心点——113掘进面进行了细致的调查。一位调查组专家表示，这次调查的结果需要在会商后才能公布。

此前的23日，骆琳在事故调查组成立会议上说，根据初步调查的情况来看，事发矿采掘布置不合理，井下现场管理和劳动组织混乱，核定能力145万吨的矿井，采掘工作面个数多达30个，夜班下井人数500多人，白班超过1 000人；通风系统复杂，抗灾能力弱，突出的瓦斯逆流进入二水平进风系统；井下应急处置措施不当，在大范围瓦斯超限并达到爆炸界限的情况下，未果断实施全矿井停电撤人。“这些都反映出安全责任不落实，隐患排查不认真、不彻底。这是一起责任事故。”骆琳说，他同时表示，这起特别重大事故的原因，最后要由调查组组织专家进行深入认真调查，科学得出结论，并要求事故调查组要按照国务院《生产安全事故报告和调查处理条例》规定，依法认真履行好职责。

矿工家属："还在等井下亲人消息"

此前有媒体报道，接到瓦检员的报警后，矿上第一时间就实施断电并通知撤人。骆琳所讲的"未果断实施全矿井停电撤人"，记者在采访中得到了证实。

24日下午，记者在新兴医院见到了遇险矿工寿立忠的家人，寿立忠至今生死未卜，"现在一点消息都没有，感觉生还的希望不大了。我同学的哥哥也是这种情况"。寿立忠弟弟告诉记者。"我也是新兴矿的矿工，在家排行老二，与大哥不是一个班，大哥在二段开钢带机，跑出来的矿工告诉我，爆炸时还看到我哥在岗位上。另外，有的矿工是坐钢带机上来的，说明爆炸时钢带机还在工作。"他说，"我哥在二段钢带机的机头位置，机尾在工作面，若大哥及时接到通知，半个小时就能跑出来"。

"74岁的老父亲一下就病倒了，我现在向矿上请了假，一来陪着老父亲看病，二来在总院和兴山医院看看有没有我哥的消息。"寿立忠弟弟说。

国家安监总局工作人员告诉《中国经济周刊》，此次事故调查组设技术组、管理组和综合组三个工作小组，主要职责是查明事故的原因、性质及直接经济损失，并提出对事故有关责任人的处理建议和对防止同类事故发生的防范措施，最后要写出事故报告。

有媒体报道称，按照新兴煤矿120万吨煤炭的年产量，煤炭减产损失就要超过3亿元。此外还有数千万元的遇难者家属补偿，恢复生产的更新设备投入还难以估计。各项相加，粗略估计整个矿难的经济损失要超过4亿元。

鹤岗市鹤东公安分局民警透露，事故发生后，新兴矿矿长及两名相关副矿长、总工程师和事发四区区长及技术员均已得到控制，并被要求配合事故抢险救援及全面启动的事故调查。

事故当天，矿长和分管安全生产的副矿长以及总工程师被免职。

救治医院：大部分伤者一周内可出院

鹤岗市兴山人民医院收治了第一批遇险矿工。

见到遇险矿工王少武时，他刚刚做完高压氧治疗回到病房，他是一名机车工，事故发生时正在负井底弯道拉岩石，离井口相对较近，突然接到电话说里面出事了，"当时我还以为是拉岩石车与运煤车相撞了，随后看到一股黄烟从巷道里面涌来，接着就听见爆炸声，赶紧往外跑，途中几次晕倒，爬了近3小时才出来"。王少武说，经过3天的治疗，现在还是时常晕厥、呕吐，全身无力。

"家人能活着出来当然是最高兴的事，现在关键是把病治好，别留下后遗症。"王少武妻子告诉记者。同病房的矿工家属也纷纷表示，由于矿工在井下吸入大量有毒气体，至于是否留下后遗症他们不好确定，希望尽可能住院观察。

"3点50分我接到消息，马上给总值班室打电话，组织医疗抢险小分队赶赴现场。”兴山人民医院院长陈晓慧在接受《中国经济周刊》采访时说，他在21日4点10分赶到事故现场，5点多已有200多名矿工升井。

陈晓慧介绍说，21日当天，兴山医院收治矿工20多人，目前住院救治矿工52人，还不包括已转到鹤矿总医院的4名重症及已出院的1人，另外，还收治了13名遇难矿工家属。在兴山医院救治的主要是一氧化碳中毒矿工，还有部分患者是爆震伤。记者注意到，为便于救治，矿难伤者被集中在医院4层的外科病房内。

“我们目前以治病救人为主，还没有考虑费用问题，一切先由医院垫付，新兴矿是我们的定点单位。”陈晓慧说。

陈晓慧告诉《中国经济周刊》，黑龙江省卫生厅派出的4名心理专家抵达兴山人民医院，对在医院就诊的矿难伤者进行灾后心理干预。

“我看大部分患者经过心理疏导，再配合基础治疗后，就单纯的医疗，科学而言，一周内就可以康复出院。”

善后：两套赔偿方案已定

“11·21”事故善后工作也逐渐展开。24日上午，龙煤股份有限公司鹤岗分公司从各直属部门抽调的人员在此召开了包保工作会议。

记者从该公司社保处了解到，新兴煤矿已制定了遇难矿工两套赔偿方案。每位遇难矿工家属都可以获得一次性工亡补助金和丧葬金共计10.26万元。遇难矿工家属还可在一次性和供养两种赔偿方案中进行选择，一次性赔偿金额20万元，如选择供养可每月领取531元、708元不等的抚恤金。

“目前方案已通知到遇难矿工包保组，工作人员将分别到每一户遇难矿工家中进行方案的详细解释，由家属作出选择。”一位包保组负责人告诉《中国经济周刊》，包保组还将针对遇难矿工家属提出的如少数民族安葬风俗、租房困难户的补助等各种要求，进行分户踏查，以进一步做好善后处理、抚恤赔偿等包保工作。“目前，遇难矿工家属情绪基本稳定。”

记者手记

“带血的GDP是耻辱”

“此次矿难是鹤矿建局以来遇难人员最多的一起事故。在龙煤集团的重大矿难史中，仅次于2005年七台河矿难。”龙煤股份公司鹤岗分公司宣传部工作人员告诉《中国经济周刊》，龙煤股份有限公司鹤岗分公司前身是鹤岗矿务局，已有84年开采历史。矿难悲剧发生在龙煤股份有限公司“全员决战八十天，争创安全最佳年”活动期间，在此次矿难前，龙煤公司安全控制指标实现了历史同期最好水平。

今年是国务院确立的“安全生产年”，年初以来，国家安监总局有针对性地对各领域、各行业进行了三次全国大检查及五次督导、调研，全国安全生产形势得到了根本好转，国家安监总局新闻发言人黄毅曾向《中国经济周刊》介绍，“今年以来全国共发生3起特大事故，同比减少了8起”。

此次新兴矿难再一次将“如何正确处理保增长与安全生产关系”摆在各级政府部门和企业面前。

正像黑龙江省省长栗战书在此次矿难发生后所言，总结矿难原因是多方面的，领导忽视轻视，工作不落实不到位是主要原因。

还是那句话：“带血的煤炭，带血的GDP，永远都是耻辱，不是荣耀。”

（资料来源：《中国经济周刊》，2009年第46期，记者　马玉忠）

三、经济专访

（一）经济专访的概念和分类

经济专访是常用的新闻文种，特别是经济体制改革开始以来，涌现出不少改革家、企业家，经济战线上的新事物层出不穷，需要用专访的形式予以报道。所以，下面我们对经济专访这种文体的写作进行简要的说明。

经济专访，又称经济访问记。它是对经济战线上的典型人物、重大事件或突出问题，进行专题访问之后而写的报道。因此，经济专访，一般分为人物专访、事件专访和问题专访三种。所谓人物专访，即对经济战线上的典型人物进行专门访问后而写成的访问记。事件专访和问题专访，是对某一经济事件或经济问题，经过专题访问之后而写成的访问记。

从写法上分，又分为报道式和对话式两种。所谓报道式写法，即对访问得来的材料，像一般通讯那样写出来。所谓对话式写法，即用对话的形式，把访问的情况记录下来。

（二）经济专访的特点

经济专访的主要特点有：

1. 现实性

经济专访具有很强的现实性，它是在特定背景下为解决某种问题，针对人们比较关心的事件或比较典型的人物，进行专题访问而写出的专访，不是为写专访而去专访。

2. 现场感

现场感，即要写出当时访问的实情实景，如环境、场面、言谈、举止、气氛、细节等，使人读后有一种如临现场的真实感受。或者说，访问记能把读者带进当时访问的现场之中，使读者如同亲自参加与被访问者的谈话一样。这是专访区别于其他经济报道的重要特点之一，写不出现场感也就失去了专访的基本特色。

3. 纪实性

经济专访必须如实记载访问者与被访问者的主要活动和谈话，不得编造，更不能对人物与事件进行歪曲报道。

（三）经济专访的结构和格式

经济专访的结构既不像经济消息那样有约定俗成的固定格式，也不像经济通讯那样无章可循，它有自己一定的结构形式。一般来说，经济人物专访由标题和正文两部分组成。

1. 标题

经济人物专访的标题一般由主标题和副标题组成。主标题与经济通讯相似，可以是文章内容的高度概括，也可以是文章主旨的揭示；副标题一般是“访×××”。

2. 正文

正文由开头、主体和结尾三部分组成。开头多为简单介绍专访对象的情况，或交代采访的时间、地点、人物及采访的目的；主体部分记叙访问的纪实内容，可采用问答式或报道式；结尾常常与开头相呼应，主要是作者谈谈自己对这次访问的印象、感触等。它可以独立成段，也可依附于主体之后。

例文：

倾听消费者声音　改善金融消费环境

——全国政协委员、中国银行业协会会长蒋超良

“消费与责任”——这是中国消费者协会为今年的“3·15”消费者权益保护日定下的主题。在刚刚闭幕的全国政协会议上，银行服务问题同样是委员们关注的重点之一。在“3·15”来临之际，记者采访了全国政协委员、中国银行业协会会长蒋超良。

记者：在“3·15”消费者权益保护日来临之际，您作为中国银行业协会会长，怎么看待金融消费者的权益问题？

蒋超良：今年中央经济工作会议在部署安排全国经济工作目标任务中，特别强调要改善消费环境，保护消费者的合法权益。面对“消费与责任”这一主题，

中国银行业要认真倾听并积极响应消费者的诉求，全面履行经营者的义务和社会责任，改善金融消费环境，促进和谐社会建设。

金融消费者的权利和其他领域的消费者权利具有一定的共性，如安全权、知情权、自由选择权、公平交易权、损害赔偿权、受教育权、尊重权、监督权等，金融消费者的上述权利理应受到专门的保护。银行作为市场的经营主体，是消费维权的第一责任人，要诚信经营，守法经营，在创造企业利润的同时，切实维护好消费者的利益。

与此同时，金融消费者与其他领域的消费者相比，又有其个性，因为金融消费有其自身特点。当前我国金融消费者的消费形式，已从单一的银行存取款向支付、理财、融资、投资一体化延伸，金融消费呈现出多元化、个性化的特征。一方面消费动机不同和收入层次不同，使人们的金融需求呈现个性化；另一方面，个人客户对各种投资的风险比较敏感，人们渴望银行提供流动性、安全性和盈利性俱佳的金融产品以及形式多样、方便灵活的金融服务，对商业银行产品功能的要求，从功能单一的产品向多样化的“包裹式金融产品”转变。金融消费的这些特征对银行服务提出了全新的要求。银行在切实保证消费者利益的同时，更要尊重消费者的金融消费意愿，不断推出金融新产品、新业务，最大程度地满足客户需求。

记者：银行排队问题一直是老百姓抱怨的一个话题，去年更是掀起一场“排队风波”。您怎么看待这个问题？银行是如何应对排队问题的？

蒋超良：20 多年前，全国只有那么几家国有银行，当时银行柜台服务人员是高高在上的，根本谈不上什么服务态度。而现在就不同了，国内商业银行法人机构近 200 家，加上近 9 000 家农村信用合作社，银行业金融机构之间的竞争已经比较充分，银行业金融机构以客户为中心的管理理念越来越深入人心，银行业金融机构与金融消费者的关系也发生根本性转变。我们要看到，随着多家银行完成股份制改造并上市，国内商业银行在公司治理、风险管理、业务创新、业务流程和组织架构、经营理念以及人员素质等方面都取得了巨大成效，银行的管理水平和竞争能力都有了大幅度的提升。

当然，银行服务还存在一些不尽如人意的地方，银行服务与广大金融消费者的期望还有一定的差距。去年以来，银行网点排长队等服务问题引起社会舆论的普遍关注。为此，在中国银监会的指导下，中国银行业协会组织开展了文明规范服务系列活动，各会员单位都投入了大量的人力、物力和财力，采取有效措施，使银行业服务状况明显得到改进。

首先，我们要求各会员银行牢固树立服务意识，特别是国有大型商业银行，切实承担起服务大众的社会责任。

其次，加大服务设施投入，完善服务渠道。各行普遍加大网点改造力度，增加了ATM机的投放，同时将ATM机每天取款限额由5 000元上调到2万元，并大力发展网上银行、电话银行，通过电子渠道迁移柜台的简单业务，分流柜台排队压力。

再次，整合服务流程，提高业务办理效率。各行普遍改进了工作流程与方法，在营业厅实行明确的功能分区，加强大堂经理配备，缩短客户办理业务的时间。

此外，各行都在改进服务手段，提高服务供给能力。商业银行投入大量资金、科技和人力资源，开展自主创新，不断推出金融新产品、新业务，最大化地满足了客户需求。同时重视推行行业标准，改进服务质量管理体系，推动银行服务行为向自觉自律转变。

记者：尽管如此，广大消费者对银行服务还是有一些不满意的地方。前一段时间，中消协总结出了“三个不满意”，您怎么看待这些问题？

蒋超良：据中消协向我们反映，消费者目前对银行服务的不满意主要表现在三个方面：第一是关于价格收费方面，消费者认为现在银行的收费项目越来越多，但是服务质量提高不明显，消费不值。第二是关于诚信服务方面，消费者认为银行服务程序不够公开透明，告知义务履行得比较差。第三，关于宣传方面，消费者认为银行在推广理财产品和信用卡拓展业务的时候，宣传回报的比较多，而对于风险宣传则比较少。

对于上述批评意见，我们诚恳地接受，银行服务确实还有待进一步完善。关于价格收费问题，我们将组织商业银行合理简化服务程序，整合一些收费项目，进一步提高服务质量与水平，力争最大化地满足消费者的金融消费。

关于诚信服务问题，商业银行将进一步完善服务程序公示制度，充分履行对金融消费者的告知义务，充分尊重消费者的消费意愿，加大对自助设施的投入与维护力度，提高网上银行安全性能，加大对网上银行的宣传力度，使消费者充分享受到安全、快捷的自助服务；进一步提高营业网点的窗口服务水平，加大对普通消费者的服务力度，为消费者提供舒适的金融服务环境。

关于宣传问题，我们将要求各商业银行严格执行行业自律标准，在推广各种理财产品或信用卡业务的时候，首先应主动、客观地进行风险提示，杜绝刻意夸大宣传产品回报的营销方式。同时，我们还会广泛开展对消费者的金融知识的普及宣传。今后，我们还会进一步加强与消费者和社会各界的沟通，搭建一个与消费者和社会各界有效交流的平台，倾听消费者和社会各界的意见，不断改进银行服务。

服务是银行业的永恒主题，提升服务质量是一项需要长期坚持的工作。面对金融业日新月异的发展形势和社会日益增长的金融服务需求，中国银行业协会将组织各会员单位把提升服务质量作为一项长期目标，进一步改进服务。

（《金融时报》，2008 年 3 月 15 日，作者　戴磊）

四、经济特写

（一）经济特写的概念和分类

经济特写，在新闻报道中具有独特的作用，它是以描写为主要手段，抓住最重要、最新鲜、最生动、最活泼的经济事实，用电影特写镜头，给予“再现”、“放大”和形象化报道的新闻文体。随着我国经济和新闻事业的发展，该文体将越来越显示出其独特的作用和突出的地位。

经济特写主要包括人物特写和事件特写两种。所谓人物特写，是以报道经济战线上的典型人物为主要内容的特写；所谓事件特写，是以报告典型经济事件为主要内容的特写。

（二）经济特写的特点

经济特写除了具备新闻的共同特点之外，还有其独具的特色：一是凸现性；二是形象性。

1. 凸现性

经济特写，往往捕捉那些最典型、最新鲜、最生动、最活泼的经济事实，从一个局部、一个角度、一个侧面或一个光点，进行“放大”再现，使人对它有具体真切的了解和直观立体的感受。它不像经济新闻那样，只有筋骨而无血肉；也不像经济通讯那样，虽有具体事实或人物，而往往侧重全貌、全过程、全方位的描写。经济特写的主要特点在于横向切入，或者突出一点，给予“放大”再现。这种特写的凸现性极富表现力，是经济特写独有的本质特征。

2. 形象性

经济特写特别追求生动形象和具体可感性。它写事件讲究明察秋毫，鞭辟入里；写人物注重活灵活现，惟妙惟肖。总之，无论写人记事，都要力求做到绘声绘色，使人有一种如见其人、如闻其声、如临其境的感觉。

（三）经济特写的结构与格式

经济特写，一般由标题和正文组成。

标题。特写的标题同通讯相反，多为一行标题，力求精美、突出，紧紧抓住读者的心。

正文。正文由导语、主体和结语组成。

导语。导语往往从具体描写入手，或从人物起笔，或从场面开篇，导出部分经济事实，不要将最重要、最精彩的部分和盘托出。

主体。主体是经济特写的主干部分，它将最精彩、最重要的经济事实，从一个侧面，或一个角度，或一个亮点表现出来。

结语。结语为全文的收束，写法不一，或画龙点睛，或照应开头，或总结全篇，或展望未来，或以令人回味的语言收尾。

【本章小结】

经济新闻是新闻的一种，其报道内容十分广泛。随着社会主义市场经济体制的建立和完善，经济新闻在宣传国家经济政策，报道国民经济发展状况，传播经济信息，沟通经济关系等方面，起着越来越大的作用。经济新闻既具有一般新闻的特点，又具有其独特的“经济”特色。基于这一点，本章在内容编排上以新闻写作知识为基础，并注入最新的经济新闻，系统地讲述了常见的四类经济新闻写作。我们在学习本章时，不但要学习新闻写作的基本理论，还要紧紧结合当前的经济形势，把经济新闻写作放在这个大环境中去学习，才能学到更新、更实际的写作知识。

【关键术语和概念】

经济新闻　导语　经济消息　经济通讯　经济专访　经济特写

【参考文献】

1. 陈才俊．现代经济写作．广州：华南理工大学出版社，2003.
2. 邓红．经济应用文写作．重庆：重庆大学出版社，2002.

【思考与练习】

一、填空题

1. 经济新闻的特点有____________、____________、____________和____________。

2. 根据经济新闻的形式分，经济新闻可分为____________、____________、____________、____________和____________五类。

3. 经济新闻的结构一般由____________、____________、

____________、____________和____________五部分组成。

4. 新闻的标题常见的有三种：____________标题；____________标题；____________标题。

二、问答题

1. 什么叫导语？

2. 导语的常用写法有哪些？

3. 新闻的背景材料常见的有哪三种？

4. 撰写经济新闻，主要应该注意什么？

三、综合分析题

根据下面的内容，给新闻加上标题。

1.

记者刁少颖、通讯员陈红报道 昨从武汉市外经贸局获悉，今年1月至11月，武汉地区累计实现进出口总额38.04亿美元，同比增长32.8%。有关人士预计，全年进出口总额将突破40亿美元，比去年净增10亿美元。

据统计，今年1月至11月，全市累计实现出口16.71亿美元，提前1个月达到全年出口目标。其中11个月出口达2.24亿美元，创下单月出口历史最高纪录。武汉市属企业出口在前11月累计达13.12亿美元，同比增长37%；预计全年出口突破14亿美元，比2002年翻一番。

市外经贸局有关人士介绍，今年出口走高，自营企业功不可没。全年该市自营出口企业出口累计达6亿美元，同比增长79.1%。其中，武钢前11个月就出口2.2亿美元。

资料显示，2000年以来，武汉进出口贸易高速增长。2001年，该市进出口总额突破20亿美元，达到21.56亿美元。2003年，进出口再突破30亿美元，达到31.36亿美元。

2.

据《广州日报》报道，近日，中国建设银行在广州推出了首部汽车ATM机。不同于银行传统的取款机，其操作界面较低，车主不用下车，将手伸出车窗就可办理取款、转账、查询等业务，大大节省了时间。

这部汽车ATM机位于广州番禺区105国道丽江花园入口处，是通往广州南面各商贸、旅游景点的咽喉要道，又是楼市板块的中心地带，周边的住户以高素质的白领阶层为主。这部分人群消费观念时尚前卫，出行方式多以汽车代步。根据市民对这一新生事物的接受程度，中国建设银行将逐步在广东全省范围内安装更多的汽车 ATM 机，方便民众。

3.

为了确保价格总体稳定，国家有关部门近日约谈饮料、奶业、糖业、酒业等 17 家行业协会。

《每日经济新闻》记者获悉，据一家被约谈的大型食用油企业透露，已经被要求“暂缓涨价两个月”。

3 月底以来，食用油现货市场价格逐步走高。中华油脂网相关统计显示，截至 4 月上旬，国产一级豆油现货价格涨至 10 350 元/吨，较年初上涨 1 350 元/吨，涨幅达 15%；国内一级花生油出厂价涨至 22 000 元/吨，较年初上涨 2 000 元/吨，涨幅 10%。

事实上，今年一季度，国际大豆价格持续走高，进口大豆到港完税成本逐步上涨，国内油脂加工企业和贸易商纷纷继续看好油脂后市行情，挺价心理较强。

上周五有报道称，生产金龙鱼等小包装食用油的益海嘉里已被要求暂缓涨价，这一措施还将影响到其他食用油同行。而早在去年 11 月，相关企业被要求在今年 3 月前不要涨价。

上周，国内小包装食用油两大品牌金龙鱼、福临门旗下的花生油和菜籽油系列产品将于 3 月底相继调价，调价幅度为 8% 左右。

近期的食用油涨价风，已经引起了国家有关部门的注意。国家发改委日前表示，已经约谈了相关企业，争取能够把价格控制在一个平稳合理的区间。

昨日，一家被约谈的大型食用油企业联系人告诉媒体，暂缓涨价的有效期为两个月。他说，事实上从去年 11 月开始，国内的食用油价格已经出现了倒挂，“这对我们造成了较大的成本压力，不过我们将配合要求暂缓涨价，以体现企业的社会责任”。

四、写作题

根据下面的材料，写一则新闻。

为实现 2007 年郊区外向型经济工作目标，今年要重点实现 7 个方面的突破：探索建立滨海新区带动郊区对外开放共同发展的新机制，实现郊区对外开放借势发展思路上的突破；整合土地资源，实现招商引资载体建设规模和水平的突破；突出重点，实现招商引资数量和质量的突破；以外派劳务为重点，力争实现企业“走出去”开放战略的突破；加强协调服务，实现服务外向型经济发展的突破；寓管理于服务中，实现外资、外贸、外经和外事管理上的突破；整合政策资源，强化郊区对外向型经济发展的扶持力度。据介绍，目前已有40家世界500强企业在某市郊投资了87个项目，投资总额达30亿美元。2007年郊区外向型经济工作主要目标是：实际利用外资完成13.9亿美元，比上年增长18%；实际利用内资486亿元，比上年增长18%；外贸出口完成84.8亿美元，同比增长15%。记者日前从本市召开的郊区对外开放工作会议上了解到，2006年本市郊区新批外资企业436家，实际利用外资11.8亿美元，同比增长24.5%。

第八章　经济合同

【本章学习要点】

1. 经济合同的概念
2. 签订经济合同的步骤
3. 经济合同的结构及内容
4. 常用经济合同的写作

经济合同是现代社会经济发展和经济生活法制化的产物，特别是在我国市场经济快速发展的背景下，合同作为一种证明性、约束性文书，在社会经济生活中发挥着重要的作用。了解经济合同的内涵和写作方法是学习经济应用文写作的重要内容。

第一节　什么是经济合同

一、经济合同的概念

经济合同是合同的一种。根据《中华人民共和国合同法》规定，合同是指平等主体的自然人、法人、其他组织之间设立、变更、终止民事权利义务关系的协议。经济合同是指平等民事主体的法人、其他经济组织、个体工商户、农村承包经营户相互之间，为实现一定经济目的，明确相互权利义务关系而订立的合同。

经济合同是调整横向经济协作关系的重要法律形式，是管理经济的有效手段。推行经济合同制度，有利于加强国民经济的计划化；有利于社会主义企业向专业化和联合化方向发展；有利于促进企业的经济核算，提高经济效益；有利于国家对企业的监督管理，加强经济领域中的社会主义法制建设；有利于发展对外贸易，合理引进和充分利用外资。

根据经济合同法的有关规定，签订经济合同，必须遵循以下几个原则：第一，签订经济合同必须是合法的法律行为；第二，签订经济合同的当事人必须是法人；第三，签订经济合同的当事人必须贯彻平等互利、协商一致、等价有偿的原则；第四，签订合同必须以书面形式。此外，还要履行鉴证或公证程序。

二、经济合同的分类

经济合同种类繁多，可以从不同的角度进行划分。

按业务性质划分，有购销（包括供应、采购、购销结合、协作、调剂等）、建设工程承包、加工承揽、货物运输、供用电、仓储保管、财产租赁、借贷、财产保险、科技协作等合同。这是经济合同法中的划分法，它基本上概括了我国目前所推行的各种常用的经济合同。

按有限期限划分，有长期合同（有效期限在一年以上）和短期合同（有效期限不足一年）。

按经济合同与国家计划的关系划分，有指令性计划的经济合同、指导性计划的经济合同和非计划性经济合同。

按合同的标的划分，有转移财产的经济合同和提供劳务的经济合同。

按合同当事人的国际关系划分，有国内经济合同和涉外经济合同。

三、签订经济合同的步骤

（一）签约前的准备

在签订合同前有很多需要准备的资料和材料，需要了解很多方面的信息。

1. 签订合同前需掌握的情况

首先应对对方的情况有所了解，在了解对方情况时，主要搞清以下情况：

（1）对方是否有签订合同的主体资格。

合同主体资格是合同生效的首要条件。我们说合同是平等主体之间的协议，这就要求合同双方必须有主体资格。主体资格就是合同当事人具有相应的民事权力能力和民事行为能力。《合同法》第二条明确规定：“本法所称合同是平等主体的人、法人、其他组织之间设立、变更、终止民事权利义务关系的协议。”这里界定的合同主体包括自然人、法人和其他组织三类。

自然人是原来的《经济合同法》中所没有的，自然人是指年满 18 周岁以上的公民，且具有完全的民事行为能力的人。法人，必须是按照我国的法律规定，进行过法人登记的单位。其他组织是指不具备法人资格的有一定经济能力的组织，这个组织必须是经工商行政机关审查登记，且发有营业执照的组织。只有符合以上条件的自然人、法人、其他组织才能有资格签订合同，否则，签订此合同可能因主体不合格而无效，故签订合同前应对相对人主体资格进行必要的调查了解。

（2）签订合同的代理人是否有代理资格。

签订合同的代理人，必须要有代理权，有代理资格，且必须在其代理权限内，不能越权。越权签订合同在没有被追任情况下，也会造成签订合同无效。

（3）应对对方的履约能力进行必要的调查了解。

包括几年来的经营状况、生产规模、生产销售情况、产品前景、设备新旧程度、债权债务、历年来履约情况、资金周转、社会信誉程度以及签订合同的目的等进行周密而必要的了解。签订合同只是实现当事人经济目的而进行的全部过程的一个阶段，为确保当事人经济利益的实现，减少合同履行过程中的风险，签约人必须慎重行事，认真了解对方当事人的能力和资信状况。

实际生活中因签约不谨慎而受欺诈的事屡见不鲜。例如，有的生产厂家根本就不具备生产高档皮箱的能力，听说客户有需求，就从市场上购回某种牌子的高档皮箱作为本厂生产的样品，向客户展示推销。这家客户未经调查了解，就轻率地与其签订了合同，结果这家客户既未收到订购的高档皮箱，连预付款也收不回来。因此，对另一方当事人的履约能力和资信情况一定要全面了解，慎重对待，必要时可以选择一些中介事务机构（如律师事务所、会计师事务所等），对对方当事人的相关情况出具意见书或审核意见，以最大限度降低签约风险。

2. 对自己情况的了解和掌握

（1）要了解本企业生产经营的种类、规格、技术标准，本企业的生产能力、日生产量等。

（2）本企业的库存情况、数量多少、质量高低、规模大小等。

（3）详尽了解本企业的对外签约情况包括已签约的产品外销量、原材料购进情况及使用情况、资金周转情况等。

3. 价格的走势及预测

签订合同特别是签订经济合同前，对价格的走势情况应该有较详尽的分析和预测，特别是合同期较长的、产品价格不太稳定的合同，更应该进行详尽的分析、预测。

4. 认真作好市场调查、分析、预测和可行性调查

社会经济中竞争激烈，市场风云变幻，当事人须整体考虑市场大趋势。在签订合同前要进行相关的市场调查、分析、预测及可行性调查，无论是作为债权人还是债务人，签约当事人都应当进行市场调查，分析相关有用的信息。了解自己提供的商品或者劳务，抑或自己所需要的商品或劳务，是供过于求，或是供不应求，或是供求平衡。此外，还应了解同样的商品或劳务还有谁经营，各经营者在品质、性能、价格、售后服务等方面各有什么特色，双方各自的实际履行能力等，并在此基础上考虑确定是否签订合同。

5. 合理选择、确定约人

在合同当事人为个人或法人时，可由本人亲自签订，也可由具体代理人跟委托人进行签约，在确定代理人时要从品质和能力两个方面来加以考察，品质上要求该代理人忠诚可靠，能力上要求其具备熟悉受委托的事务，对市场行情比较了解，具备较为娴熟的运用能力和技巧，同时需对委托人单位的生产经营过程和运行现场有所了解，能“有的放矢”，而非“无病呻吟”。另外应具备一定的法律素养，懂得相关的法律知识，例如应当熟悉《合同法》，了解有关法律法规及政策，知道什么样的合同是有效合同，什么样的合同是无效合同，明晰怎样约定合同条款对自己有利。实践证明，选择合理的代理人以正确、及时地完成委托事项，关系到委托人（被代理人）切身利益的实现程度。因此，签订合同的当事人应当审慎考虑，仔细加以选择，确定代理人。

6. 当事人应了解生产经营过程，熟悉内部履行合同的程序

正确地了解生产经营过程，会有利于增强签约人在谈判中的地位，而且也是签约应具备的基本条件。无论签约代表是单位法人代表或是业务人员，还是单位之外的代理人，均应了解该单位内部合同管理的有关规定，及时向有关职能部门通报合同约定条款，尤其是作为债务人的签约人，为加工合同承揽方的签约人，更是有必要着力做好此项工作，尽快将合同规定的任务列入单位内部计划，协调理顺好多种内部关系，确保合同的履行落到实处。

（二）合同形式的选定

新的《中华人民共和国合同法》第十条规定：“当事人订立合同，有书面形式、口头形式和其他形式。”这体现了我国合同法对合同形式的态度，从具体的生活中来看，合同双方当事人除即时清结外，一般应采用书面形式的就尽量采用书面形式。因为合同成立的目的是为履行，至于如何履行，是以文字作依据的。另外合同签订后，还要防止纠纷，纠纷出现有可能引起诉讼，而文字合同是诉讼的重要证据。

常见的书面合同，具有以下几种类型：

（1）合同确认书签字及双方当事人通过电报、电传、信件等方式签订合同，事后以书面形式加以确认的合同形式。

（2）表格合同，是指双方当事人同意的条件和内容，主要体现为一定表格上的记载，不能全面反映当事人权利义务的简易合同。

（3）保险单、车票等合同凭证。合同凭证是借以确认双方权利义务的一种载体，表明当事人之间已经存在着合同关系，它并不是合同本身。例如，旅客持有车票，则证明旅客与运输部门之间存在着旅客运送合同关系。

（三）合同条款的磋商和拟定

这是一个签约双方当事人对所欲达成的合同不断洽谈协商的过程，按照民间的通俗说法，即是“讨价还价”，对方提出某类商品或服务的一个价码，我方依照自身目标和利益，或作许可，或作反对，进而提出新的价码的行为。

合同磋商实际上是两个阶段，即要约和承诺的结合。所谓要约是特定的当事人作出的意思表示。就特定的要约而言，发出要约就是为了让他人承诺。所谓承诺是指受要约人在要约的有效期内向要约人作出的、同意要约的意思表示。

四、经济合同的写作

经济合同的书写形式有两种：一是条文式，二是表格式。除特殊外，一般用工商行政管理机关监制的合同纸。不论采用何种形式，合同的结构都应该包括以下四个部分：

（一）标题

合同的标题，应明确标出合同的性质，如购销合同、预购合同、供应合同等。

也可以将产（商）品类别和合同的履行期写入标题，如“哈密瓜预购合同”、“轻工产品供应合同”、“二〇××年第二季度订货合同”等。合同标题要明确，性质不能混淆。例如，将“供应合同”写成“加工合同”，将“购销合同”写成“修缮合同”，都是不妥的。

（二）订立合同的双方

在合同标题的右下方，写明合同双方当事人的名称（要使用全称），然后用括号分称甲方、乙方。例如：

××商场（甲方）

××工厂（乙方）

供方：____________________

需方：____________________

（三）正文

这是合同的主体。正文开始，先写订立合同的目的或根据，然后再逐条写明双方协议定妥的条款。这部分要注意条款完备、齐全，表述准确、具体。其主要条款为：

1. 标的

标的是经济合同中确定当事人权利和义务共同指向的对象，也就是经济法律关系的客体。标的可以是商品货物，也可以是劳务或工程项目，而借款合同的标的是货币。商品货物的标的包括商品的名称、规格、型号或代号、版号、商标等。任何合同都必须有标的，没有标的，双方的权利和义务就不能落实，合同就无法履行。

2. 数量和质量

经济合同的数量指的是标的数量，是确定经济合同特征的决定性因素之一。数量要使用通用的标准计量单位，而且要规定准确、具体。如购销合同，不仅应写明总的数量，还要写明按季、按月、按旬直至按日分批购销的数量。要写明计量方法和计量单位，写明交货数量的机动的正负尾差和合理磅差。

质量是合同标的产品或劳务的优劣程度，是确定经济合同特征的另一个决定性因素。质量有两个方面的要求，一方面是指产品的外观形态，如造型、结构、色泽、味觉等；另一方面是指产品的内在成分、物理和机械性能、生物的特征等。合同标的质量的技术要求标准，力求详细、具体、明确。一般情况下，有国家或部颁标准的，按国家或部颁标准签约；没有国家标准或部颁标准的，由双方协议定一个标准；有的质量一下子定不了的，可以拿样品，交货时凭样品交货，这些在合同中都要写清楚。样品必须在订立合同时由双方封存，以作为今后验收的依据。

国家标准化管理条例规定，产品质量标准分为国家标准、部颁标准和企业标准，每种标准都用代号表示。在签订合同时，要写明是哪级和哪年颁的标准。订合同时，表示质量的方法有：说明书和图纸；货样；用牌号、商标；产地名称；规定标的规格；检验。

3. 价金

价金是取得合同标的一方，向对方所支付的代价。价金以货币数量表示，是经济合同双方等价有偿交换的经济关系的标志。价金条款一般包括产品的价格组成、作价方法、作价标准、调价处理办法等。确定条款时，凡国家定了价格或作价办法的商品，应遵守国家的规定；国家没有规定价格的商品，双方可以议价商定。

4. 履行期限、地点和方式

（1）经济合同履行的期限，即合同议定的履行时间，是负有义务的双方按议定的时间履行合同的条款。它是确定合同是否按时履行或迟延履行的标准。

履行期限可以按季、按月，有条件的可按旬、按日。少数产品有连续供应关系的，可按生产周期。但不能把类似“年内交货”等含糊词句写进合同。交货日期的计算方法为：送货制以需方收货戳记为准；提货制以供方通知提货日期为准；代运制以发运产品时承运部门的戳记为准。

(2) 地点，指履行合同的具体地点。这是分清双方责任的依据之一。书写这一条款时，必须写明交（提）货、付款、验收或劳务的具体地点，要注意表述确切。

(3) 履行方式，指采用什么方法来实现合同所规定的当事人双方的义务。例如，运输合同中的运输方式，购销合同中的提货方式，借贷合同中的还贷方式等。

经济合同用货币履行义务时，除法律另有规定外，必须用人民币计算并通过银行转账结算。允许预付货款的商品，订立合同时，必须注意写清开户银行、账号以及结算日期、结算方式。要注明是先付款后交货，还是先交货后付款。

5. 违约责任

经济合同中规定这一条，是对不履行合同规定的义务的一方的制裁措施。它是督促当事人自觉履行合同的一种手段，是实现合同的一种担保形式。

合同中的违约责任是通过违约金反映的。违约金的数量，可依据法律规定，也可以由当事人双方依法商定，并要在合同中具体写明。

除上述主要条款外，产品的包装方法、要求，产品的验收方法，签约的时间、地点等也要在合同中写明。合同签订地是发生纠纷后确定管辖法院、仲裁机构的重要依据。

（四）结尾

结尾共有四项内容：一是注明合同附件；二是注明合同的有效期限；三是注明合同一式几份，交由谁保管；四是由订立合同的当事人签名盖章并写上签订的年月日。

五、经济合同的写作要求

合同一经签订，对双方都具有法律效力。因此，在拟写经济合同时，要求做到以下几点：

1. 合同的条款要齐全、完备

双方的权利、义务，以及其他条款应当力求完备、周详。下列 11 个方面的内容，要书写翔实：①产（商）品的名称、类型、规格；②产（商）品的数量和计量单位；③产（商）品的分等（级）价格；④产（商）品的质量要求；⑤产（商）品的交接方法、时间和地点；⑥产（商）品的运输方式及路线；⑦产（商）品的包装及其回收；⑧产（商）品的验收方法及其途中损耗；⑨结算方式、开户银行、账号及其代转、代收单位；⑩违约的责任划分；⑪双方协议的其他事项。

2. **合同的规定要具体**

合同是一项规定双方当事人权利义务的法律文件，是执行的依据，因此，合同条款的规定必须做到具体、明确、毫不含糊。如在购销合同中，产品是按日、按旬还是按月、按季交货，只计毛重还是净重，是自提、送货还是代运，按什么比例和标准检验，是否要封存货样对照，供货方负责日后维修时，其人员的旅费、工资等该谁负责等，都要在合同中具体地规定清楚。

3. **合同的措辞要准确、严密、简练**

合同中表述的语言必须明白无误，没有歧义。类似“大概”、“估计”、“尽量”之类的字眼在合同中一般不能使用，防止由于措辞含糊、语义不明而造成纠纷。应该做到合同书上没有一句不清楚的话，没有一句废话，没有一个错别字。专业术语要规范化，用语要前后一致。

4. **合同不得随意涂改**

经济合同一经签订，即可生效。任何一方不得随意改动。如需修改、补充或更正，必须经过双方协商，将协商一致的改动意见作为合同的附件，正式签署后才有效。

第二节　常用的经济合同写作

一、购销合同

（一）购销合同的概念

购销合同是指供方将产品或商品出售给需方，需方应接受产品或商品并按规定支付价款的协议。

购销合同是我国当前在生产流通领域里常用的一种经济合同形式，是市场经济活动中，实现商品的生产和交换，搞活经济的一种重要的法律手段。它具有双重性、有偿性和承诺性的特点。

购销合同的含义很广，根据《中华人民共和国合同法》所列，其种类主要有供应合同、采购合同、预购合同、购销结合合同、物资协作合同、调剂合同等。

（二）购销合同的格式和写作

购销合同一般应根据当事人双方协商的具体内容制定。根据《合同法》的规定和制作合同的具体实践情况，购销合同一般包括三个部分内容：

1. **首部**

首部包括标题和签订合同当事人名称两部分内容。

(1) 标题。如“购销合同”、“供应合同”等。

(2) 签订合同当事人名称。应写明签订合同的双方单位名称，并注明“甲方”(一般以付款单位为甲方)、“乙方”(一般以收款单位为乙方)，或注明“供方”、“需方”，或注明“买方”、“卖方”。

2. **正文**

这是经济合同的核心部分，一般由立约开头语、主要条款、附则、附件组成。

(1) 立约开头语。一般要写清双方订立合同的缘由和目的。例如：“为了×××××(目的)，经双方协商，签订本合同，共同遵守执行。”简单的写法是：“甲乙双方经协商，订立如下合同。”

(2) 主要条款。要具体写明双方的权利和义务，以便当事人履行，同时也利于主管部门和合同管理机关监督。一般情况下，购销合同必须具备下列条款：

第一，标的。即当事人权利义务共同指向的对象，也是合同双方当事人所要达到的目的。

第二，数量和质量。数量是衡量合同标的多少的尺度。质量是检验标的内在素质和外观形态优劣的标志。一般在这项内容中要注明检验的标准，有的还应明确规定产品的包装标准。

第三，价款和酬金。价款和酬金是一方当事人以货币方式支付对方的代价，在这一项中应明确支付代价的货币名称、单价、总价等。

第四，履行的期限、地点和方式。履行期限是当事人履行义务的时间界限，也是检验当事人是否履行或实施的标准。履行期限应规定明确、具体，不应当出现“三四季度”、“6月以后”、“尽快”、“及时”等不确切的时间概念。履行的地点和方式，即履行合同规定的义务和接受这种履行的地点和当事人以什么方式来履行义务。例如，交货地点是在甲方单位，还是乙方单位，或是在车站、码头等；是送货、自提，或是代办托运；是分期交货，还是一次性交货；采用何种方式结算等。

第五，违约责任。指当事人不履行或不适当履行合同义务时应承担的经济责任。这是一种经济制裁的手段。它对于维护合同的法律效力，督促当事人履行合同规定的义务，具有重要意义。违约责任的规定一般由违约条件和违约处置两部分构成，即违背规定达到什么程度，应承担多少经济责任。如有的违约条件定为交货推迟一天，供货方给付违约金多少等。

(3) 附则。附则是紧接“主要条款”的后文，它包括合同的有效期限、合同的份数、合同的补充办法等。

（4）附件。如“附：××××年××合同附表一份”。

3. 结论

购销合同的结尾，主要包括：①签订合同单位、法人代表、代理人签名盖章。②签订合同的日期和地点。

例文：

购销合同

订立合同双方：

供方：____________________

需方：____________________

供需双方本着平等互利、协商一致的原则，签订本合同，以资双方信守执行。

第一条　商品名称、种类、规格、单位、数量

品名	种类	规格	单位	数量	备注

第二条　商品质量标准

商品质量标准可选择下列第______项作标准：

1. 附商品样本，作为合同附件。

2. 商品质量，按照________________标准执行。（副品不得超过______%）。

3. 商品质量由双方议定。

第三条　商品单价及合同总金额

1. 商品定价，供需双方同意按__________定价执行。如因原料、材料、生产条件发生变化，需变动价格时，应经供需双方协商。否则，造成损失由违约方承担经济责任。

2. 单价和合同总金额：__________。

第四条　包装方式及包装品处理________________

（按照各种商品的不同，规定各种包装方式、包装材料及规格。包装品以随

货出售为原则；凡需退还对方的包装品，应按铁路规定，订明回空方法及时间，或另作规定。)

第五条　交货方式

1. 交货时间：________________。

2. 交货地点：________________。

3. 运输方式：________________。

第六条　验收方法________________

(按照交货地点与时间，根据不同商品种类，规定验收的处理方法。)

第七条　预付货款

(根据不同商品，决定是否预付货款及金额。)

第八条　付款日期及结算方式________________

第九条　运输及保险________________

(根据实际情况，需委托对方代办运输手续者，应于合同中订明。为保证货物途中的安全，代办运输单位应根据具体情况代为投保运输险。)

第十条　运输费用负担________________

第十一条　违约责任

1. 需方延付货款或付款后供方无货。使对方造成损失，应偿付对方此批货款总价______%的违约金。

2. 供方如提前或延期交货或交货不足数量者，供方应偿付需方此批货款总值______%的违约金。需方如不按交货期限收货或拒收合格商品，亦应按偿付供方此批货款总值______%的违约金。任意一方如提出增减合同数量，变动交货时间，应提前通知对方，征得同意，否则应承担经济责任。

3. 供方所发货品有不合规格、质量或霉烂等情况，需方有权拒绝付款（如已付款，应订明退款退货办法)，但必须先行办理收货手续，并代为保管和立即通知供方，因此所发生的一切费用损失，由供方负责，如经供方要求代为处理，应负责迅速处理，以免造成更大损失，其处理方法由双方协商决定。

4. 约定的违约金，视为违约的损失赔偿。双方没有约定违约金或者预先赔偿额的计算方法的，损失赔偿额应当相当于违约所造成的损失，包括合同履行后可以获得的利益，但不得超过违反合同一方订立合同时应当预见到的因违反合同可能造成的损失。

第十二条　当事人一方因不可抗力不能履行合同时，应当及时通知对方，并在合理期限内提供有关机构出具的证明，可以全部或部分免除该方当事人的责任。

第十三条　本合同在执行中发生纠纷，签订合同双方不能协商解决时，可向人民法院提出诉讼（或申请______仲裁机构仲裁的解决）。

第十四条　合同执行期间，如因故不能履行或需要修改，必须经双方同意，并互相换文或另订合同，方为有效。

需方：__________（盖章）
法定代表人：__________（盖章）
开户银行及账号：__________

供方：__________（盖章）
法定代表人：__________（盖章）
开户银行及账号：__________

__________年______月______日

二、建设工程承包合同

（一）建设工程承包合同的概念

建设工程承包合同是发包方（建设单位）和承包方（施工单位、勘察设计单位）为了完成商定的建设工程项目而确定相互权利义务的协议。建设工程分为勘察、设计、建筑和安装四个部分，故建设工程承包合同可以由发包方与勘察、设计、建筑、安装单位分别订立，也可以由发包方与一个总包单位签订总承包合同，总承包单位又与有关建筑专业部门订立分包合同，明确总包单位与分包单位间的权利与义务。

目前签订建设工程承包合同主要有两种方式：一种是双方直接协商签订；另一种是采取招、投标形式。通常大型工程项目采取招、投标形式，这种形式宜于鼓励竞争，防止垄断，有利于推动设计、施工部门在竞争中提高管理水平，有利于建设单位择优选能。建设工程承包合同按其性质，可分为建设工程勘察设计合同和建筑安装工程承包合同两大类。

（二）建设工程承包合同的格式与写作

一般情况下，建设工程承包合同多采用条款式写法，它由下列几部分构成：

1. 标题

应写明合同性质，如“建设工程承包合同”。

2. 订立合同单位

应写明签约当事人的全称，并用括号注明“发包方”和“承包方”。

3. 简要说明签约目的

如“为了保证××大楼建筑任务的顺利完成，保证工程质量，经发、承包双方商定，就施工中共同遵守的若干问题协议如下”。

4. **主要条款**

一般主要条款有如下十项：

(1) 施工名称和地点。

(2) 工程范围和内容。

(3) 工程造价（一般填写预算造价）。

(4) 开、竣工日期及中间交工工程的开、竣工日期。

(5) 设计文件及概算、预算和技术资料的提供日期。

(6) 材料和设备的供应及进场期限。

(7) 工程质量与保修期及保修条件。工程质量要写明达到何种标准，如省颁标准、部颁标准。

(8) 工程造价的支付、结算及交工验收办法。

(9) 双方相互协作事项。

(10) 违约责任。

5. **结尾**

应写明签约当事人的全称，并由法定代表人或代理人签名，加盖公章，最后写明签约的时间、地点。

例文：

建设工程承包项目

合同编号：

发包方：××市×××公司

承包方：××市第×建筑工程公司

签订合同日期：××××年×月×日

经发包方与承包方就建筑工程项目，协商同意签订本合同，共同信守。

一、工程名称：××市××××公司宿舍工程。

二、工程地点：××市××区××街××号。

三、工程面积：共计______平方米（包括土建工程、水暖工程、电气工程）。

四、承包内容：包工、包料、包定额。

五、建筑安装工程造价：共计人民币______元。

六、工程价款和费用的结算依据和付款办法：

1. 执行基本建设委员会颁发的“建设安装工程统一规定”中有关收费规定

及省、市有关规定。

2. 工程付款办法按中央和省市有关规定办理。

七、工程开工日期：__________年__________月__________日。

八、工程竣工日期：__________年__________月__________日。

九、工程质量：以施工图纸及说明书、国家颁发的施工验收规范和质量检验标准为依据。

十、材料供应：所有物资和材料均由承包方负责。

十一、工程技术资料供应：土建、水暖、电气施工图（包括说明书、设备概算）在开工前30天内由发包方交给承包方各10份。

十二、违约责任：

1. 发包方由于资金不足或其他原因延付工程价款时，每逾期一天，按应付款额________________‰计算违约金。

2. 承包方未按合同规定的时间竣工，每逾期一天，按未竣工工程造价________________%计算违约金。

3. 承包方除遇有1项原因外，不得顺延工程日期。如验收不合格，竣工日期应按最后验收合格的日期为准。

4. 工程竣工后保修期一年。采暖工程保修期为一个采暖期。在保修期内，属承包方施工责任造成的如屋内漏雨、暖气不热、管道漏水等，承包方负责免费维修。属发包方或设计责任造成的，由甲方自理。

十三、本合同附件：共××份。

十四、合同有效期：本合同经双方签订盖章后生效，至工程竣工办理交工验收和款项结清时为止。但保修一条除外。

十五、本合同正本两份，双方各执一份。副本15份，承包方7份，发包方7份，由发包方送建设银行一份。

发包方：__________（公章）　　　　承包方：__________（公章）

代表人：__________　　　　　　　　代表人：__________

________年____月____日

三、加工承揽合同

（一）加工承揽合同的概念和分类

加工承揽合同是社会经济生活中运用得较为广泛的一种合同形式，它与转移财产、提供劳务的合同不同，属于完成工作的经济合同。它指承揽方和定做方之间，为完成一定的工作任务而明确相互权利义务关系的协议。其中承揽方的义务是完成对方委托的工作，而定做方的义务是给付报酬。目前，由于我国许多机械产品还没有标准化，轻工产品门类也不十分齐全，不少产品还必须依靠加工合同和定做合同才能取得。通过签订加工、定做合同，可以促进生产的发展，保证生产建设和人民生活的需要。常见的加工承揽合同有下列四种：

1. 加工合同

加工合同是指定做方提供原材料或半成品，而由承揽方按要求的品种、规格、数量、质量等进行加工，按期完成并收取加工费的协议。

2. 定做合同

定做合同是指承揽方按期完成定做方要求生产的某种产品，定做方接受产品，并按规定付给价款的协议。它与加工合同的区别在于定做方不带料，由承揽方根据定做方提出的品种、规格、质量、数量等要求，自筹材料进行生产。

3. 修缮合同

修缮合同是指承揽方为修理单位进行房屋维修、生产工具和生活用具的修理而签订的协议。

4. 设计、复制、翻译合同

设计、复制、翻译合同是指承揽方为设计、复制、翻译完成一定工作的协议。承揽方非经同意，不得存留样品。

（二）加工承揽合同的主要内容和写作

在签订加工承揽合同时应注意下列问题：

首先，应注意到加工承揽是满足特殊需要的一种活动，订立合同时要特别注意质量要求和技术标准。国家为了技术标准管理上的需要，对标准规定了一定的代号和编号。在加工承揽合同中，除应明确技术标准代号、编号、标准名称外，还应该注意有关的图纸和技术资料相衔接，需要封存样品的，要由当事人双方的代表签封，并妥为保管。

其次，要特别注意价款和酬金。价款是用来偿付对方产品和项目的价金，包括其原、辅材料的价金。酬金是用来支付对方劳务或智力成果的价金。在加工承揽活动中，有以价款来偿付对方产品的，如定做；也有以酬金形式支付对方劳务的，如来料加工、修理等。由于价款和酬金不同，在违约金核定比例上也有不同规定。以价款来计算的违约金比率一般都低于酬金计算的比率，签订合同时应注意正确选定违约金计算基数。

再次，订立加工承揽合同应切实了解对方履行合同的能力，定做方应该明确提出加工物或项目的数量、质量及其他特殊要求，承揽方应如实提供设备能力、技术条件、工艺水平等情况。在实际经济往来中，许多当事人因为不了解对方的履约能力，盲目签约而造成一定的损失。

加工承揽合同的格式与一般合同相似，它的主要条款应包括下列几项内容：

（1）加工承揽的品名或项目。

（2）数量、质量、包装和加工方法。

（3）原材料的提供以及规格、数量、质量。

（4）价款或酬金。

（5）履行的期限、地点和方式。

（6）验收的标准和方法。

（7）结算方式、开户银行及账号。

（8）违约责任。

（9）双方约定的其他条款。

四、货物运输合同

（一）货物运输合同的概念和分类

货物运输合同属于提供经济劳务的经济合同。它是托运方和承运方之间为完成一定货物运输任务而明确相互权利和义务关系的协议。其中承运方的主要义务是把货物安全、准时地运到目的地，交付收货人；托运方的主要义务是把货物交给承运方，支付运杂费。

货物运输合同是建立和维护正常的运输秩序，保护当事人的合法权益，确保物资调拨计划和运输计划的实现，促进交通运输事业以及整个经济和社会发展的一项重要的具有法律效力的契约形式。

货物运输合同有两种形式，分别适用于不同的情况。第一种是先签订货物运输合同，在履行合同的过程中再分批填写货运单。这类合同适用于分期分批发运大宗货运关系的当事人。在这种货运关系中，托运方和承运方根据物资调拨计划、运输能力、运输计划和有关运输法规的规定，应将大宗货物的分期分批运输中的主要问题达成书面协议，签字盖章后，合同即告生效。第二种只填写货运单，不另签合同。零星货物运输多采用这种形式。在这种情况下，货运单不仅起着收据和物权凭证作用，同时还发挥着货物运输合同的法律效力。如果当事人双方发生货运争议，货运单就是解决争议的凭证。

（二）货物运输合同的格式和写作

货物运输合同因为使用运输工具的不同，其条款内容有很大的差别，现就铁路、公路、水运和航运四种合同的主要条款要求介绍如下。

1. 铁路运输公司的主要条款

（1）托运人、收货人及其详细地址。

（2）发站、到站及到站的主管铁路局。

（3）货物名称。

（4）货物包装、标志。

（5）件数和重量。

（6）承运日期。

（7）运到期限。

（8）运输费用。

（9）货车类型和车号。

（10）施封货车的施封号码。

（11）双方商定的其他事项。

2. 公路运输合同的主要条款

（1）货物的名称、性质、体积、数量及包装标准。

（2）货物起运和到达地点。

（3）运输质量及安全要求。

（4）货物装卸责任和方法。

（5）货物的交接手续。

（6）批量货物运输的起止日期。

（7）年、季、月度合同的运输计划和提送期限；运输计划的最大限量。

（8）运杂费计算标准及结算方式。

（9）违约责任。

（10）双方商定的其他条款。

3. 水路运输合同的主要条款

（1）货物名称。

（2）重量、件数，按体积计费的货物要说明体积。

（3）货物包装。

（4）运输标志。

（5）起运港和到达港名称，海、江、河联运或水陆联运应写明转换港。

（6）托运人、收货人及详细地址。

（7）运输费用及结算方式。

（8）双方商定的其他条款。

五、仓储保管合同

（一）仓储保管合同的概念与特点

仓储保管合同是存货方与保管方为保管货物，明确相互权利义务关系而签订的协议。仓储保管合同具有以下特点：

（1）仓储保管合同的保管方是从事仓储保管业务的法人，存货方是储存货物的法人。《仓储保管合同实施细则》第二十八条规定："经工商行政管理机关核准，依法仓储保管业务的个体、集体经营户同城乡个体、集体户之间以及依法从事仓储保管业务的法人与城乡个体、集体户之间签订的仓储保管合同均参照本细则执行。"根据这一条规定，依法批准从事仓储保管业务的个体户和合伙组织也是签订仓储保管合同的主体。

（2）仓储保管合同是不转移货物所有权的合同。

（3）仓储保管合同的标的是能够搬运移动的特定物或特定化的种类物。不能移动的建筑物、设备等不能成为仓储保管合同的标的物。

（4）仓储保管合同是有偿合同。

（二）仓储保管合同的格式和写作

仓储保管合同由于种类不同，其条款也不同。但一般仓储保管合同必须写明以下主要条款：

（1）货物的品名或品类。

（2）货物的数量、质量和包装。

（3）货物验收的内容、标准、方法和时间。

（4）货物保管条件和保管要求。

（5）货物进出库的手续、时间、地点及运输方式。

（6）货物损耗标准及损耗的处理。

（7）计费项目、标准和结算方式、银行、账号、时间。

（8）责任划分和违约的处理。

（9）合同的有效期限。

（10）变更合同或解除合同的期限。

仓储保管合同除以上必备条款外，如果当事人一方另有要求的条款，也要作为主要条款予以写明。其格式与一般合同相同。

六、财产租赁合同

（一）财产租赁合同的概念

财产租赁合同是双务、有偿合同，也是诺成性合同。它是指一方把财产交给他方使用，他方于一定期限内归还原物，并支付租金的协议。出租财产一方叫出租人，租用财产一方叫承租人。出租人交付出租财产，并不丧失其所有权，承租人所取得的，只是占有权和使用权。它是商品生产和商品交换的一种常见的流转形式。它对于活跃商品经济，满足各经济组织的需要，调剂余缺，厉行节约，都有重要作用。特别是发展现代意义的财产租赁业务，对于加速财产流转，减少固定资产投资，加快企业设备更新换代，都具有积极的作用。

（二）财产租赁合同的分类和写作

财产租赁合同主要包括服务租赁、融资租赁、房屋租赁和经营租赁等。根据类别的不同，其主要内容与条款的差别也很大，现举例如下。

1. 财产租赁合同

财产租赁合同一般包括以下主要条款：

（1）租赁财产的名称、数量和质量。

（2）租金和租金支付期限。

（3）承租方租赁财产的用途及租赁期限。

（4）租赁期间财产维修保养的责任。

（5）违反财产租赁合同的责任。

2. 经营租赁合同

经营租赁合同一般包括以下主要条款：

（1）合同当事人的名称或单位名称。

（2）租赁经营的分公司或门店、柜台的固定资产的数量及金额，占用固定资产应交纳的资金占用费额。占用国家流动资金的使用费。

（3）租赁者应缴纳的实际利润的比例。

（4）租赁分公司或门店、柜组的使用地点和财产的设置。

（5）租赁期限及租赁时间的起讫日、时。

（6）合同当事人的权利和义务。

（7）租金总额、租金的支付方式和支付时间。

（8）违约责任。

（9）双方协商同意的其他条款。

例文：

财产租赁合同

出租单位：____________________（以下简称出租方）

承租单位：____________________（以下简称承租方）

为了明确出租方与承租方的权利义务，经双方充分协商，特订本合同，以便共同遵守。

一、租赁财产及附件的名称、数量、质量与用途

二、租赁期限

租赁期共__________年零______月，出租方从__________年______月______日起将______（出租财产）交付乙方使用，至__________年______月______日收回。

三、租金数额、付款办法及交纳期限

根据国家规定的______（租赁财产）的租金标准（无统一规定的，由双方当事人商定），承租方每月（年）应向出租方交付租金______元，交纳租金的时间为每月（年）的最末一日（或双方商定的其他时间）一次交付。

四、租赁财产的维修保养租赁期间，（租赁财产）的维修与保养由__________方负责，一切维修保养费用均由__________方承担。

五、出租方与承租方的变更

在（租赁财产）出租期间，出租方如将所有权转移给第三方，应迅速告知承租方所有权转移的情况。所有权取得方即成为本合同的当然出租方，享有原出租方享有的权利，承担原出租方承担的义务。

六、出租方的违约责任

1. 出租方如未按合同规定的时间提供__________（出租财产），应按延迟时间内承租方本应交付租金的______%计算，向承租方偿付违约金。

2. 出租方如未按本合同规定的质量向承租方提供__________（出租财产），应负责赔偿由此而给承租方造成的损失。

3. 出租方如未按本合同规定提供有关设备、附件等，致使承租方不能如期正常使用__________（租用财产）的除按本合同规定如数补齐所欠设备、附件，顺延租期外，还应向承租方偿付该期间内应交租金______%的违约金。

七、承租方的违约责任

1. 承租方在租赁期内由于保管或维修保养不当，造成__________（租用财产）损坏、灭失的，应负责修复或赔偿。

2. 承租方如未经出租方同意擅自将租赁财产转租或进行非法活动，出租方有权解除合同，收回__________（出租财产）。

3. 承租方如不按合同规定的时间和数量交付租金，除应向出租方按银行迟延付款的规定偿付违约金外，出租方有权收回__________（出租财产）；承租方如逾期不交还__________（租用财产），除应向出租方补交租金外，还应偿付租金______%的违约金。

4. 承租方如擅自拆改所租设备、机具等财产，应向出租方偿付所拆改物价值______%的违约金，并应赔偿出租方因此所受的损失。

八、不可抗力

如遇不可抗力而造成__________（租赁财产）的损坏或灭失，并经有关部门鉴定属实，承租方不负修复或赔偿的责任，但应及时向出租方说明情况。

在本合同规定的租赁期届满前______日内，双方如愿意延长租赁期，应重新签订合同。

双方协商，作出补充规定，补充规定与本合同具有同等效力。

本合同正本一式______份，送______等单位各留存一份。

出租方：（签章）	承租方：（签章）
地址：	地址：
代表人：	代表人：
联系人：	联系人：
电话：	电话：
开户银行：	开户银行：
账号：	账号：

__________年__________月__________日

七、借款合同

（一）借款合同的概念

《中华人民共和国合同法》中规定的借款合同，是指中国人民银行及各专业银行和其他合法的金融机构，根据国家的信贷计划和信贷政策，向企业单位、个体经营户及个人等发放贷款的业务活动。我们这里讲的借款合同也只限于上述双方为借用一定数额的货币而签订的协议。在签订合同之前，应先由借款方向银行提出申请，说明借款原因、借款金额、用途和归还日期。银行审查后，在批准的贷款指标以内和借款方签订合同。

（二）借款合同的分类和写作

根据借款单位的经济性质和借款用途的不同，贷款分为商业贷款合同、工业贷款合同、农民贷款合同、农村贷款合同、基本建设贷款合同、外汇贷款合同及其他特殊贷款合同。

1. 商业贷款合同

商业贷款合同分为三种：①商品流转贷款合同；②农产品预购定金贷款合同；③大修理贷款合同。

2. 工业贷款合同

工业贷款合同分为五种：①超定额贷款合同；②结算贷款合同；③大修理贷款合同；④物资供销贷款合同；⑤中短期设备贷款合同。

3. 国有农业企业贷款合同

国有农业企业贷款合同分为四种：①超定额贷款合同；②临时贷款合同；③结算贷款合同；④设备贷款合同。

4. 农村贷款合同

农村贷款合同分为四种：①农业生产费用贷款合同；②农业生产设备贷款合同；③乡镇企业贷款合同；④农户个人贷款合同。

5. 基本建设贷款合同

基本建设贷款合同的贷款方是中国建设银行。此项贷款用作纳入国家基本建设计划的基本建设项目所需的费用。

借款合同的订立应包括以下主要内容：①借款种类；②借款用途；③借款金额；④贷款利率；⑤还款期限；⑥还款资金来源及还款方式；⑦保证条款；⑧违约责任；⑨当事人商定的其他事项。

例文：

中国建设银行借款合同

立合同单位：____________________（简称借款方）

____________________（简称贷款方）

根据国家规定，借款方为进行基本建设所需贷款，经贷款方审查同意发放。为明确双方责任，恪守信用，特签订本合同，共同遵守。

第一条　借款方向贷款方借款人民币（大写）________________元，用于

________。预计用款为：________年________元；________年________元；________年________元；________年________元；________年________元；________年________元。

第二条　自支用贷款之日起，按实际支用数计算利息，并计算复利。在合同规定的借款期内，年息为________%。借款方如果不按期归还贷款，逾期部分加收利息________%。

第三条　借款方保证从________年________月起至________年________月止，用国家规定的还贷资金偿还全部贷款。预定为：________年________元；________年________元；________年________元；________年________元。逾期不还的，贷款方有权限期追回贷款，或者商请借款单位的其他开户银行代为扣款清偿。

第四条　贷款方有权检查、监督贷款的使用情况，了解借款方的经营管理、计划执行、财务活动和物资库存等情况，借款方应提供有关的统计、会计报表及资料。

第五条　贷款方保证按照本合同的规定供应资金。因贷款方责任，未按期提供贷款，应按延期天数，以违约数额的________%付给借款方违约金。

第六条　借款方应按合同规定使用贷款。否则，贷款方有权收回部分或全部贷款，对违约使用的部分按原定利率加收罚息________%。

第七条　本合同经过双方签字、盖章后生效，贷款本息全部清偿后失效。

________年____月____日

八、保险合同

（一）保险合同的概念和分类

保险合同亦称保险契约，是投保人与保险人依法建立危险损失补偿关系，确立双方权利义务的书面意思表示。具体地说，就是保险合同的一方当事人（投保人）以交付保险费为基本义务，以获得另一方当事人（保险人）因约定的保险事故发生所造成保险标的损失的赔偿，或以获得人身保险金给付为基本权利而订立的契约。

保险合同是一种经济合同。保险合同关系除了受专门的保险法律、法规的调整外，同时也要受有关经济法的调整。保险合同与一般经济合同有许多相同之处：它必须是当事人意思表示一致的反映，当事人任何一方不得把自己的意志强加给他方，其他人也不得非法干预当事人的意思表示；依法成立的保险合同受法律保护，任何一方不履行合同约定的义务，他方有权向合同仲裁机关申请仲裁或向人民法院提起诉讼，使自己的合法权益得到法律的保护。另外，保险合同还是双务合同、要式合同、有偿合同，这些性质与一般经济合同也是相同的。

按保险标的不同，保险合同可以分为财产保险合同和人身保险合同两大类。在这两大类保险合同中，又可从不同角度进行多种分类。现将它们分述如下：

（1）按承保的危险是否特定可分为特定危险保险合同和一切危险保险合同。

（2）按保险标的不同估价可分为定值保险合同、不定值保险合同和重置保险合同。

（3）按赔偿金额确定与否分为定额保险合同和补偿保险合同。

（4）按保险标的特定性可分为特定性保险合同、总括性保险合同和流动性保险合同。

（5）按对同一保险标的承保合同个数不同可分为单保险合同和复保险合同。

（6）按订立合同的渊源可分为原保险合同和再保险合同。

（二）保险合同的订立、形式和主要内容

订立保险合同是投保人与保险人建立保险权利义务关系的法律行为的书面意思表示。在订立保险合同时，当事人双方应当对保险合同的有关文件、材料——保险条款、投保单、暂保单、保险单、保险凭证、批单等进行详尽的协商讨论，以便对各种问题取得共同的认识。保险合同主要应包括下面一些主要条件、材料：

（1）保险条款，是保险合同的最重要的文件材料。投保人在签订保险合同时，首先应当熟悉有关保险条款的内容，了解自己的权利、义务。保险条款一般都在保险单正本的背面印出。

（2）投保单，是投保人向保险人申请订立保险合同的书面意思表示形式。投保单有时也被称作投保申请书。

（3）暂保单，是一种临时性的保险合同。正式的保险合同成立后，暂保合同自然失去效力。建立暂保合同关系不是订立保险合同的必经程序，内容比正式的保险单简单，一般仅对主要保险事项作出概括约定。保险合同双方当事人的具体权利、义务等都必须以正式的保险单的记载为准。

（4）保险单，是保险合同文本，是正式的保险合同。保险单应当是完整明确记载保险合同当事人双方权利、义务的文书，是保险合同的主件。

（5）保险凭证，是证明保险合同存在的一种将保险合同主要内容简单化、小型化的表现形式，被认为是简化保险单。保险凭证易于携带，便于在办理一般查验、过关手续时使用，这时，它与保险单有同等的效力。但是，在处理保险纠纷时，凡在保险凭证上没有载明的事项，均应以该项保险的保险单或同险种的保险单上所载内容为准。

保险合同除了具有一般经济合同的内容要素外，它还有独具的要件条款：①保险标的；②保险责任；③除外责任；④保险金额；⑤保险费和保险费率；⑥保险期限；⑦被保险人的义务；⑧保险赔偿。

例文：

企业财产保险合同

合同编号：____________

保险人：____________

法定住址：____________

法定代表人：____________

职务：____________

委托代理人：____________

身份证号码：____________

通信地址：____________

邮政编码：____________

联系人：____________

电话：____________

传真：____________

账号：____________

电子信箱：____________

被保险人：____________

法定住址：____________

法定代表人：____________

职务：____________

委托代理人：____________

身份证号码：____________

通信地址：____________

邮政编码：____________
联系人：____________
电话：____________
传真：____________
账号：____________
电子信箱：____________

保险财产范围

第一条　下列财产可以在保险财产范围以内：

1. 属于被保险人所有或与他人共有而由被保险人负责的财产；

2. 由被保险人经营管理或替他人保管的财产；

3. 具有其他法律上承认的与被保险人有经济利害关系的财产。

第二条　下列财产非经被保险人与本公司特别约定，并且在保险单上载明，不在保险财产范围以内：

1. 金银、珠宝、玉器、首饰、古玩、古书、古画、邮票、艺术品、稀有金属和其他珍贵财物；

2. 牲畜、禽类和其他饲养动物；

3. 堤堰、水闸、铁路、道路、涵洞、桥梁、码头；

4. 矿井、矿坑内的设备和物资。

第三条　下列财产不在保险财产范围以内：

1. 土地、矿藏、矿井、矿坑、森林、水产资源以及未经收割或收割后尚未入库的农作物；

2. 货币、票证、有价证券、文件、账册、图表、技术资料以及无法鉴定价值的财产；

3. 违法建筑、危险建筑、非法占用的财产；

4. 在运输过程中的物资。

保险责任

第四条　由于下列原因造成保险财产损失，本公司负赔偿责任：

1. 火灾、爆炸；

2. 雷击、暴风、龙卷风、暴雨、洪水、破坏性地震、地面突然塌陷、崖崩、突发性滑坡、雪灾、雹灾、冰凌、泥石流；

3. 空中运行物体坠落。

第五条　保险财产的下列损失本公司也负责赔偿：

1. 被保险人自有的供电、供水、供气设备因第四条所列灾害或事故遭受损害，引起停电、停水、停气以致直接造成保险财产的损失；

2. 在发生第四条所列灾害或事故时，为了抢救财产或防止灾害蔓延，采取合理的、必要的措施而造成保险财产的损失。

第六条　发生保险事故时，为了减少保险财产损失，被保险人对保险财产采取施救、保护、整理措施而支出的合理费用，由本公司负责赔偿。

除外责任

第七条　由于下列原因造成保险财产的损失，本公司不负责赔偿：

1. 战争、军事行动或暴乱；

2. 核子辐射或污染；

3. 被保险人的故意行为。

第八条　本公司对下列损失也不负责赔偿：

1. 保险财产遭受第四条各款所列灾害或事故引起停工、停业的损失以及各种间接损失；

2. 保险财产本身缺陷，保管不善导致的损坏；保险财产的变质、霉烂、受潮、虫咬、自然磨损以及损耗；

3. 堆放在露天或罩棚下的保险财产以及罩棚，由于暴风、暴雨造成的损失；

4. 其他不属于保险责任范围内的损失和费用。

第九条　固定资产可以按账面原值投保，也可由被保险人与本公司协商按账面原值加成数投保，也可以按重置重建价值投保。上述保险财产发生保险责任范围内的损失，按以下方式计算赔偿金额：

1. 全部损失

按保险金额赔偿，如果受损财产的保险金额高于重置重建价值时，其赔偿金额以不超过重置重建价值为限。

2. 部分损失

(1) 按账面原值投保的财产，如果受损财产的保险金额低于重置重建价值，应根据保险金额按财产损失程度或修复费用与重置重建价值的比例计算赔偿金额；如果受损保险财产的保险金额相当于或高于重置重建价值，按实际损失计算赔偿金额。

(2) 按账面原值加成数或按重置重建价值投保的财产，按实际损失计算赔偿金额。

3. 以上固定资产赔款应根据明细账、卡分项计算，其中每项固定资产的最高赔偿金额分别不得超过其投保时确定的保险金额。

第十条　流动资产可以按最近12个月的平均账面余额投保，也可以按最近账面余额投保。上述保险财产发生保险责任范围内的损失，按以下方式计算赔偿金额：

1. 按最近12个月账面平均余额投保的财产发生全部损失，按出险当时的账面余额计算赔偿金额；发生部分损失，按实际损失计算赔偿金额。

以上流动资产选择部分科目投保的，其最高赔偿金额分别不得超过出险当时该项科目的账面余额。

2. 按最近账面余额投保的财产发生全部损失，按保险金额赔偿，如果受损财产的实际损失金额低于保险金额，以不超过实际损失为限；发生部分损失，在保险金额额度内按实际损失计算赔偿金额，如果受损财产的保险金额低于出险当时的账面余额时，应当按比例计算赔偿金额。

以上流动资产选择部分科目投保的，其最高赔偿金额分别不得超过其投保时约定的该项科目的保险金额。

第十一条 已经摊销或不列入账面的财产可以由被保险人与本公司协商按实际价值投保。该项保险财产发生保险责任范围内的损失，按以下方式计算赔偿金额：

1. 全部损失

按保险金额赔偿赔偿，如果受损财产的保险金额高于实际价值时，其赔偿金额以不超过实际损失金额为限。

2. 部分损失

按实际损失计算赔偿金额，但以不超过保险金额为限。

第十二条 被保险人因保险事故发生本条款第六条的费用支出时，本公司按以下方式计算赔偿金额：

1. 固定资产按账面原值加成数或按重置重建价值投保的，流动资产按最近12个月账面平均余额投保的，已经摊销或不列入账面的财产经被保险人与本公司协商按实际价值投保的，根据被保险人实际支出的费用计算赔偿金额。

2. 除按上列方式以外投保的财产，根据保险金额与重置重建价值或出险当时的账面余额的比例计算赔偿金额。

以上费用的最高赔偿金额，以不超过保险金额为限。

第十三条 保险财产遭受损失以后的残余部分，应当充分利用，协议作价折归被保险人，并且在赔款中扣除，必要时可由本公司处理。

第十四条 被保险人应当在签订保险合同之日起15天内按照保险费率规章的规定一次交清保险费。

第十五条 被保险人应当遵守国家有关部门制定的保护财产安全的各项，对安全检查中发现的各种灾害事故隐患，在接到防灾主管部门或本公司提出的整改通知书后，必须认真付诸实施。

第十六条 在保险合同有效期内，被保险人名称、保险财产占用性质、保险财产所在地址、保险财产增加危险程度等事项如有变更，被保险人应当及时书面向本公司申请办理批改手续。

第十七条　保险财产发生保险事故时，被保险人应当积极抢救，使损失减少至最低限度，并立即通知本公司勘查现场。

第十八条　被保险人如果不履行第十四条至第十七条规定的各项义务，本公司有权拒绝赔偿，或者从书面通知之日起终止保险合同。

第十九条　被保险人在向本公司申请赔偿时，应当提供保险财产损失清单，救护费用清单以及必要的账册、单据和有关部门的证明。本公司应当迅速审定核实。保险赔偿金额一经保险合同双方确认，本公司应当在10日内一次支付赔款。

第二十条　保险财产发生保险责任责任范围内的损失，应当由第三方负责赔偿的，被保险人应当向第三方索赔。如果被保险人向本公司提出赔偿请示，本公司可以按照本条款的有关规定，先予赔偿，但被保险人必须把向第三方追偿的权利转让给本公司，并协助本公司向第三方追偿。

第二十一条　保险财产遭受部分损失经本公司赔偿后，保险合同继续有效，但其保险金额应当相应减少，由本公司出具批单批注。

第二十二条　被保险人从通知本公司发生保险事故的当天起3个月内不向本公司提交本条款第十九条规定的各种必要单证，或者从本公司书面通知之日起1年内不领取应得的赔款，即作为自愿放弃权益。

第二十三条　被保险人向本公司提供的各种单证、证明必须真实、可靠，如有涂改账册、伪造单证、制造假案等欺骗行为，本公司有权拒绝赔偿或追回已付的保险赔款。

第二十四条　保险合同成立后，投保人可随时书面申请解除保险合同，保险人亦可提前十五天发出通知解除保险合同。对保险合同生效期间的保险费，前者保险人按__________计收，后者按__________计收。

第二十五条　通知

1. 根据本合同需要发出的全部通知以及双方的文件往来及与本合同有关的通知和要求等，必须用书面形式，可采用__________（书信、传真、电报、当面送交等）方式传递。以上方式无法送达的，方可采取公告送达的方式。

2. 各方通信地址如下：__________

3. 一方变更通知或通信地址，应自变更之日起__________日内，以书面形式通知对方；否则，由未通知方承担由此而引起的相应责任。

第二十六条　争议的处理

本合同在履行过程中发生的争议，由双方当事人协商解决，也可由有关部门调解；协商或调解不成的，按下列第__________种方式解决：

（1）提交____________仲裁委员会仲裁；

（2）依法向____________人民法院起诉。

第二十七条　本保险受到中华人民共和国的法律管辖。中华人民共和国的法院对本保险项下的争议有排他管辖权。

第二十八条　补充与附件

1. 本合同附件____________，名称____________。

2. 未尽事宜，可另签补充协议，补充协议具有同等法律效力。

第二十九条　其他

本合同正本一式____________份，双方各执____________份，具有同等法律效力；合同副本____________份，送____________留存一份。

第三十条　本合同自双方或双方法定代表人或其授权代表人签字并加盖公章之日起生效。有效期为____________年，自____________年____________月____________日至____________年____________月____________日。

保险人（盖章）：____________　　被保险人（盖章）：____________

法定代表人（签字）：____________　　法定代表人（签字）：____________

委托代理人（签字）：____________　　委托代理人（签字）：____________

签订地点：____________　　签订地点：____________

________年________月________日　　________年________月________日

（资料来源：第一范文网）

九、供用电合同

（一）供用电合同的概念和特点

供用电合同是供电方根据国家计划、用电方需要和电力可供量，保质保量地向用电方输送电力，用电方按电力统配部门下达的用电指标计划用电，并按用电量交纳电费的协议。

电作为一种特殊的物质，使供用合同具有鲜明的特点。

（1）电是无体物，它只能从不断的使用中表现出来，故供用电合同只能是一种连续的供给合同。

（2）由于电使用的同时就是电的消费，所以供用电合同不会发生其他转让财产合同的交货与退货问题。

（3）电是规格产品，供用电合同只能按照供电方提出的格式合同签订和履行。供用电合同是双务、有偿合同，故供用电合同亦可视为特殊的买卖合同。

（二）供用电合同的分类和主要内容

供用电合同在我国主要有两种。

1. 企业及其他生产经营供用电合同

企业及其他生产经营供用电合同是指公民、法人以生产经营为目的与供电人签订的合同。其中，工矿企业是电力的最大消费者，也是供电人保障的重点。工矿企业在建立时就已根据国家立项计划向电管企业提出用电申请，其内容包括根据生产规模确定的需用电量、最高电力负荷、生产班次、用电高峰时间、节电措施等。负责供电的电管企业在接到用电企业的申请后，根据国家计划及用电方的需要和电网的供电能力，编制供电方案，下达用电指标。然后，供用电双方根据该指标签订合同。合同的主要内容有受电地点、供电数量（包括高峰电量、低谷电量、保安电量）、供电质量（频率、电压的稳定率及可靠率）、用电时间、电费及支付方式等。工业用电合同一般为期1年，期满可以续订。

2. 生活消费供用电合同

生活消费供用电合同是指公民、法人以生活消费、办公等为目的与供电人签订的供用电合同。一般来说，生活供用电合同是一种不定期限的合同。在签订供用电合同时，应根据用户的需要和电网的供电能力，采用书面形式订立。供用电合同主要包括的条款有：①电力；②电量；③质量；④用电时间；⑤电价；⑥违约责任。

十、企业承包经营合同

（一）企业承包经营合同的概念与特点

企业承包经营合同，是企业完善承包经济责任制的法律形式，是发包方按照所有权与经营权分离、责权利相结合的原则，将企业的经营权采取适当方式承包给企业经营者自主经营，由承包方向发包方承包上缴利润等任务，而明确相互权利的协议。

企业承包经营合同具有如下特点：

1. 企业承包经营合同是一种合法行为

合同的订立必须遵守法律，合同一经成立即受法律保护。发包方和承包方按照合同约定，既享受权利又履行义务，任何一方不履行义务，都要承担法律责任。

2. 企业承包经营合同也是传统民法所称的契约

它是发包方和承包方在协商一致的基础上达成的协议。

3. 企业承包经营合同当事人双方的关系具有特殊性

企业承包经营合同的发包方和承包方，虽然具有行政上的隶属关系，但在签订企业承包经营合同时，双方的法律地位是平等的。

4. 企业承包经营合同的主体具有特殊性

企业承包经营合同的主体是企业的主管部门（全民企业的主管机关是人民政府指定的有关部门，集体企业的主管部门是开办它的部门）和企业。主体是特定的，一方是企业，另一方是企业的所有者或管理者。这一点，使企业承包合同在主体方面区别于其他合同。

5. 企业承包经营合同的客体具有特殊性

法律关系的客体也就是主体权利义务所指向的对象。企业承包经营合同的主体权利义务所指向的对象是企业财产。这里的财产，既包括厂房、设备等固定资产和原材料等流动资产，也包括企业信誉、产品商标、专利等无形资产。

6. 企业承包经营合同只转移企业财产的经营权，不转移其所有权

企业承包经营合同中，发包方让与的是企业财产的经营权，即占有、使用、收益和经营等一定的处分权，并不让与企业财产的所有权。

7. 企业承包经营合同是双务合同

企业承包合同中，发包方享有利润收取权，承包方享有企业财产经营权；发包方负有交付财产经营权的义务，承包方负有上缴利润、完成技术改造等义务。

（二）企业承包经营合同的主要内容

企业承包经营合同的主要内容，是合同中经双方当事人协商一致的，双方所享有的主要权利和承担的主要义务。具体有以下几个方面：

（1）承包形式。

（2）承包期限。

（3）上缴利润或减亏数额。

（4）产品质量及其他主要经济技术指标。

（5）技术改造任务。

（6）留利使用，贷款归还，承包前的债权债务处理。

（7）发包方的权利和义务。

（8）承包方的权利和义务。

（9）企业承包合同的违约责任。

（10）对企业经营者的奖罚。

（11）合同双方约定的其他事项。

【本章小结】

经济合同是合同的一种，它的签订必须是合法且平等的。经济合同的种类虽繁多，不同的合同写作内容也不尽相同，各有差异，但在内容上都由五大条款组成，这是经济合同的写作规律。所以，在学习中，应在掌握合同基本概念的基础上，去重点理解合同的内容（即合同的条款），并结合各种合同的写作特色进行学习。本章在内容的安排上是采取“理论＋例文”的样式，理论上主要阐述了合同的概念、特点、结构和写作，并对常用的十类合同分别进行分析，再配以例文，使经济合同的写作知识得到了全面的展开，学生学习起来会更容易、更清晰。

【关键术语和概念】

合同　经济合同　自然人　法人　要约　承诺　标的　价金

【参考文献】

1. 陈才俊．现代经济写作．广州：华南理工大学出版社，2003.

2. 邓红．经济应用文写作．重庆：重庆大学出版社，2002.

【思考与练习】

一、填空题

1. 经济合同的五个基本条款是：__________、__________、__________、__________、__________。

2. 标的是指__________。

3. __________和__________是标的的具体化。

4. 经济合同的结构由__________、__________、__________和__________四部分组成。

二、简答题

1. 什么是经济合同？

2. 签订经济合同的步骤有哪些？

3. 经济合同的书写形式有哪几种？

4. 经济合同的结构包括哪几部分？

5. 经济合同的主要条款有哪些？

三、综合分析题

1. 评改下面这份借款合同。

借款合同

贷款方：××市××工商银行

借款方：××市××房地产公司

保证方：××市××贸易公司

借款方为进行××生产（或经营活动），向贷款方申请借款，并聘请××市××贸易公司作为保证人，贷款方业已审查批准，经三方（或双方）协商，特订立本合同，以便共同遵守。

第一条　贷款种类（略）

第二条　借款用途（略）

第三条　借款金额

人民币叁佰万元整。

第四条　借款利率

借款利息为千分之三，利随本清，如遇国家调整利率，按新规定计算。

第五条　借款期限

借款时间共2年，自2009年5月15日起，至2011年5月15日止。

第六条　还款资金来源及还款方式

1. 还款资金来源：（略）

2. 还款方式：（略）

第七条　保证条款

1. 借款方用房产做抵押，到期不能归还贷款方的贷款，贷款方有权处理抵押品。借款方到期如数归还贷款的，抵押品由贷款方退还给借款方。

2. 借款方必须按照借款合同规定的用途使用借款，不得挪作他用和进行违法活动。

3. 借款方必须按合同规定的期限还本付息。

4. 需要有保证人担保时，保证人履行连带责任后，有向借款方追偿的权利，借款方有义务对保证人进行偿还。

5. 由于经营管理不善而关闭、破产，确实无法履行合同的，在处理财产时，除了按国家规定用于人员工资和必要的维护费用时，应优先偿还贷款。由于上级主管部门决定关、停、并、转或撤销工程建设等措施，或者由于不可抗力的意外事故致使合同无法履行时，经向贷款方申请，可以变更或解除合同，并免除承担违约责任。

第八条　其他

本合同如有未尽事宜，须经合同各方当事人共同协商，作出补充规定，补充规定与本合同具有同等效力。

本合同正本一式三份，贷款方、借款方、保证方各执一份；合同副本一式××，报送××等有关单位（如经公证或鉴证，应送公证或鉴证机关）各留存一份。

贷款方：××（公章）　借款方：××（公章）　保证方：××（公章）
代表人：××（盖章）　代表人：××（盖章）　代表人：××（盖章）
地址：××　地址：××　地址：××
银行账户：××　银行账户：××
电话号码：××　电话号码：××　电话号码：××

签约日期：200×年4月30日
签约地点：××××××

2. 根据经济合同的格式和内容，请整理、修改下面的合同。

××市房地产开发公司为建城西住宅区向中国人民建设银行××分行贷款5 000万元。预计分年用款为________________（略）。实际分年用款以国家批准的年度投资计划和上级行下达的信贷计划为准。保证从××××年×月×日起至××××年×月×日止，用国家规定的还款资金偿还全部贷款。分年分次还款计划为（略）。

根据国家有关规定及《中国人民建设银行贷款办法》，借款方为基本建设向贷款方申请贷款，经贷款方审查同意发放。贷款利息：按年息×%计算，按季计收并计算复利，借贷方如不能按合同规定的分年分次还款计划归还的部分作逾期处理，加收利息30%。在本合同有效期内，如国家利率变动，本合同贷款利率亦作相应调整。因国家调整计划、产品价格、税率，以及修正概算原因需要变更合同条款时，由双方签订变更合同的文件，作为本合同的组成部分。

归还贷款的来源按国家有关规定双方商定为，借款方对偿还贷款本息的抵押或第三方保证的方式提供担保、抵押（或保证）协议作为合同附件。贷款到期，借款方如不能按期偿还，由担保单位代为偿还，担保单位在接到贷款方还款通知三个月后仍未归还，贷款方可直接从借贷方或担保单位的各项投资或存款中扣收；以抵押方式提供担保的，可变卖抵押财产归还贷款。借款方如果不按合同规定使用贷款，贷款方有权收回部分贷款，并对违约使用部分按原定利率加息100%。

贷款方有权检查、监督贷款的使用情况，了解借款方的经营管理、计划执行、财务活动、物资库存等情况。借款方应提供有关统计、会计报表及资料。本合同自签订之日起有效，正本三份，三方各执一份，副本×份。

3. 下面这份合同存在哪些问题？应该如何修改才符合经济合同的写作要求？

交换办公用房合同

甲方：广州工业总公司

乙方：深圳市药业集团公司

甲乙双方为了便于在穗深两地联系业务，需交换办公用房作为各自的办事处。现本着友好合作的精神签订如下协议：

一、甲方在广州市隆兴路168号大楼中为乙方提供一单元住宅（三房一厅，实用面积不得小于80平方米）作为乙方驻穗的办事处用房。

二、乙方在深圳市为甲方提供同样的一单元住宅，规格同上，作为甲方驻深办事处用房。

三、双方分别负责为对方上述办事处供水、供电及安装电话，以确保日常业务活动的正常开展。

四、本合同有效期为五年，是否延期届时根据需要商定。

五、本合同自双方同时履约之日起生效。

六、未尽事宜，由双方另行商定。

甲方代表签字　　　　乙方代表签字

甲方公章　　　　乙方公章

年　月　日　　　　年　月　日

四、写作题

根据下述内容，写一份购销合同。

大丰果品商店的代表张三先生，于××××年×月×日与光明园艺厂的代表叶四小姐签订了一份合同。双方在协商中提到：大丰果品商店购买光明园艺场出产的水蜜桃8 000斤、鸭梨10 000斤和香蕉苹果15 000斤。要求每种水果在八成熟后采摘，一星期内分三批交货，由光明园艺场负责以柳条筐包装并及时运到大丰果品商店；其包装筐费和运输费均由大丰果品商店负担。各类水果的价格视质量好坏，按国家规定的当地收购牌价折算，货款在每批水果交货当日通过银行托付。如因突发的自然灾害不能如数交货，光明园艺场应及时通知大丰果品商店，并互相协商修订合同。在正常情况下，如果大丰果品商店拒绝收购光明园艺厂的水果，应处以拒收部分价款20%的违约金；如果光明园艺场交货量不足，应处以不足部分价款30%的违约金。这份合同一式四份，双方各执一份，各自送上级单位备案一份。

提示：

（1）购买各类水果的条款，可列表表示（见附表）。

（2）本合同各条款项目顺序为：产品名称、品种规格、数量；交货日期；质量要求；验收办法；交货方法、包装运输方式和费用负担；结算方式和期限；违约规定；其他约定事项。

附表

产品名称	品种规格	计量单位	数量	单价	总价	备注

第九章　礼仪文书

【本章学习要点】

1. **请柬、邀请信的写作**
2. **贺信、祝词的写作**
3. **讣告、唁电、悼词的写作**

礼仪是礼节和仪式的总称。我国是著名的礼仪之邦，人们的社会交往活动和思想感情的交流，许多都是通过一定的礼仪形式和一定的文化活动方式来进行的。礼仪文书就是人们在各种礼节中使用的文体。

第一节　礼仪文书概述

礼仪文书是指在礼仪活动中运用的各种应用文的总称。礼仪文书的种类很多，常用的是机关、团体和个人在节日和红白喜事中用的各种请柬、邀请信、贺信、贺词、祝词、题词、讣告、悼词、碑文、祭文、唁电和对联等。

要正确理解公关礼仪文书，必须了解公关礼仪的内涵。从现代管理理念来看，公共关系式商务组织必须合理利用传播工具。商务组织利用公关活动可以建立起与社会公众之间相互了解和依赖的良好关系，可以在社会公众中树立起良好的形象和声誉，可以取得理解、支持和合作，从而达到实现目标的良好效果。公关礼仪式商务组织公关人员和其他工作人员在公关活动中为了个人和组织的良好形象而遵守的各种礼仪规范或者程序，公关礼仪文书则是公关礼仪规范和程序执行中的重要一环。

礼仪文书，应当准确、适当地表达出礼仪上的要求，根据不同的时机和对象，力求写得恰如其分、恰到好处。有时候，还可根据具体情况写进一定的实质内容，以便使礼仪文书达到更好的效果。文书中涉及的时间、地点和其他有关资料，均应经过核对，做到翔实可靠。不应把礼仪文书仅仅视为“应景文章”，简单抄袭或套用现成的格式，以致成为“打官腔，不能用”的文书。

第二节　请柬与邀请信

一、请柬

请柬又叫请帖，是为邀请个人或集体参加某项活动（如出席重要会议、典礼等）所使用的一种礼仪性书信。它是一种友好前提下的具有通知性质的礼仪书信，体现了对应邀者的尊敬以及邀请者主办活动的隆重。

（一）请柬的种类

从发请柬单位来讲，有单位团体的，也有个人的。其中，单位团体的，如召开会议（庆祝会、招待会、展销会等）、举行典礼（开工、竣工、开业、毕业典礼等）和仪式（开幕式、闭幕式、剪彩仪式等）等；个人的，如过生日、结婚、祝寿、乔迁新居、孩子满月等。

从请柬的活动内容来讲，有邀请某人来庆贺的、前来指导的或出席某种集会（会议）的。

从请柬的外观来讲，有开合式的、有正反式的、其中外面（正面）印刷艺术装饰，里面（背面）书写文字内容。

从请柬的格式来讲，有书信式的，由邀请者拟写全文；有填写式的，由邀请者在印制好的请柬上填写。

凡属有喜庆、纪念意义的活动，一般都适宜发请柬。但气氛庄重、严肃的活动，如追悼会、宣判会等，则切忌用请柬通知。

（二）请柬的结构和写法

请柬的书写格式一般由封面和内文两部分组成。

（1）封面。装饰精美的请柬、邀请函（书），在封面印“请柬”、“邀请函（书）”字样。若需邮寄另加信封。

（2）内文。完整的内文，采用书信的格式，由称谓、正文、署名及日期构成。

（3）称谓。写清被邀者的称呼或姓名。

（4）正文。写清什么事、什么日期、什么地点、做什么；邀请对象的范围、人数。

（5）署名及日期。署明发出邀请的单位、部门或个人的名称，并注明发出邀请的年月日。

在具体写作时，需注意，外观上应讲究美观大方。一般用红色的、纸质较厚的纸印制，在封皮上除写明“请柬（请帖）”二字，还要作适当的图案装饰，因为请柬不仅传递信息，而且本身就是一种礼仪，这就要求它出现在被邀请者手中时，既是一种信息传递，又是一种美的享受，也是对被邀请者的尊敬，并表示活动的隆重。文字上，一是要求“达”，即要求用词达意，简单明了；二是要求“雅”，根据具体对象和内容，讲究措辞，做到文雅而通俗，热情而礼貌。如果被邀请者是长辈、领导或知名人士，注意措辞要恭敬；如果被邀请者是平辈或一般人士，措辞可较亲切随便些。

（三）写作请柬的注意事项

（1）请柬主要是表明对被邀请者的尊敬，同时也表明邀请者对此事的郑重态度，所以双方即便近在咫尺，也必须送请柬。凡属比较隆重的喜庆活动，邀请客人均以请柬为准，切忌随便口头招呼，以免顾此失彼。

（2）请柬是邀请宾客用的，所以在款式设计上，要注意其艺术性，一帧精美的请柬会使人感到快乐和亲切。

（3）选用市场上的各种专用请柬时，要根据实际需要选购合适的类别、色彩、图案。

（4）请柬要在合适的场合发送。一般来说，举行重大的活动，对方又是作为宾客参加，才发送请柬。

例文 1：

请　柬

××× 先生：

　　兹定于 12 月 11 日上午 8 时在本厂会议室召开新产品鉴定会，敬请光临指导。

××市农机制造厂

××××年×月×日

例文 2：

×××同学：

兹定于2000年3月6日上午9时到校医院看望病重的××老师。届时请准时到校医院指导。

××班委

××××年×月×日

评析：

本请柬有以下几个方面的问题：

（1）参加人不为客人，不用发请柬。

（2）到医院看病人非隆重喜庆之事，不可发请柬。

（3）看医问药治疗事宜乃医生之事，“请准时到医院指导”，措辞不妥，违背常理。

二、邀请信

邀请信是单位、团体或个人邀请单位团体（代表）或个人参加某种活动的书信。例如，邀请参加聚会、旅游等。邀请信可以加强社团之间或个人之间的联系和友谊，加深某种正面氛围，扩大某种正面影响。

（一）邀请信与请柬的异同

1. 相同点

两者都是用来邀请上级领导、有关单位、团体或个人参加活动的书面通知。可以直接散发，也可以间接传递；可以作为入场的券证，也可以作为报到的凭证。

2. 不同点

（1）邀请信的内容比请柬复杂。邀请信除了要写明被邀请的对象、活动内容、时间、地点、参加人员外，还要交代有关事项，如行车路线、携带钱物、食宿安排、要求做的事情等。从篇幅看，请柬较短一些，外观要求较高；邀请信较长，外观无特殊要求。

（2）邀请信要求被邀请者回告（填写并寄回回告单）；或者直接在邀请信上写上附言，请被邀请者回信，主要说明是否受邀、能否如期参加、能否办到邀请信上交代的事项，还有什么要求、意见等。因故不能受邀，则应写明原因，写上表示遗憾的礼貌性文字，语气要婉转，不可生硬拒绝。这些内容请柬是没有的。

（二）邀请信的写作格式

邀请信的写作格式和一般书信的格式一样，由称谓、正文、署名及日期构成。

例文1：

“××××中国国际通信设备技术展览会”邀请函

尊敬的用户：

您好！

“××××中国国际通信设备技术展览会”将于××××年×月×日至×日在北京中国国际展览中心隆重举行。

（举办会议的名称、地点、时间）

作为跨国性的世界领先的高科技公司——安捷伦科技也将在国际展览中心一号馆设置大型展位，将展出今年问世的先进的测试与测量仪器，这些仪器所涉及的应用领域包括无线通信测试、元器件测试、宽带通信测试以及通用电子测试等。主要展品包括高性能频谱分析仪（PSA）、矢量信号发生器（ESG－C）、多制式无线通信测试仪（8960）、矢量网络分析仪（PNA）、数字存储示波器、网络优化系统等三十多种测量仪器与测试系统。届时，将有安捷伦公司的应用工程师为您作现场演示，与您共同探讨仪表的性能、操作及使用方面的问题。为了进一步与广大的用户交流安捷伦公司近年来在无线通信领域的成果，我公司还参加了由展会组委会筹办的技术讲座专场，讲座的地点为：国际展览中心综合服务楼203室。讲座的时间为××××年×月×日下午1：00～4：00，讲座的内容如下：

1. 安捷伦公司CDMA基站生产测试及安装/维护测试解决方案
2. 安捷伦公司手机维修测试解决方案
3. 安捷伦公司无线网络运营解决方案和服务

由于讲座的席位有限，请您安排好时间并提早到场。

（举办的各种活动）

衷心期望您能光临安捷伦的展台，展台号：1A401（一号馆A厅）（请参照背面的展览中心平面示意图和一号馆A厅的展台示意图）

（模式化用语）

有关此次活动的详细信息，也可致电（010）65645232或浏览安捷伦公司中文网站：http//61.135.136.86/

（咨询方式）

例文 2：

邀请函

××大学办公室：

贵校××同志上星期五曾给我们作了一次关于世界观、人生观、价值观的报告，受到了大家的热烈欢迎。下星期五（×月×日）我校准备召开一次由部分同学参加的研讨会，谈一谈他们听了××同志报告后的体会。诚望贵校再次派××同志来我校参加这次研讨会。如能同意，请尽早回函，我们会派车接送。

×××中学（公章）

××××年×月×日

第三节　贺信与祝词

一、贺信

贺信是表示庆贺的一种专用书信，它是由古代的祝词演变而来的。今天，贺信已成为领导机关、领导人、单位、团体或个人进行节日、纪念、喜庆的祝贺，或表彰、赞扬、庆贺某单位、某团体或某个人在某方面所作的贡献，或用以表示慰问的重要形式。重要的贺信佳作，会对广大人民群众起很大的教育和激励作用。

（一）贺信的种类

贺信一般有以下几类：一是上级单位对下级单位或所属职工的贺信；二是同级单位的贺信；三是下级单位、职工给领导机关的贺信；四是对重要领导人、科学家、艺术家、重要名人的寿辰贺信；五是给远方的亲朋好友的生日、结婚、迁居、出国等的贺信。

（二）贺信的格式和写法

1. 标题

一般由单位名称、事由和文体构成，也可以只写“贺信”二字。

2. 开头

顶格写接收贺信的单位名称或个人姓名。如果是写给个人的，一般姓名之后要加“同志”、“先生”等相应的称呼。

3. 正文

一是简述当前形势，指明对方取得成绩的社会背景，或重要会议召开的历史意义。二是概括对方取得哪些成绩，并分析取得成绩的主客观原因。如果祝贺重要会议的召开，应说明会议的内容及其重要性；如果是寿辰贺信，则说明对方的贡献和品德。三是表示热烈的祝贺、颂扬。四是热情的鼓励、殷切的希望和衷心的祝愿。

4. 结尾

结尾要写上祝愿的话。如“祝取得更大的胜利”、“祝您健康长寿”等。

5. 署名及日期

署明写贺信的组织的全称或有关个人的姓名，并注明年月日。

（三）贺信写作应注意的事项

（1）贺信要体现的是自己真诚的祝福，是加强彼此联系、增强双方交流的重要手段。所以贺信要写得感情饱满充沛。冷冰冰的陈述、评价是表达不出贺者心愿的。

（2）贺信内容要真实，评价成绩要恰如其分。表示决心要切实可行。不可空发议论，空喊口号。

（3）语言要求精练、简洁明快，不堆砌华丽辞藻。篇幅要短小精悍。

例文：

贺　信

××厂全体职工同志：

你们在党的十五大精神的指引下，艰苦奋斗，用高科技开发了新产品，保证了产品的质量，提前六十天完成了全年的生产任务。为此，局党委向你们表示热烈的祝贺！

希望你们认真总结经验，继续努力，不断取得新的成绩，为祖国的建设事业作出更大的贡献。

此致

敬礼

××局党委会（公章）

××××年×月×日

二、祝词

（一）祝词的概念

祝词是对人或对事表示祝愿、庆贺的言辞或文章。现代的祝词，有祝人的，一般祝其健康、长寿、前程远大等；也有祝事的，如祝某项事业顺利进行、胜利成功等。祝事的祝词，可分为会议祝词和活动祝词。会议祝词是对重要的或有意义的会议隆重召开表示祝贺；活动祝词是对某项活动的顺利进行表示祝贺，如祝寿、祝新婚和祝酒等。

（二）祝词的格式和写法

祝词的格式与一般的书信相同。

（三）祝词的分类

1. 从祝贺对象上看，祝词可以分为四类

（1）祝贺寿诞。祝贺寿诞的主要对象是老年人。在祝词中，既赞颂他已取得的辉煌成绩，又祝愿他幸福健康长寿。祝贺寿诞的对象也可以是新得子女的一对夫妻，贺其喜得子嗣，祝其夫妻生活更加甜美。祝贺寿诞的对象也可以是自己，称自寿。自寿往往抒发个人的感慨、抱负或自勉。例如：

仆仆风尘六十年，胸中豪气尚盘旋。千辛历尽心翻快，百体呈衰齿独坚。抗战不难行蜀道，宣传无懈说民权。法西斯未全消灭，岂敢停骖倦着鞭。（《熊瑾玎：六十自寿》）

（2）祝贺事业。事业成功的祝贺涉及范围极广。例如：会议开始时祝其圆满成功，会议结束时贺会议圆满结束；展览会剪彩时祝其取得较好的社会效益，展览会结束时贺其已取得了预期目的；某人考入大学时，贺其金榜题名，祝其鹏程万里、百尺竿头再进一步；其他如公司开业、银行开张、报刊创刊、社团纪念等均可贺其已取得的成就，祝其今后事业的顺利发达。

（3）祝贺婚嫁。指贺新婚，又祝新人婚姻今后和谐美满。

（4）祝贺酒宴。以酒助兴，酒只是人们交往中的一种媒介形式。酒宴上的祝词、贺词，其实是在向赴宴宾客表达的一种祝福和庆贺。

2. 从表达形式上看，祝词可分为两类

（1）现场即席致辞祝贺。一般来说，在较为随意轻松的场合可以即兴表示祝贺；但在公共事务场合下，为庄重严肃起见，应按事先拟好的祝词发言。

（2）信函电传祝贺。有时祝贺人无法到场祝贺，在这样的情况下，可以用书信的方式祝贺，也可以通过发电报、传真或发电子邮件来表示祝贺之意。

（四）祝词的写作要求

（1）语言要充满热情、喜悦、鼓励、希望、褒扬之意，以便使对方感到温暖和愉快，受到激励与鼓舞。

（2）祝词不应使用辩论、谴责、批评等词句和语气。

（3）颂扬与祝贺要恰如其分，过分的赞美之词会使对方感到不安，自己也难免会有谄媚之嫌。

（五）祝词写作应注意的事项

（1）祝词、贺词要求热情洋溢，充满喜庆，满怀诚意地表达自己的良好祝愿。

（2）多用褒扬、赞美、激励之词，但又千万不可滥用美辞，以免给人阿谀奉承之嫌。

（3）祝词、贺词文体上可以多种多样，只要可以写出特色，表达诚挚的祝愿即可。

例文：

父母给儿子的婚礼祝词

各位来宾、亲朋好友大家晚上好！

今天我怀着无比喜悦的心情，向出席我儿子和儿媳结婚庆典的各位来宾表示万分的感谢和最真诚的敬意。同时，我代表家人及所有来宾衷心地祝福这对新人甜蜜结合，献上我们最真诚的祝愿。

时间如梭，曾记得一个呱呱落地的孩子，在母亲的哺乳和细心抚育照料下，要经过多少艰辛的日子，此情此景时时在我们眼前回荡，而转眼，他即将踏上自己的人生旅途，开始走进自己新的生活。

我希望你们在以后的岁月里，要创造、培养、磨合、建设、维护你们的婚姻，要互敬互爱、互帮互助、尊敬长辈、事业有成。

我衷心地祝福你们新婚甜蜜、恩恩爱爱、白头偕老、早生贵子。

最后万分感谢各位来宾今晚的光临，并祝愿各位来宾阖家欢乐、万事如意！

谢谢大家！

（例文来源：http：//hunjia. shangdu. com/）

三、欢迎词

（一）什么是欢迎词

欢迎词是指行政机关、企事业单位、社会团体或个人在公共场合欢迎友好团体或个人来访问时致辞的讲话稿。

欢迎词从表达方式上分为现场讲演欢迎词（即在欢迎现场口头发表的欢迎稿）和发表于报刊上的欢迎词。

（二）欢迎词的写作格式

1. 标题

欢迎词的标题格式一般有两种：一是只以文种构成，如"欢迎词"；二是由活动内容和文种名称构成，如"在××学术会上的欢迎词"。

2. 称呼

顶格写明来宾姓名称呼。

3. 正文

欢迎词的正文一般分为开头、中段和结尾三部分。

（1）开头。说明现场举行的是何种仪式，发言者代表什么人向哪些来宾表示欢迎，如范文中的第一自然段。

（2）中段。要阐述和回顾宾主双方在共同的领域所持的共同立场、观点、目标、原则等，较具体地介绍来宾在各方面的成就及在某些方面作出的突出贡献，同时要指出来宾本次到访或光临对增加宾主友谊及合作交流所具有的现实意义和历史意义。

（3）结尾。在结尾处再次向来宾表示欢迎，并表达自己对今后合作的良好祝愿。

4. 落款

署上致辞单位名称、致辞者的身份、姓名。

（三）撰写注意事项

（1）称呼要用尊称，感情要真挚，要能较得体地表达自己的原则和立场。

（2）措辞要慎重，勿信口开河，同时要注意尊重对方的风俗习惯，应避开对方的忌讳，以免发生误会。

（3）语言要精确、热情、友好、温和、礼貌。

（4）篇幅宜短小精悍，语言应言简意赅。

例文：

校庆校长致欢迎词

尊敬的各位领导、各位来宾、各届校友，老师们、同学们、朋友们：

大家好！怀着无限的渴望与敬意，带着满腔的激情与企盼，今天，我们终于迎来了××小学建校六十周年庆典暨××大学实验小学揭牌仪式。一幅幅题词凝聚了各级领导的殷切关怀，一张张照片定格了各级领导的亲切指导，一封封贺信饱含着兄弟学校、社会各界的支持关爱。在此，我谨代表全校一千三百余名师生，向各位领导、嘉宾以及来自全国各地的校友们表示最热烈的欢迎和最诚挚的谢意！同时也向濡养和培育我们成长的母校表示最衷心的祝福与最崇高的敬意！

60年来，我们的学校团结拼搏、与时俱进，在推动社会发展、科技进步、经济建设和教育振兴的过程中实现着自己的价值。60年来，学校已先后培养出学生数万人。他们中，有专家、学者、教授、博导、医生、工程师……一个个爱国奉献，默默耕耘，为母校赢得了崇高的声誉。借此60华诞庆典之际，请允许我代表学校向所有为祖国的繁荣、社会的进步、民族的振兴作出贡献的校友们致以崇高的敬意！同时，也请允许我代表学校，向为学校发展作出突出贡献的历届老领导，向为学校辉煌付出艰辛和汗水的广大教职员工，表示衷心的感谢！

浮云一别后，流水已数载。因为拥有一缕眷念母校的情结，因为拥有一种难以割舍的乡情，因为拥有一腔支持教育的热情，我们在这良辰吉日里欢喜相逢！蓦然回首，当我们以无限的敬意牵手走进母校时，那一组组凝重的文字、那一幅幅珍贵的剪影，无不诉说着母校六十年的风雨历程！几度沧桑，几度悲壮，几度激昂，又几度辉煌……这一切都与在座的各位息息相关，血脉相连。遥想六十年前的三江口畔，伴随着熊熊的战火和地下党人的汗水，红色堡垒××小学呱呱坠地。六十年，白驹过隙！风雨与硕果同行！六十年，辉煌如斯！沧桑和凯歌同奏。无论是昨天的简陋校区，还是今天生机勃勃的校园，弹奏的永远是青春的弦歌，不变的是××人奋发向上、求实创新的进取精神。新中国成立后，学校认真贯彻党的教育方针，坚持社会主义办学方向，各项工作得到了长足的发展，特别是改革开放以来，学校积极推行整体改革，全面实施素质教育，形成了鲜明的办学特色。进入新世纪，学校坚持“在传承中发展，在发展中创新”，坚持“以人为本，兼容并蓄”，坚持“科研兴校，全面育人”，并因此获得了一项又一项的殊荣，赢得了广泛而良好的社会声誉。

如今的校园，绿树长青，文化气息浓厚。亮丽而不失淳朴，活泼而不失典雅。不断更新的教育理念，美丽可爱的校园，高标准的多媒体教室，现代化的闭路电视，与宽带网相连的电子备课系统，时时优化的教学手段，更有一支敬业爱生、业务精良、德才兼备、富有潜力的师资队伍……这一切的一切，无不显出××小学的雄浑气魄与时代风采！无不预示着她光辉灿烂的广阔前景与美好未来！我们也相信，在成为××大学实验小学之后，以大学为依托，走合作办学之路，××小学一定会更富有开拓创新的精神，更具备竞争创造的实力，成为环境优美、人文和谐的学习乐园，打造德润人心、文化天下的精神家园，必将达到教育教学的更高境界。

回忆昨天，我们倍加珍惜，因为昨天曾留下我们青春的足迹和身影；相聚今日，我们倍加铭记，因为今天又增添了真挚的友情与眷念；憧憬明天，我们倍加向往，因为明天的朝阳将更加辉煌与绚丽！让我们大家团结携手，群策群力，同心同德，以无限的热诚和勇气，共同创造母校更加美好的明天！

最后，再次向出席庆祝大会的各级领导、各位来宾、各界校友表示热烈的欢迎和衷心的感谢！祝大家身体健康！工作顺利！万事如意！身体健康！合家幸福！祝××小学永远充满活力，永远灿烂辉煌！谢谢大家！

（资料来源：http：//www. gerenjianli. com）

四、欢送词

（一）什么是欢送词

欢送词是行政机关、企事业单位、社会团体或个人在公共场合欢送友好团体回归时致辞的讲话稿。

（二）欢送词的写作格式

1. 标题

同欢迎词。

2. 称呼

同欢迎词。

3. 正文

欢送词的正文一般由开头、中段和结尾三部分构成。

（1）开头。开头通常应该说明此时在举行何种欢送仪式，发言人是什么身份，是代表哪些人向宾客表示欢送的。

（2）中段。欢送词在这个部分回顾和阐述双方在合作访问期间在哪些问题和项目上达成了一致的立场，取得了哪些有突破性的进展，陈述本次合作交流中双方的合作和交流给双方所带来的益处，阐述其深远的历史意义。

（3）结尾。通常在结尾处再次向来宾表示真挚的欢送之情，并表达期待再次合作的心愿。

4. 落款

欢送词在落款处要署上致辞人的单位名称、致辞者的身份、姓名，并署上成文日期。

（三）撰写注意事项

同欢迎词。

例文：

欢送词

同志们、朋友们：

时间过得多快啊！20 天前我们大家曾高兴地在这个礼堂集会，衷心欢迎史密斯教授对我国的访问。今天，我们再次欢聚一堂，感到特别亲切和愉快。史密斯教授将于明天回国。

（说明举行的是什么仪式）

史密斯教授是我们的一位老朋友，他非常熟悉我们各个方面的情况。在我国逗留期间，他仔细地考察了我国的政治、经济、文化和教育。

（对史密斯的工作给予肯定）

大家知道，我们的社会主义国家是非常年轻的，它受封建主义和资本主义影响根深蒂固，尽管新中国成立后我们做了巨大的努力，但是还有许多困难要我们去克服，还有许多缺点亟待改进。

我们诚恳地希望史密斯教授给我们提出宝贵的批评、指导意见，以便我们改进工作。

（惯用语）

向史密斯教授告别时，我们借此机会表达我们对他的深厚友谊，还请他转达我们对其亲人的亲切问候和敬意。祝史密斯教授回国途中一路平安，身体健康。

现在，请大家鼓掌热烈欢迎史密斯教授讲话。

（惯用语）

校办：×××

××××年×月×日

第四节　讣告、唁电与悼词

一、讣告

（一）讣告的概念

讣告又叫“讣文”、“讣闻”，是向死者家属、亲人及有关单位报丧的专用文书。一般由死者的直系亲属或治丧委员会在追悼会之前发布。发布的形式视死者生前在社会上影响、地位的不同，可以通过新闻媒体发布，或登报，或张贴，以便死者的亲友及时安排，准备花圈、挽联等，到时前去祭奠。

（二）讣告的种类及写法

根据形式的不同，讣告可分为三种类型，即一般式讣告、公告式讣告和新闻式讣告。

1. 一般式讣告

一般式讣告是最为常见和通用的形式。

（1）标题。一般只写“讣告”二字，字体要大一些，放在开头一行居中。

（2）正文。写明死者的职务、职称、姓名、逝世的原因、时间、地点及享年（或终年）；简介死者生平，表示哀悼之意；通知吊唁及追悼会的时间、地点。在写作时，用语要准确、简练、严肃、郑重，要用白纸黑字，以符合民族的哀祭习俗。

（3）署名及日期。写明发出讣文的单位、团体或个人的名称，以及发出讣文的日期。

2. 公告式讣告

公告式讣告比一般式讣告要隆重、庄严得多，只用于生前具有广泛社会影响的人物，多由党和国家或一定级别的机关、团体作出决定制发。一般由公告、治丧委员会公告和治丧委员会名单三部分组成，其核心内容是治丧委员会公告。

（1）公告。写明“公告”发出单位及“公告”二字，这是一般式讣告所没有的。同时应写明死者的职务、姓名、逝世原因、时间、地点以及终年，对死者的简评和哀悼，签署公告的日期。

（2）治丧委员会公告。标题要冠治丧委员会名称；正文分条写明治丧活动的具体安排和要求；最后写上公告的时间。

（3）治丧委员会名单。公告式讣告的发布手段，主要是在报刊发表或通过电视播放。

3. 新闻式讣告

新闻式讣告实际上是登在报刊上关于某人逝世的一则短消息。死者一般是老干部、老战士、劳动模范及各方面的知名人士。这种讣告应根据逝者的资历、知名度，按规格在一定级别的报纸上发表。

例文：

讣　告

著名力学家、力学教育家，中国科学院院士、中国共产党党员、××大学教授××先生于××××年×月×日×时×分在北京协和医院因病逝世，享年80岁。

（写明死者姓名、身份、死因、逝世的日期、时间、地点、终年岁数）

××先生1943年毕业于××大学工程力学系，1950年获硕士学位。1960年回国后一直在××大学任教，在液体力学和热动力学领域研究成果卓著。××先生将毕生的精力献给了祖国的教育和科研事业，为我国力学界在国际学术界地位的提高作出了卓越的贡献。

（死者生平经历及主要成就）

××先生历任××大学数学力学系副主任，××大学力学系系主任，地质系构造地质教研室与热力学教研室主任；曾任《力学学报》、*Tectonophysics*、*Pure and Applied Geophysics*、《地球物理学》等多种学术刊物的副主编、编委。

（担任的职务）

××先生的遗体告别仪式于××××年×月×日上午10时在北京八宝山殡仪馆大礼堂举行。

（告知举行告别仪式的时间、地点）

××先生治丧办公室

××××年×月×日

二、唁电（函）

唁电（函）是悼念死者和向死者家属表示慰问的信件。如果用电报的形式发出，则成为唁电。

唁电（函）可分为机关、单位发出的和个人发出的两类。其中机关、单位发出的，主要是由于发电机关、团体与逝者家属不在一地，惊悉噩耗的人，来不及前往悼念，便发唁电吊问；而个人发出的，一般是逝者的生前好友，曾受过逝者的深切教诲、关怀、帮助的人，或同逝者生前志同道合、有密切交往的人，在惊悉噩耗后，也往往以唁电（函）的形式表示自己沉痛哀悼的心情并向死者家属表示慰问。

（一）机关、团体发出的唁电（函）的格式及写法

1. 标题

一般写“唁电”二字，登在报上时则可写“致××女士（先生）的唁电”字样。

2. 开头

写明收唁电单位或逝者家属的称呼。

3. 正文

另行空两格写。要求写明噩耗传来后的悲恸之情，两三句即可，以沉痛的心情简述死者生平的品节、功绩，激起人们对死者的缅怀，表达致哀者继承遗志的决心，向逝者家属表示亲切的问候和安慰。

4. 结尾

写“特电慰问”、“肃起电达”等。

5. 署名及日期

写明发唁电的机关、团体名称及年月日。

（二）个人发出的唁电（函）的格式及写法

1. 开头

顶格写收唁电者的单位和逝者家属称呼。在家属姓名后可加“同志”、“先生”、“女士”、“夫人”等称呼。

2. 正文

另行空两格写。要求写明惊悉噩耗，无限悲伤；突出逝者生前的美德、可贵精神和业绩；表达致哀者化悲痛为力量的决心。

3. 结尾

一般向逝者家属表示亲切的问候。

4. 署名及日期

写明发唁电者的姓名和年月日。

（三）写唁电应注意事项

发电报一般要求短小精悍，用语简洁明了，所以写唁电应尽量避免用修饰语，篇幅要短小。唁电的写作格式五部分的分法是就完整性而言的，实际上，电文中有些部分如标题常可以省略不要。

唁电要表达一种悲恸之情，要写得深沉、淳朴、自然、催人泪下，万不可油

腔滑调。

叙述死者生前品德、情操、功绩时，要突出主要方面，不可一一赘述或本末倒置。

例文：

平壤，朝鲜劳动党中央委员会、朝鲜劳动党中央军事委员会、朝鲜民主主义人民共和国国防委员会、朝鲜民主主义人民共和国最高人民会议常任委员会、朝鲜民主主义人民共和国内阁：

惊悉，朝鲜劳动党书记、国防委员会委员长、朝鲜人民军最高司令官金正日同志不幸与世长辞，我们谨以无比沉痛的心情向全体朝鲜人民致以最深切的哀悼和最诚挚的慰问。

金正日同志是朝鲜劳动党和朝鲜民主主义人民共和国的伟大领导者，他把毕生精力献给了朝鲜人民，建设朝鲜社会主义强盛国家的伟大事业，建立了不朽的历史功勋。

金正日同志是中国人民的亲密朋友，他以极大的热情继承和发展了由两国老一辈革命家亲自缔造和培育的中朝传统友谊，同中国领导人结下了深厚友谊，有力地推动了中朝睦邻友好合作关系不断向前发展。中国党、政府和中国人民对金正日同志的逝世深感悲痛，中国人民将永远怀念他。

金正日同志虽已溘然长逝，但他将永远活在朝鲜人民心中，我们相信朝鲜人民必将继承金正日同志的遗志，紧密团结在朝鲜劳动党的周围，在金正恩同志的领导下化悲痛为力量，为建设社会主义强盛国家，实现朝鲜半岛的持久和平继续前进。

中朝两国山水相连，休戚与共，不断巩固和发展中朝传统友好合作关系是中国党和政府的一贯方针，我们坚信在双方共同努力下，中朝两党两国和两国人民的友谊必将巩固和发展下去，中国人民将永远与朝鲜人民站在一起，金正日同志永垂不朽。

中国共产党中央委员会、中华人民共和国全国人民代表大会常务委员会、中华人民共和国国务院、中华人民共和国军事委员会。2011 年 12 月 19 日于北京。

三、悼词

悼词，是从祭文发展而来的，有广义和狭义之分。广义的悼词泛指向死者表示哀悼的一切文字；狭义的悼词专指在追悼会上宣读的悼念文章。

（一）悼词的分类

从用途上分，有宣读体悼词和书面体悼词。宣读体悼词，要求能在一定场合或祭奠仪式上宣读，以记叙或议论死者生平业绩为主。书面体悼词，用于普通礼节性书面哀悼，不适合宣读，这种悼词内容广泛、形式多样、灵活自由。

从表现手法上分，有记叙式、议论式和叙述式三大类。记叙式悼词，以记叙死者的生平业绩为主，适当结合议论和抒情。议论式悼词，以议论死者对社会的贡献为主，适当结合叙事或抒情。抒情式悼词，以抒发对死者悼念之情为主，适当结合议事或叙事。

（二）悼词的格式和写法

1. 开头

写明死者的职务（职称）以示尊敬，概述死者逝世的时间、原因及享年。

2. 正文

主要写明死者生平简介；追述死者身前有代表性的、重要的业绩；作出评价，充分肯定其社会意义和社会价值。

3. 结尾

主要表示生者对死者的悼念及化悲痛为力量的决心。

例文 1：

张××教授的悼词

今天，我们怀着沉痛的心情，悼念著名文史学家、书法学家、诗人、中国孔子基金会理事、中国韵文学会顾问、全国佛教协会常务理事、离休干部张××。

（介绍死者的职务）

××××年×月×日上午 10 时 50 分，一颗充满智慧和博爱的心脏停止了跳动。噩耗传来，闻者无不悲恸。

（死者什么时间、什么原因与世长辞）

××××年×月×日，张先生出生于黑龙江省阿城县玉龙口村。他幼年失怙，与孀母相依为命，自小养成愤世嫉俗、悲天悯人的性格。在 20 世纪这个风云际会的伟大时代，张先生不断追求真理，度过了孜孜奋斗、努力创造的一生。他××××年加入中国共产党，积极投身于大革命的洪流。“四·一二”政变后，被国民党反动派逮捕，判重刑 19 年。抗日战争中，他为八路军提供医疗器械和药品，运往延安；解放战争时，拒绝利用红十字会为国民党军队服务。张先生以“欣喜若狂”的心情，迎来了新中国的诞生，并参加上海文教系统的接管和筹备工作。××××年，他在反右补课中被错划为右派，调哈尔滨，直至××××年在周总理的亲自过问下才得以摘帽。党的十一届三中全会后，张先生“自退休原籍阳平返沪复职”。

张先生毕生从事文化教育事业。他眼明手快，投笔成文，出口成章。余事书画，被誉为“文史哲兼擅，诗书画三绝”。张先生对佛学有着深湛的研究，他指出，外来的佛学所提出的新命题和新方法，扩大和丰富了中国思想史的范围和内容，尤其是禅学，深刻揭示了思维与存在的根本问题，给人以新的启示。禅宗呵佛骂祖，打破偶像、粉碎权威的革命精神，影响了宋明理学以及清末民初的各种学派，开辟了前所未有的境界。张先生经常说，学贵深造自得，首先充实自己，然后才能经世致用。他治学特别强调融会贯通，好学敏求。他的著述充满哲理，犹如酽茶，令人回味无穷。他的讲课，旁征博引，要言不烦，引人入胜。他曾获国务院颁发的有突出贡献专家的荣誉称号，并被选为上海市有特色的艺术老人。

（生平事迹及成绩贡献）

在张先生身上，汇集了中华民族的优秀品德。他忧国忧民，经常参加扶贫济弱的义举。数年前，东北地区严重水灾，他举行书画义卖，所得巨款悉数捐赠。诸如此类，不知凡几。他慷慨豪爽，乐于公益。无论是年高德劭的宿学耆宿，还是质朴率直的青年，都愿与他交往。他的家中，座上客常满，樽中酒不空，远近悦来，络绎不绝。在后学的眼中，他既是满腹经纶的专家，又是和蔼可亲的长者。他从不居高临下地说教，却能使听者每得胜解。他普爱众生，喜抒人难，解衣推食，略不假惜。他的一生，圆不失方，即使在遭遇险厄的年代，也决不说一句违心话，显示了刚正不阿的凛然正气。再也不用多说什么，在张先生的美德面前，任何文字都显得苍白。

（高度评价死者的思想品质）

能够永恒的不是言语，而是行动。死，是生命的终结，也是精神的永生。张先生孕育于充满灵慧的祖国大地，今天又复归于它的怀抱。但是，他的道德文章将与世长存。我们要学习张先生的高尚情操和创造精神，时刻不忘肩负的使命和职责，为把我国建设成为高度文明、发达的社会主义国家而奋斗，为把我校建成一流的社会主义大学而努力。

（发出号召，提出希望）

张××先生安息！

例文 2：

在宋庆龄同志追悼大会上的悼词

邓小平

今天，我们怀着极其沉痛的心情，深切悼念中华人民共和国的缔造者之一，中华人民共和国名誉主席，中国各族人民包括台湾同胞和海外侨胞衷心敬爱的领导人，举世闻名的爱国主义者、民主主义、国际主义、共产主义的伟大战士，保卫世界和平事业的久经考验的前驱，中国共产党优秀党员宋庆龄同志。

宋庆龄同志因患慢性淋巴细胞性白血病，多方医治无效，不幸于一九八一年五月二十九日二十时十八分在北京逝世，终年九十岁。

……

悼念宋庆龄同志，我们要化悲痛为力量，紧紧地团结在党中央的周围，为完成统一祖国的神圣大业，为把我国建设成为高度民主、高度文明的社会主义现代化强国而努力奋斗！

宋庆龄同志永垂不朽！

四、追悼会仪式

（一）什么是追悼会仪式

追悼会仪式是指为开追悼会而写出的开会程序。

（二）追悼会仪式的格式和基本内容

追悼会仪式的写法一般是固定的，以一定的顺序排列，写法上要求简洁明了。由于它是主持人念出来的文字，所以追悼会仪式，是直接以话语的形式出现的。

1. 标题

追悼会仪式的标题一般由文种名称构成，即“追悼会仪式”。

2. 正文

追悼会的正文以“一、二、三、四……”一次列出各项活动内容。

追悼会仪式常常由以下内容组成：

（1）宣布追悼会开始。由主持人宣布。

（2）主持人要求所有到会人站起肃立。

（3）介绍参加追悼会的人员身份、姓名、职务、团体单位的名称等。

（4）参加追悼会的来宾向遗体三鞠躬，向死者默哀。

（5）由指定人员致辞。

（6）由死者亲朋好友致辞或讲话。

（7）参加追悼会的来宾向遗体告别。

3. 治丧委员会名单

治丧委员会名单是指参加办理丧事的成员名单。治丧委员会是为主持和安排整个丧事活动而设立的，它负责与丧事有关的所有事宜。单列出治丧委员会名单能更好地使治丧委员会开展工作，协调好治丧的各项活动。治丧委员会多由死者所在单位的领导人组成。

治丧委员会名单的排列方式有两种。

一种是根据领导人的职务高低及其在治丧委员会中所起的作用来排名次。这种名单的排列方式适宜于治丧委员会人数不多的情况。

另一种是治丧委员会的成员名单一部分按职务的高低排列，其余大部分则按姓氏笔画为序进行排列。这种排列方式适合治丧委员会人数较多的情况。

例文：

追悼会仪式

一、×××同志追悼会现在开始

二、全体肃立

三、介绍参加追悼会的领导人、来宾姓名，介绍敬献花圈、挽幛的同志姓名

四、向×××同志遗像三鞠躬

五、向×××同志默哀三分钟（奏哀乐）

六、请×××同志致辞

七、请×××同志的生前好友×××同志致辞

八、请×××同志的家属×××同志发言

九、向×××同志的遗像告别

【本章小结】

礼仪文书是指在各种礼仪活动中所运用的各种应用文的总称。礼仪文书的种类很多，本章学习了各种礼仪文书，并对请柬、邀请信、贺信、贺词、祝词、讣告、悼词、唁电等常用的礼仪文书进行了写作指导。

【关键术语和概念】

请柬　邀请信　贺信　祝词　讣告　唁电　悼词

【参考文献】

1. 刘增辉，苏国敏．会议秘书工作．北京：高等教育出版社，1993.

2. 陆瑜芳．办公室实务．上海：复旦大学出版社，2003.

3. 任玉忠．新编办公室工作实务．北京：蓝天出版社，2003.

4. 众行管理资讯研发中心编著．办公室事务管理．广州：广东经济出版社，2003.

5. 廖金泽．行政秘书手册．深圳：海天出版社，2003.

6. 徐寒．职业秘书办公室事务管理技巧．广州：广州出版社，2004.

7. 劳动和社会保障部中国就业培训技术指导中心组织编写．秘书国家职业资格培训教程．北京：海潮出版社，2003.

8. 国家劳动和社会保障部制定．秘书国家职业标准．北京：海潮出版社，2003.

9. 胡晓涓．商务礼仪．北京：中国建材工业出版社，2003.

【思考与练习】

1. 全国财经传媒协会决定于2008年11月20日至30日在广东金融学院召开财经传媒协会年会，于近日发出通知。开会地点是实验中心，会议内容是研究和探讨当前财经传媒学的有关学术问题和热点问题，还邀请国家信息产业部领导作全国传媒业形势报告，邀请哈佛、剑桥两位国际专家作学术报告。大会安排了一天的时间让会员发言（在会员分组发言的基础上），财经传媒协会的会员均可参加。会议于11月19日报到，要求每位与会者于会前10天提交一篇学术论文。协会秘书处地址是财经传媒系办公室。

请你做好以下工作：

（1）拟写会议通知，给全体会员每人发一份会议通知和议程；会议通知带回执，以便会务组安排。

（2）给《广州日报》、《羊城晚报》、省市电视台记者各拟写一份邀请函。

（3）给国家信息产业部领导拟写一份请柬。

2. 你认为贺信的哪一项内容最重要？请说明理由。

3. 设计一份规范的请柬。

4. 请说明贺信、祝词之间的主要区别。两种文体的侧重点有什么不同？

第十章　经济论文

【本章学习要点】

1. **学术论文是对某学科领域中某些问题进行创造性的科学实验和理论分析，并运用逻辑思维方法揭示其客观规律和本质的一种论说性文章**

2. **学术论文的格式**

3. **经济论文的写作**

科学研究是人类社会实践的一项重要内容，是人类认识世界、改造世界、推动社会发展的有效手段。随着科学的空前发展，新的见解、新的发明创造层出不穷，旧观点得以不断更新，学术论文就是这些新见解、新观点、新发明的研究结晶。它通过科学的分析和阐述，阐明某些科学的规律与结论，论证客观事物的真理，是人类智慧的集中反映。

第一节　学术论文概述

学术论文是科研人员用来表述其科研新成果的论文。一般在学术会议上宣读，或在学术刊物上发表，用以公布成果，交流信息。

由于学术论文的内容和表达方式有较强的科学性，所以又被称为科学论文。有人称科学论文为“科技论文”，这是由“科技写作”演变而来，与外文翻译有关。例如，有人把“English style in scientific papers”译为“科技论文中的英语体式”。通常所说的“科技论文”还有其特殊的含义，即专指自然科学领域的学术论文，也可以理解为“科学技术论文”。但无论指哪个领域的论文，自然科学论文还是社会科学论文，它们都属于学术论文的范畴，因此可统称为学术论文。

一、学术论文的特点

学术论文虽属于论说文体，但与一般的论说文不同，除了具备一般论说文抽象概括、议理为主和以理服人的特点外，它本身具备如下特点：

1. **科学性**

学术论文的这一特点是由其本身性质所决定的。科学性首先表现在学术论文的内容是科学技术研究的成果，是对客观存在的事物现象及其客观规律科学而准确的反映。因而，要求它的观点正确且具有现实意义，论据要真实、充足，论证准确可靠。其次，表达形式要具有科学性，结构严谨清晰，符合思维的一般规律，且具有较为固定的格式。语言准确、简明、规范，不能含糊其辞、模棱两可。再次，科学性还表现在学术论文的科技术语、符号、计算单位等使用上的标准化、国际化。

2. **学术性**

学术，是指系统和专门的学问，也是指有较深厚的实践基础和一定的理论体系的知识。学术性也叫理论性，首先，科学论文的写作目的总是同建设和发展某一学科或学科的某一方面紧密相连的，对学科的发展具有理论上或实践上的意义，具有一定的学术价值。其次，科学论文对新的发现和发明，不仅重视实际运用，同时重视从理论上进行分析和研究，探讨理论上的价值，求得对客观规律的认识。

3. **创新性**

创新性是学术论文的生命根源，是衡量学术论文价值的根本标准，是区别于其他科技文体的基本特征。一般科技文体如科技综述、科技成果报告等或传授或传播科技知识，只要结构合理、阐释清楚、准确真实，对有无创新性并不作要求，而学术论文是为交流学术新成就，发表新理论、新设想，探索新方法、新定理而写的，没有创新就不称其为学术论文。

创新性的内涵是十分丰富的。研究和探索前人未曾涉猎的领域，独领风骚，自成一家之言是创新；纠正前人某些错误观点，补充前人某些观点的不足之处，锦上添花也是创新；综述前人的研究成果，加以分析，指出争论所在，提示争论方向，指点迷津同样是创新。凡此种种不一而足。总之，要求学术论文的作者通过创造性的劳动，有所发现、有所发明、有所创造，既要有求实精神，又要有探索勇气。

二、学术论文的种类

由于研究领域、写作目的、研究方法和议论方式上的差异，学术论文从不同的角度可作不同的分类。

1. **从研究领域来分**

从研究领域来分，学术论文有自然科学论文和社会科学论文。自然科学论文又可分门别类地分为数、理、化、天文、地理等各学科论文；社会科学论文又可分为文、史、哲、经、社会学等各学科论文。

2. 根据研究方法和手段

根据研究方法和手段的不同，学术论文可分为理论分析型学术论文、实验研究型学术论文和观察描述型学术论文三种类型。

（1）理论分析型学术论文是指通过逻辑推理或假说，以理论的阐发为主要研究方法或纯粹以抽象的理论问题为研究对象所撰写的论文。这类论文大多应用于数学、理论物理、理论化学等学科的学术研究中。

（2）实验研究型学术论文是指在科技领域内，从事科学研究工作的科技人员以实验为研究手段，利用实验发现新的现象、寻求新的规律、验证某种理论和假说，以实验结果来描述科研成果的论文。它反映各学科领域内最新、最前沿的科学技术水平，反映本学科发展的动向，既是科学研究的重要手段，又是科学研究的重要成果，也是学术思想交流的工具。实验研究型学术论文通常是由科技工作者撰写供各专业性杂志发表的，或在各专业性学术会议上宣读的纯学术论文。

（3）观察描述型学术论文是指科技工作者有计划、有目的地通过感官来考察某些事物外部特征和现象，以揭示事物的本质，寻找其规律所撰写的论文。其写作目的重点是向读者介绍新发现的、具有科学价值的某一客观事物或现象，重点在于事物和现象是什么，因此无须进行大量的逻辑分析和推理。例如，介绍新发现的某一地区地质形态，说明观测到的天体或自然界的某些奇特现象等。

3. 根据写作目的和使用范围来分

根据写作目的和使用范围的不同，学术论文可分为杂志论文、学年论文、毕业论文和学位论文。

（1）杂志论文是指研究人员提供给学术性期刊发表或向学术会议提交的论文。它以报道学术研究成果为主要内容。这种论文是纯学术性的，它总是体现着本学科领域最新、最前沿的科学技术水平和发展动向，对科学技术事业的发展起着重要的推动作用。它比学位论文更集中、更精练，篇幅不宜太长。

（2）学年论文是高等学校学生在学习、掌握一定专业知识的基础上，独立进行的一种作业。写学年论文，目的在于巩固已学过的专业知识，并在此基础上进行科学研究。

（3）毕业论文是高等学校应届毕业生运用已学过的基本理论、基础知识所写的论文。毕业论文要求有一定的学术性，或对实际工作有一定的价值。它是考核学生理论联系实际、独立工作能力的重要依据和手段。

（4）学位论文是高等院校学生为申请学位而提供的鉴定学术水平的论文。按照《中华人民共和国学位条例》及其《暂行实施办法》，学位论文又分为学士论文、硕士论文、博士论文三级。三级学位论文对作者的学术水平和从事科学研究工作或专门技术工作的能力有不同程度的要求。

4. 根据议论方式来分

根据议论方式的不同，学术论文可分为立论型学术论文和驳论型学术论文。

（1）立论型学术论文，主要是根据大量的资料或事实，经过分析论证，从正面阐述、论证自己的观点和主张。在论证过程中，虽然有时也采用反驳对立观点的方法以达到立论的目的，但就全文总体而言，主要是采用立论的方法来确立基本观点。

（2）驳论型学术论文，主要是采用反驳的方法，通过科学的理论和可靠的事实来反驳别人错误或对立的观点和主张，从而树立自己的观点，故又被称为论争型学术论文。反驳既可用直接反驳法，也可用反证法。直接反驳法，即直接揭示对方观点的错误；反证法，即通过证明与对方对立观点的正确，间接来说明对方观点的错误。

此外，根据研究内容的不同，学术论文还可分为论证型论文，科技报告型论文，发明、发现型论文，计算型论文和综述型论文等。

三、学术论文的写作要求

在社会生活中各行各业、各个部门有许多值得探讨和研究的课题，不仅专门从事科学研究的人要把科研成果写成科研论文，各行各业许多有实践经验的人们也常把他们的发明创造、创新见解用论文来进行阐述，因而学术论文在社会生活中的应用是极其广泛的。各学科的论文，因其论述的内容、对象、性质不同，在写作上有着各不相同的要求，但同为论说文体在写作上又有一些共同的要求。概括地讲有以下几点。

1. 言之有物

这是学术论文内容方面的要求。论文作者必须从客观实际出发，花精力去搜集、查阅文献，深入调查，反复实验，尽可能多地占有资料。以最充分有力的论据，严谨而富有逻辑的论证，引出符合实际的科学结论；以丰富的材料，充实的内容使得论文血肉丰满。力求在前人已有成果的基础上作出进一步的探讨，提出新的理论、新的思想或新工艺、新方法，进而对这一科研课题作出重大的补充或修正。

2. 言之有理

这是对论文论证方面的要求。具体说包括立论正确、论据充足、论证过程合乎逻辑、论证方法科学合理。论点是作者对研究课题的看法，是论文内容的核心。论文撰写的一切环节安排都应围绕论点来进行，因而论点的确立一定要做到正确、新颖、深刻，论点必须同客观实际相符合，同已得到的科学理论相符合，切莫人云亦云、无所创见。论文中所引用的材料必须真实、典型、充分、可靠，只有经过作者或前人实践检验，能反映事物本质，有普遍意义的典型材料才能用作学术论文的论据，才能让人心服口服，才能做到纠谬订误，使自己的立论处于不败之地。在学术论文中，材料的选择与安排、论点与论据的关系、论据与论证的关系等都必须合乎逻辑。

3. **言之有序**

这是对论文谋篇布局方面的要求。所谓“序”，不仅是行文的先后有序，重要的是思路的条理有序。论文主要是在事理条件下平面展开，对结构的逻辑性要求很高。要将多维的客观事物和复杂深邃的思维成果，以文字的形式表现、描述出来，不仅要求思路清晰，而且要求文章结构巧妙合理，应使论文能够正确而充分地反映客观事物的规律和内在联系。学术论文是议论文的一种，同样也适用由“提出问题—分析问题—解决问题”这一人类一般思维规律转化而成的绪论、本论和结论的“三段论式”的文章结构形式。绪论、本论和结论三个部分前后相连、紧密衔接，是学术论文写作最常见的定型化结构形式，每一部分都有一些比较常见的写法。但也有的文章开篇便进入对问题的实质性论证，结篇点题，揭示论点，只有本论、结论，而没有一个相对独立、非常明确的绪论，也有的文章只有绪论、本论，而不单列结论部分。在论文撰写中，究竟采用哪种结构程序为好，要视实际写作需要而定。

4. **言之有文**

这是对论文语言方面的要求。语言能力是构成写作能力的一个要素，语言运用的水平直接关系到文章的质量。学术论文作者要把文章写好，除了要在其他环节上多努力之外，还必须在语言的运用上多下工夫，以使所用语言形式充分体现科学语体的特征。语言是思维的外壳，只有想得深刻、认识准确，才能表达深刻、精确。一般而言，精确是学术论文语言的首要特点。文从字顺、准确达意，是对论文语言的基本要求，言简意赅、自然流畅，则是较高水准的要求，而文采飞扬、富有极大的概括性与深刻的哲理，则是大家手笔，是论文写作所追求的较高境界。

四、学术论文的格式

根据国家标准局公布的《科学技术报告、学位论文和学术论文的编写格式》的要求，学术论文的结构形式主要由三部分组成。

（一）前置部分

前置部分包括题名、作者、摘要、关键词等。

（二）主体部分

主体部分包括引言（绪论）、本论、结论、致谢、参考文献、英文摘要等。

（三）附录

附录包括比正文更为详尽的补充信息、罕见珍贵资料、某些重要的原始数据、数学推导、计算程序、图表等。

（四）格式详细版本

国家标准《科学技术报告、学位论文和学术论文的编写格式》（GB7718—77）对学术论文的格式作了明确的规定。

前置部分包括封面、题名页、序或前言、摘要、关键词、目次页、插图与附表清单、符号、标志、缩略词、首字母缩写、计量单位、名词术语等的注释表。主体部分包括引言、正文、结论、致谢、参考文献、英文摘要。附录部分是指那些不便编入正文而又具有重要参考价值的资料。结尾部分包括可供参考的文献题录、索引、封底等。

对学术论文的标准格式，应认真学习，正确使用。但在写作实践中，有些部分可以视情况加以省略或合并。

在学术刊物上发表的学术论文，一般是由题名、作者、摘要、关键词、引言、正文、结论、致谢、参考文献等部分组成。

1. **题名**

又称标题。学术论文确立题目的目的，是为了向读者表述写作的对象、范围或全文的主旨。其作用是提携全文，揭示主题，提供检索。研究对象、方法、范围、深度、结论等是它的内容要素。确定题名的思路通常是从被研究事物的特征、事物的属性、研究问题的方法、研究问题的深度和广度等方面通盘斟酌考虑。拟定题目时，应照应文中重要的、特定的信息，尽量包含关键词；题目宜短不宜长，一般不超过20个字，少用缩写、符号，较长的标题可以抽出部分内容作为副标题；论文中的小标题与总标题应保持逻辑上的一致。拟定题目时一忌不合逻辑，词不达意；二忌用语笼统空泛，看不出文中主要内容。

2. **作者**

作者是论文的责任者和著作权的所有者。作者必须是参加全部或主要研究工作，并参与论文起草的科研人员。其内容要素包括作者的姓名及工作单位或某单位的集体名称。

3. **摘要**

又称提要。它的作用是使读者快速而又准确地获取该论文主要而又完整的内容和信息，同时也便于二次文献的采录。研究对象、目的、方法、主要数据和最终的结论是它的内容要素。写摘要一忌苟简，只抄录结论或只写研究过程，漏掉论文中最具特色的实质性的信息；二忌冗繁，语言含糊重复，不分主次，堆砌材料。外文摘要的写法同中文摘要。一般动词时态用现在时，语态用被动态。

4. **关键词**

关键词是用来确切地表达该论文主要内容和特征的词或词组。它分为类别词、类属词和文种词。关键词的确定，要从标题、摘要、结论和主要章节中找出最能表现中心主题并在文中作了详细论述的 3 ~ 8 个关键性的概念，通过查找《主题词表》或专业词典及权威著作，尽量将书面自然语言规范为专指性、针对性都很强的主题词。确定关键词的目的，是便于计算机存储、检索和提取。

5. **引言**

又称前言。其作用是引出正文。构成引言的内容要素：①缘起目的，即问题的提出，研究目的、理论与实践意义的概括；②历史背景，即说明本课题中前人的成果、研究动向、重点知识空白；③内容方法，即概述研究方案（技术路线、实验方法、手段）和成果。写引言一忌详述历史过程和文献资料；二忌写成摘要的翻版或扩充。引言要言简意赅，综述前人研究工作要用自己的话高度概括，将参考文献的序号在右上角标注。学术论文的引言一般只需要一两句话。

6. **正文**

正文是用科学的、合乎逻辑的论据证明论点，对引言提出的问题进行分析与解决。有的论文正文的形式比较灵活，没有固定的格式；一般可以分成两个部分：①给出定义、定理或收集的资料；②进行分析论证或数学运算。各部分之间可以用小标题或序号连接，也可以一气贯通。有的论文正文的形式比较固定，一般包括“材料与方法”、“结果”和“讨论”三部分。由于论文的侧重点不同，这三部分也会有所变化。侧重讨论实验结果以揭示新发现的规律，“材料与方法”只需在引言中作简要的介绍和说明；重在反映实验本身的改进和创新的，其他部分可以简写。还有的论文正文的形式也比较固定，一般包括“描述”和“讨论”两部分。有的论文只有“描述”，而把“讨论”并入描述之中，有的描述与讨论并列。

7. **结论**

结论是对全文的论点所作的总结性说明，内容应高度概括。其内容要素有：①由正文导出的事物的本质和规律；②结论的适用范围；③研究成果的意义，对前人工作做了哪些证实（或伪证）及发展；④对今后工作的展望。撰写结论时要注意突出创新性的新成果，不要把结论写成是对各小标题或小结的简单重复和合并；结论不能模棱两可，发生歧义；不可大段议论，更不能抬高自己，贬低别人。

8. **致谢**

凡在研究和撰文过程中对作者有过实质性帮助的组织与个人，均应致谢，以示对所有合作者的尊重。

9. **参考文献**

论文中引用前人的文章、结论、重要数据等均应在文后列出文献的作者、题名、出处，以示论文的科学性，也便于读者核查。其要求见 GB7714—87《文后参考文献著录规则》。

第二节 经济论文概述

经济论文是学术论文的一种，属于社会科学论文的范畴，是指比较系统地、专门地探讨和研究经济科学领域中的问题，并表述经济科学研究成果的文章。经济论文既是探讨经济问题，进行科学研究的一种手段，又是表述经济科研成果，进行学术交流的工具，是对客观经济规律的揭示和真理的发现，一般在论述上都具有经济价值。

一、经济论文的种类

经济论文的种类，按不同标准可以作不同分类。

（一）根据研究对象的不同分类

1. **宏观经济论文**

这类经济论文是对国民经济中属于宏观经济范畴的带有普遍性、全局性的经济问题进行研究而撰写的论文。例如，如何控制货币发行总量和贷款规模，怎样建立、完善中央银行金融调控手段，通货膨胀与经济增长的关系等问题，都属于宏观经济论文。

2. **微观经济论文**

这类经济论文是对国民经济中属于微观经济范畴的带有局部性的经济问题进行研究而撰写的论文。它是以单个经济单位作为考察对象，对经济活动中具体方式方法的研究。例如，对于个别企业、某区域市场经济活动的研究等。

（二）根据表述功能的不同分类

1. **论说型经济论文**

这类论文侧重于经济理论研究。作者要从大量的经济资料中进行深入的、系统的分析研究，理论联系实际，针对经济领域中的现实问题从正面阐述自己的观点和见解。这类论文理论性强，表述以议论说理为主。

2. 论争型经济论文

这类论文是指对不同观点展开争鸣性的论辩，通过争论使观点明晰。通常采用“——兼与×××同志商榷”或“——兼答×××同志”的标题形式。写这类论文，要特别注意提炼正确的观点，用确凿有力的证据、严密的论证和逻辑力量使文章具有说服性，多从驳论入手，在论辩中提炼出自己的观点。

3. 综述型经济论文

这类经济论文是把同一时空内对某些学术问题的研究结论加以综合归纳，摆出问题，从而引起社会重视，促进对这些问题进行深入研讨。这类论文常采用评述或笔会的形式。写这类经济论文，一定要熟悉某学科或某专题的动态情况及发展趋势，具有透视与综合述评能力。

二、经济论文的特点

从写作的表达方式上来看，经济论文具有一般论文的特点，要有论点、论据和论证三个基本要素；要有鲜明的论点、充分的论据、严密的论证，而论据则要有经典型的事例、深刻的理论。经济论文是学术论文的一种，只是它的范围缩小了，仅限制在经济这个领域里，因而同样也具有科学性、学术性、创新性的特点。从形式上讲，经济论文的特点是：

1. 写作格式标准化

要遵照国家标准局1987年颁布的《科学技术报告、学位论文和学术论文编写格式》的规定来写作。

2. 要使用学术语体

科学、规范、严谨地使用术语是经济论文的显著特点。要求数字、计量单位的使用必须符合国家颁布的标准；图表的使用必须直观、简明、美观、一目了然；引文必须准确无误并注明出处；注释必须正确、完整、统一；句法必须完整、严密。

三、经济论文的选题

论文的写作不外乎有两个问题：一是写什么；二是怎么写。选题就是解决写什么的问题。所谓选题就是选择所要研究的、主攻的学术课题，它不等同于论文的题目或论文的论点。课题是研究的目标和中心，选择课题是研究工作正式展开前必要而主要的酝酿，是论文写作的第一步，所以应当深思熟虑，做好充分的准备。

（一）选题的意义

选题的意义主要在于以下几个方面：

1. 选题决定着研究的方向和目标，标志着研究活动的开始

学术研究和论文撰写，是目的性很强的活动，只有确定了研究方向和目标，才可能集中精力、全力以赴，才能提高研究的效率。正如爱因斯坦所说：“提出一个问题往往比解决一个问题重要。”不选定课题，在诸多领域、许多问题间漫无目的地游移，就如无的之矢。确定了选题才标志着具体科研活动的开始。

2. 选题决定着研究的价值、论文的成败

有人说“选题选好了，科研就成功了一半”，虽然略显夸张，但这恰恰表明了选题的重要意义。选题决定着论文的效果，选题有意义，写出的论文才有用，才会获得好的效果。如果选题无意义、无价值，即使论文表达得再完美无缺也没有价值，也是于事无补。

3. 选题水平标志着研究的水平和科研进展的状况

选题就意味着发现问题和提出问题，而发现和提出问题的能力，是一个人认识能力和认识水平的表现，是一个人创造能力大小的标志。著名方法论研究者贝弗里奇在《科学研究的艺术》中指出：“一个人假如他在学习的过程中不曾注意到知识的空白和不一致的地方，或者没有形成自己的想法，那么作为一个研究者他是前途不大的。”对于一个研究者来说发现问题、提出问题的能力，标志着他的科研能力和水平的高低，那么选题水平的高低，则标志着科研整体的状况和水平。选题愈是尖端和前沿，研究愈是有深度和广度，则科研水平愈高。

（二）选题的原则

经济论文的选题，既要考虑客观需要，又要考虑作者的主观条件。客观需要是写作的前提和关键，主观条件是写作的基础和可能。因此，选题时必须使客观需要和主观条件结合起来，这是选题的基本原则。具体而言体现为以下两方面：

1. 选择客观需要的，有经济价值的课题

“文章以明理适事，无当于理与事，则无所用文”（清·魏禧《魏叔子文集》），经济论文亦如此，其写作的目的在于研究和探讨经济问题。无论是宏观还是微观经济，在现实活动中都存在着一些亟待解决的问题。如果解决得好，就能促进经济发展，而发展经济是社会的需要，所以经济论文的选题应从社会客观需要出发，这样才能写出有价值、有水平的论文来。这类选题主要包括：

(1) 创造性研究课题。随着我国市场经济的进一步发展，在现实经济活动中，新的、亟待解决的课题会越来越多。这些问题有的是关于国民经济的重大问题，有的是经济学科发展中的关键问题。例如，在世界经济衰退的大环境下中国经济发展的趋势和对策，加入 WTO 后中国经济面临的机遇与挑战，国有经济改组和国有企业改革，全球化趋势下我国银行业潜在的危机与重建战略等都是当前经济领域中面临的重大问题。这就要求作者敢于思索前人未思索过的问题，敢于在前人研究成果的基础上提出具有创新精神、具有研究价值的课题，从理论上作出概括与综合，用以指导现实经济活动。

（2）发展性研究课题。科学的发展有其不平衡性。从学科建设上来看，由于某一时期经济研究热点、侧重点不同，就会出现某些方面的短缺和空白。从客观需要和学科发展的全局来看，选择经济理论研究的空白点作为研究课题意义是非常重大的。正如控制论创始人维纳所说："在科学发展上可以得到最大收获的领域是各种已经建立起来的部门之间被忽视的无人区。"

此外还可以选择补充前说、纠正通说的课题。学术研究在许多情况下总是先提出某种假说和论断，再经过不断地验证、补充、丰富之后，才能成为完整的理论和观点。所以补充前说的选题也是客观需要，是对科学研究的进一步发展。例如，美国学者泰罗 1911 年发表的《科学管理原理》一书至今已有九十多年的历史，由于社会生产力的不断提高和发展，许多经济学家对如何科学管理企业这个问题，从不同的角度继续研究，大胆运用系统论等新兴学科的理论和方法，研究包括企业在内的社会各种管理问题，打破传统框架，从而才使管理科学理论得以不断提高和发展。

（3）争鸣性研究课题。对在经济活动中出现的实际问题、理论问题人们往往会有不同的观点、看法，有的还有争论。选择这种带有争鸣性质的课题，针对性强、利于辩论，更能体现出写作者新颖的观点与独到的见解。只要本着"坚持真理、修正错误"的精神进行研究，也会在学术上取得新的突破、促进学术的发展，对于活跃和繁荣学术研究是十分有益的。

2. 选择主观上有条件完成的课题

要保证写出高水平的论文，在考虑客观需要的同时，还要考虑是否有顺利完成论文的各种有利因素。这些主观条件应从以下几方面考虑：

（1）选择能发挥自己业务专长的课题。"隔行如隔山"，每个学科领域都有其独立的研究对象，即使同一学科研究者也各有专长，例如，财务会计领域，有些学者精于会计史，有些精于记账方法，有些精于资金运动。术业有专攻，选题时一定要结合个人专业特长，扬长避短，充分发挥优势，这样既有利于课题研究，又有利于促进个人专业素养的提高。

（2）要选择那些自己有浓厚兴趣、潜心追求的课题。爱因斯坦曾说"兴趣是最好的老师"，因为有兴趣才会激发深入研究的热情，产生创作的欲望。

（3）还要考虑课题的大小、难易、时间、经费和资料占有等方面的因素，时间的长短、经费的多寡，都会影响选题的大小与研究的展开。

四、资料的搜集与研究

"夫立言之要在于有物"（章学诚《文史通义》），资料是研究经济问题、撰写经济论文的物质基础。资料的丰富与否对论文观点的深刻与否，正犹如庄子所说的水之于风，风之于鸟——"水之积也不厚，则其负大舟也无力"，"风之积也不厚，则其负大翼也无力"，资料的多寡直接关系到经济论文价值的大小。因此在动笔写作之前一定要抽出大量的时间搜集、阅读、整理、研究资料。

（一）资料的搜集

搜集资料的过程是伴随着科研选题同时进行的，有时还先于选题。知识浩如烟海，信息无处不在，资料种类繁多，来源广泛，那么怎样才能有效地搜集资料呢？通常有如下几种途径：

1. 利用图书馆查阅文献资料

柏林图书馆大门口写着："这里是人类知识的宝库，只要你掌握了它的钥匙，那么全部知识都是你的。"利用图书馆是写作学术论文时搜集资料的基本途径，也是论文写作者的基本功。

（1）要掌握文献检索的方法，熟悉图书分类法和现有经济类书目索引，以便按图索骥，直接找到所需书刊、文献。"检索"译自外来语"retrieval"，原意有"取回"、"恢复"、"修正"等含义，引申为"查找"。文献检索就是从汇集的文献中，选出既定需要的事实和数据，以供研读、使用。检索的方法有：

首先，按照图书馆分类法进行检索。在我国，各图书馆的分类主要是以下列图书所规定的分类法编排的：《中国人民大学图书分类法》、《中小型图书馆图书分类法》、《中国科学院图书馆图书分类法》、《武汉大学图书馆图书分类法》、《中国图书馆图书分类法》等。此外，还有书名目录、著者目录等。入乡问俗，进入图书馆首先应了解该图书馆的分类与查找方法，以便快速、准确地检索到自己所需要的图书资料。

其次，利用书目、索引检索。书目，是为了某专科或专题研究的需要，把一批相关的图书按照一定的次序编辑而成的图书目录。索引，是把图书馆、报刊中的项目和内容摘记下来，按一定顺序排列，用于检索散见于书刊中资料的工具书。检索书目、索引能使我们了解在某个研究领域中已有哪些成果，又能引导我们定向查到散见于报刊中的资料。

（2）要善于使用各类工具书，包括百科全书、年鉴、手册（如《中国经济年鉴》），各类文摘（如《经济学文摘》、《综合科技文摘》、《新华文摘》）等。

（3）查阅经济专业杂志，也是获取资料的主要途径。杂志在年终要编写全年的目录索引，有的报纸也往往另编全年的目录索引，这都给检索带来很大的方便。

2. 进行社会调查

通过调查搜集第一手资料是进行科学研究的重要手段。调查步骤、方法、方式和要求与一般调查大致相似。调查应做好必要的准备，以明确目的，确定对象。在调查时一般采用典型调查、抽样调查、重点调查等方法。在调查过程中，可采用访问、开会、问卷等方式，来获取所需要的具体材料。

（二）资料的整理与研究

广征博采，多方搜集大量资料后，还要经过一个去伪存真、去粗取精的研究整理过程，然后根据论文内容表达的需要进行严格的取舍剪裁，把零散的、表面的感性材料联系起来，发展成一个完整的、反映事物本质规律的理论认识，从而形成论文的论点和基本框架。具体而言这一过程包括以下两点：

1. 资料的记录整理

在资料搜集过程中，应当边搜集边思考边记录。古人云“学而不思则罔，思而不学则殆”，孟子更有名言“尽信书，不如无书”。面对大堆的资料不能教条地照抄照搬，要“批判地阅读”，经过思考、鉴别、筛选，明辨资料的真伪优劣，并随时将所发现的新颖的、必要的资料记录下来。记录的方法很多，可采用笔记本、活页纸或卡片，也可用复印、剪贴、微机存储的方式。在记录时应注意不但要摘录原文，还应注意在资料上加上标题，以便易于了解资料的内容和分类。在资料的末尾应注明书名、作者名、出版单位、时间、页数等，以便日后使用时加注或核对。

对搜集到的文献资料还要注意及时整理，在形式上注意分类编排。起初分类可参照本学科、本专业一般所设的章节项目划分、归并，以简明为好。以后资料积累越多，使用频率越高，自己对资料就越熟悉，就会对分类产生自己的看法，根据需要重新调整分类项目，逐渐形成自己独特的分类方式。

2. 资料的研究分析

对加工整理后的资料，必须运用归纳、演绎、分析、综合等科学的逻辑思维方法进行研究，从而产生正确而深刻的认识，形成论文的观点。这就要求选用到经济论文中的资料必须是真实准确、典型有力、新颖而富有创造性的。只有真实准确的资料才经得起推敲，才能得到科学的结论；只有典型的资料才能反映事物的本质特征，才能使论点得到充分的论证；只有新颖的资料才能激发创造性思维，从中引出新的见解，才有可能写出有创见的经济论文。

五、拟定提纲

有了资料和论点，写作准备阶段的基本任务就完成了。但要使论文写作顺利进行要先拟定写作提纲。提纲是论文写作之前的设计蓝图，它起到帮助作者理清思路、明确论文的论点、论据和论证步骤，确定论文的基本框架的作用。

提纲相当于由序码和文字组成的一种逻辑图表。在总体上包括题目、基本论点、内容纲要、总论点及从属于总论点的分论点。

经济论文提纲的详略、长短一般由作者自己掌握，但总的要求是作者要深思熟虑，做到纲目清晰、明确，能够形成论文的轮廓。

六、经济论文的写作

（一）经济论文的格式

经济论文的格式内容包括题名、作者、摘要、关键词、引言、本论、结论、致谢、参考文献、附录等部分。

1. 题名

题名又称题目、标题，是对论文课题或论点的简明概括。其内容要素可以是研究对象、研究目的、研究结论或兼而有之。例如，《加强金融监管必须强化金融机构内部控制》，这一标题表明了作者对所研究课题的看法，是对研究结论的揭示；《会计决策的模型和方法》、《工业设计与CI识别系统》这类标题只是作者对所研究的课题的揭示。标题的具体形式有两种：一是单行标题；二是双行标题。用双行标题时，主标题表明写作内容或观点，副标题标明研究对象和范围。例如："对'股票期权制'本质的再认识——一种关于异质型人力资本产权的定价机制"、"如何看待目前居民收入差距——关于收入分配问题的思考"、"交通先行，一通百通——论公路建设与经济发展的关系"。

经济论文的标题是研究目录、索引等第二次文献的重要著录内容，是供读者检索论文的主要标识。因此论文标题必须提供必要的信息量，能概括全文的中心内容，在写作中要求用语准确、简明、直接、醒目，不用比喻。

2. 作者

作者，即论文的直接撰稿人，置于经济论文标题之下。如是合作研究撰写的论文，可按所承担任务和贡献的大小先后署名。署名表明作者身份，也表示文责自负，即对论文的全部内容负责，一般要用真实姓名，并注明工作单位、邮编等。

3. 摘要

摘要又称内容提要，位于经济论文正文之前，是全文的简明要点，是对全文基本思想的浓缩。其内容要素包括课题研究的范围、目的、对象、方法、主要成果及价值、研究结论和存在的问题等。例如，《我国失业保险制度存在的问题与完善》一文，其摘要从五个方面揭示完善我国失业保险制度的基本构想，是对该课题研究结论的高度概括。

摘要具有节省读者的时间，引导读者迅速了解全文内容的作用，同时又可以满足二次文献工作的需要，使文献索引杂志不做修改或稍做修改就可以转载，避免由他人摘要所产生的误解和缺漏。因此，写作摘要时要忠实于原文、突出重点、文字精练、语言连贯。摘要一般为 100～300 字，外文摘要一般不超过 250 个实词。

4. 关键词

关键词又称主题词，是说明论文核心内容的名词性词、词组或术语，一般为 3～8 个，应尽量用《汉语主题词表》等有关材料中提供的规范词。这主要是为电脑储存和检索论文及文献标引服务的。

5. 引言

引言又称前言、绪论、导言、绪论，是经济论文的开头部分，内容是说明研究的缘起、目的、任务、方法和结论等。这些内容在实际写作中无须面面俱到、详细铺陈，要有所侧重，有所选择，有的只需要点到为止。除了学位论文因要说明研究过程而引言较长外，一般经济论文的引言较短，要求言简意赅。

6. 本论

本论是经济论文的主体，是描述研究成果，具体展开论证的核心部分，是作者学术水平和创造才能的集中体现，直接决定着论文质量的优劣高低。

本论部分根据写作意图，或正面立论，或破除谬论，或争鸣探讨，或解决疑难。不管哪种情况，都需要提炼出明确的中心论点，并以中心论点为轴心贯穿全文。对中心论点的阐释与论证应当严密，做到层层深入、节节展开，使事物内部的联系及本质呈现出来，从而使文章具有无懈可击的逻辑力量。论述要条理清楚，由表及里地开掘，自浅而深地推进，从而体现思维的辩证性、顺序性、有机性。

7. 结论

结论是根据本论所做的结语，是对本论中分析、论证的问题的综合概括，可说明解决了什么问题、有何对策或建议等。结论必须是引言中提出的，本论中论证后自然得出的结论。写论文切忌没有经过充分论证而妄下结论。

8. 致谢

致谢是作者对那些在论文的形成中给予过帮助，提出过有价值的建议、意见或提供了资料、科研经费的个人或单位予以感谢的文字。一般置于正文之后，另行写。致谢应写明致谢原因与对象，语言诚恳、简短、恰当。

9. 参考文献

参考文献是作者撰写论文所引用和借鉴的主要文献。参考文献必须注明出处，这既是论文科学性、严肃性的反映，也是作者严谨认真的科学态度的体现，更便于读者查对有关内容。根据国家标准局《文后参考文献著录规则》（GB7714—87）的规定，图书的著录格式是：[序号]、作者、书名、出版者、出版地、版次、出版年月、起止页码；期刊的著录格式是[序号]、作者、文献标题、刊名、卷期号、年月、起止页码。常见的参考文献的标注方法有以下三种：

（1）夹注，即段中注，直接在引文后用括号注明作者、篇名和出版发表期号等事项。这种方法用于引文出现次数不多的经济论文，否则会不便于阅读正文。

（2）脚注，即页下注，将同一页引用的文献按顺序编号，然后集中在本页下端依序号注明。这种方法最便于阅读，是目前在学术专注中常用的方法。

（3）尾注，即将全文引用的文献统一按顺序编号，然后在文末依次注明。这是一般经济论文常用的方法。

10. 附录

附录是论文的重要补充。凡因篇幅所限不便写入正文的，有重要参考价值的资料、数据、图表等均可入附录，并编连续页码。

上述各项，有些是每篇论文都必须有的，有些则可根据论文具体情况决定取舍，不必生搬硬套，发表在报纸上的社会科学论文一般都可省去摘要、主题词等。

（二）经济论文的起草

起草是作者根据论文总体构思和提纲将论文内容书面化、定型化的过程。起草的过程是一种持续紧张的思维和表达活动，它的主要任务是内容和形式的整合，即使字、词、句、段组成为一个有机的文章整体，且要充分显示作者遣词造句的能力。行文方法因人而异，有人构思充分、胸有成竹，能一气呵成，这样有利于作者思想集中、文脉贯通、思路畅通。有人遵循提纲顺序分部分起草修改，这种方法适于长篇、复杂的经济论文，便于严密推理和分析计算，可避免前一部分的推导差错引起后边各部分的连续错误，但就某部分的起草仍应一气呵成。

（三）经济论文的修改

作为反映有创见的科研成果的经济论文，在初稿完成后，还需要由内容到形式、表达等各个环节进行反复多次推敲、修改才能最后定稿。

修改时应先从总体上审查初稿是否合乎作者的写作意图，能否达到应有的功效，着重看论点的说明和论证是否充分、合理，论点和材料是否一致，各部分的逻辑关系是否清楚。然后再作局部检查，看材料出处是否可靠，图表、数字是否有误。除了修改毛病外，还有润色的任务，通过增补、删削、调整、润色的方式可使论文更具表现力。

例文1：

中国银行业竞争的外部性经济学溯源

张卫[1]　王聪[2]

（1. 广东金融学院，广东，广州，510521

2. 暨南大学经济学院金融系，广东，广州，510632）

摘要：中国金融业全面对外开放，银行业的竞争格局面临重塑。本文重在分析我国银行业竞争态势，揭示中外银行业竞争格局异同的深层文化因素，外部性理论的起源及其在金融产业经济中的发展过程，外部性理论演进对我国银行业竞争的启示。

关键词：银行业竞争　外部性　外部性理论　金融产业

Externality Economics Origins of the Chinese Banking Competition

Zhang Wei[1]　Wang Cong[2]

（1. GuangDong University of Finance，Guangzhou，510521

2. Economic College of Jinan University，Guangzhou，510632）

Abstract: The Chinese financial industry opens outward. The foreign bank has already entered China, the competition structure and form of the banking contain new arrangement. Analyze our banking competition situation. The deep cultural factor of the distinct Chinese and Foreign banking competition structure and form, the origins of the Externality theory and it is in financial industry economy of development process, the externality theory evolve to apocalypse our banking competition.

Key words: The banking competition　Externality　Externality theory　Financial industry

一、外部性理论的起源

新古典经济学的创始人马歇尔（Alfred Marshall）在《经济学原理》

(*Principles of Economics*, 1890) 中首次提到了外部经济 (external economies) 和内部经济 (internal economies) 的概念。马歇尔基于经济规模扩大的原因角度对外部性问题作了理论的抽象和概括：把出现的生产规模扩大而发生的经济分为两种类型，由企业内部和外部分工而带来效率提高的结果。外部经济，即生产的扩大依赖于产业的普遍发展，由于企业外部的包括市场区位、市场容量、地区分布、相关企业的发展水平、运输通信条件等因素所导致的生产费用的减少；内部经济，即生产的扩大来源于单个企业自身资源组织和管理的效率，是指企业内部的由工作热情、技能、管理等因素所引起的生产成本节约。马歇尔的外部经济有两个层面的意义：一是引起人们对斯密理论的反思。《国富论》发表后的110年来，人们对“市场是完美的”深信不疑。马歇尔的外部经济概念证明“看不见的手”这一经典理论具有瑕疵，经济中外在于企业的因素变化对企业存在有利影响，如知识增长、技术进步等导致单个企业的成本下降。二是对柏拉图以来“组织能够增大效率”的继承和发展，马歇尔发现了第四种生产要素——“组织”，并用“内部经济”和“外部经济”描述组织的变化如何能导致产量的增加。1922年，约翰·克拉彭 (John Clapham) 将马歇尔的“外部经济”称作“空盒子”(Empty Box)，认为现实世界中没有与之相对应的事实。这也说明马歇尔对外部性的贡献仅仅是提出了理论上的抽象和概括。

英国经济学家庇古 (Arthur C. Pigou) 的《福利经济学》(*The Economics of Welfare*, 1920) 继承了外部经济的提法，扩充了外部性理论。当边际私人净产值和边际社会净产值两者之间存在差异时，就产生了“外部性”。当边际私人净产值小于边际社会净产值时，该活动给社会带来了有利影响，具有“边际社会收益”；反之，具有“边际社会成本”。庇古将“外部性”分为正的外部经济（外部经济）和负的外部经济（外部不经济）两种情况。同时，外部性的存在可能导致市场失灵，无法实现资源的帕累托最优配置。庇古提出了修正性税收方案以解决外部性问题，当存在外部性经济时，征收税额为边际外部成本 (MEC)（边际私人成本与边际社会成本的差额）的税；当存在外部经济效应时，给予额度为边际外部收益 (MER) 的奖励和津贴，这种政策被后来称为“庇古税”。庇古对外部性产生的原因、类型、影响及其解决方案展开了探讨，形成了外部性理论的基本框架体系。

二、外部性理论在金融产业中的应用

阿温·杨格 (A. Young) 的论文《收益递增与经济进步》(1928年) 开辟了金融外部性的研究领域，是探讨收益递增的经济学起源。杨格的金融外部性理论意义在于引入时间因素，认为外部性是在市场规模、产业增长和劳动分工的相互作用中逐渐形成的，标志着外部经济思想从静态向动态深入。由于它与货币的外部经济相关，被称为金融外部性。杨格之前对外部性理论的分析是建立在静态分析上，主要研究什么是均衡状态以及达到均衡状态所需要的条件，不论及达到均衡状态的过程和所需的时间，仅仅是对经济运行的一种短期行为。把时间因素导入经济分析，当自变量发生变化后，原来的均衡点过渡到新均衡点的实际变化轨迹的过程分析，是动态分析。杨格的金融外部性相对于以往的外部性理论更加关注经济活动的发展和变化的过程。

詹姆斯·E. 米德（J. E. Meade）1952 年定义外部性“一种外部经济（或外部不经济）指的是这样一种事件：他使得一个（或一些）在作出直接（或间接地）导致这一事件决定时根本没有参与的人，得到可察觉的利益（或蒙受可察觉的损失）”。1972 年米德提出了外在性的存在等同于竞争性市场缺乏的观点。米德理论的意义在于把外部性的问题直接指向了竞争性市场。米德前期的研究和在米德之前的经济学家们的观点是把外部性问题以个体与个体之间的相互作用关系予以研究，使得外部性的界定相当困难，隐藏着许多难以解答的问题。正如西多夫斯基（Scitovsky，1954）评价：“对外部经济的界定是不存在的，也是令人不愉快的……许多文献都有外部性的例子，这些例子是多种多样的，其中一些给人的印象是外部性仅仅是一个特例，但是另一些例子有让人觉得外部性是无处不在的。”

英国经济学家鲍莫尔（Baumol）在《福利经济及国家理论》（1952 年）中对外部性理论进行了综合性研究。鲍莫尔继承和发展了杨格对金融外部性理论的动态分析，鲍莫尔放弃了完全竞争的假定，把外部性与社会福利、政府行为置于经济环境变化条件下的综合性研究，在理论上起到了承前启后的作用，引发了以后的经济学家积极探索外部性内生化的途径，寻求新的经济增长模式。对于外部性问题的处理，鲍莫尔一方面强调用政府机构代替市场机制的效果不见得更好；另一方面也强调，如果社会成员自己举办的价值超过了用强制措施要求他出资的价值，他就会心甘情愿地服从强制措施，从而得出“假定政府的任务是帮助社会成员用最大的效率去达到他们的目的……统驭市场的政策就成为政府的工作了”的结论。

埃里斯（Ellis）和费尔纳（Fellner）（1943 年）首先提出“外部性”的解决方式与产权有关，只要对稀缺资源进行完全的产权界定就可以克服“外部性”。科斯（Coase）进一步探讨了交易成本与产权的关系。科斯《社会成本问题》（1960 年）的“交易成本”对如何解决外部性问题提供了新的思路。这个思路不同于庇古税，庇古税是根据污染所造成的危害对排污者征税，用税收来弥补私人成本与社会成本之间的差距，使两者相等。科斯试图通过市场方式解决外部性问题。他在批判庇古理论的基础上认为，解决外部性问题应该从社会总产值最大化或损害最小化的角度去考虑，而不能局限于私人成本和社会成本的比较。"适当的做法是比较这些不同的安排所产生的社会总产品……到底是允许甲损害乙、还是允许乙损害甲，关键在于避免较严重的损害。"交易费用为零时，在产权明确界定的情况下，自愿协商可以达到最优污染水平，实现和庇古税一样的效果，故庇古税根本没有必要。当交易费用不为零时，解决外部性问题需要通过各种政策手段的成本收益比较才能确定。戴尔斯在《污染、产权、价格》中提出"污染权"的解决思路。庇古税的特点是没有考虑污染者是否具有污染的权利，而单方面认定污染者拥有不受污染的权利。戴尔斯认为单纯的市场机制受到市场信息和交易成本的制约，政府干预可能妨碍市场运作而引起效率损失，要将两者结合起来。政府是环境的所有者，有权制定每单位"污染权"的价格标准以及"污染权"总量；对于具体企业而言，如果感到购买"污染权"比自己消除外部性合算就购买，反之就不购买。前者体现了政府干预的力量，至于谁最终获得了"污染权"则是市场机制作用的结果。

贝特（Bator, 1958）沿着外部性与市场失灵有关的思路，提出一个更加宽泛、更加大胆的外部性概念："我认为将外部经济这一概念扩展是自然而然的，也是有用的，这远比限制要好，最好让'外部性'指示这样一种状况，即在用价格划分成本与收入时，出现非帕累托的成本语收益关系。"贝特把外部性等同于市场失灵。

布坎南（Buchanan）和斯塔布尔宾（Stubblebine）（1962 年）用数学语言表达了对"外部性"的理解：

$$U_A = U_A\ (x_1,\ x_2,\ \cdots,\ x_n,\ y_1)$$

A 的效用不仅受其所控制活动 x_1，x_2，$\cdots x_n$ 影响，并且受 B 控制活动的 y_1 影响。只要某个人的效用函数或某一厂商的生产函数所包含的变量在另一个人或厂商的控制之下，即存在外部性。

$$F_j = F_j\ (X_{1j},\ X_{2j},\ \cdots,\ X_{nj},\ X_{mk}) \qquad j \neq k$$

X_i（$i = 1,\ 2,\ \cdots,\ n,\ m$）是指经济活动，$j$ 和 k 是指不同的人（或厂商）。J 的收益与 X_{1j} 相关，即收益是自己的经济活动和他人经济活动共同导致的结果。当 $m > 0$，j 的收益因 k 的经济活动而得到利益，为正外部性；当 $m < 0$，为负外部性。

新制度经济学派代表人物道格拉斯 · C. 诺斯（Douglas C. North）对外部性定义是较为直接的，认为当某个人的行动所引起的个人成本不等于社会成本，个人收益不等于社会收益时，就存在外部性。

1969 年，阿罗（Arrow）在《经济活动的组织》中解释了通过创造附加市场使外部性内在化的观点。阿罗（1970）在他自己的相对市场失灵的理论下对外部性与市场缺失的关系进行了阐述：市场失灵是一个比外部性更一般的范畴，两者都区别于边际收益递增，外部性与特定的经济组织模式相关，而边际收益递增是一个技术现象。我们应该对商品空间进行重新解释，即把外部性看作是普通的商品，此时所有正统的竞争均衡理论都复活了（包括最优理论），但有一点要注意，即一个人的消费进入另一个人的效用函数以至于成为市场不能够实现效率的原因的论述并不是一个事实。只要市场集是完整的，就不会有外部性。外部性是市场失灵的存在方式，但不是所有的市场失灵都可以被描述为外部性。此外，市场失灵与市场缺失的原因是不同的，如市场缺失的原因很多（非排他性，缺乏交易的条件等），而市场失灵仅仅发生在交易成本十分高昂的场所。

1986 年保尔·罗默（Paul Romer）在《收益递增与长期增长》一文中建立一个具有外部效应的竞争性动态均衡模型。他把知识分解为一般知识和专业知识，前者可以产生规模经济，后者可以产生递增收益，分别形成社会收益和私人收益。技术进步以知识生产为基础，而知识具有“溢出效应（Spillover effect）”并依赖于人力资本投入和知识积累量，知识和人力资本是经济增长的决定性因素。

1988 年罗伯特·卢卡斯（Robert Lucas）在《论经济发展的机制》中把人力资本的外部效应当作经济增长的一个重要因素。人力资本具有内在效应（internal effect），表现为人力资本投资为投资者带来递增的劳动收入；也具有外在效应（external effect），表现为资本和其他生产要素发生收益递增。

综合梳理以上关于外部性的理论，西方外部性理论演进贯穿了整个金融发展史的脉络，对金融业的影响非常深远。在西方的人文氛围条件下，在产生外部性的时候，利益受损害的一方通常借助强大而相对完善的司法制度获取补偿；而获益的一方在产生外部性前也会把之后要承担的成本进行衡量并适度规避。这就形成了竞争格局中的趋“异”性特征。

三、外部性理论演进对优化我国银行业竞争外部环境的启示

中国的社会主义市场经济体系的建设已取得瞩目的发展，处在逐步完善的过程中。中国银行业的经营环境与中国经济制度的演进同样是逐步完善的长期过程。中国金融产业经济具有明显外部性特征，目前正处在建立和完善的过程中，由于制度不完善，“搭便车”、金融生态环境破坏等外部性问题非常严重，这些问题的存在影响了中国金融市场经济的有序运行。因此，研究金融外部性问题对优化银行业竞争环境具有重要意义。

1. 银行业经营行为的规范。当某一银行机构经过研究开发出一种新型金融工具，其他银行机构很快略微改良也推出了这种新型金融工具，并从中受益，但他们不必向最先开发这种新型金融工具的银行机构支付任何报酬，这就是金融市场比较常见的外部性。规范银行业经营行为，从市场制度对相应的创新成本进行

维护。从我国现行的知识产权及相关的国际公约来看，知识产权涵盖一切在工业、科学、文学或艺术领域由于智力活动而产生的权利。金融产品通过对利率、时间价值、风险规律统计和研究等的抽象思维活动整合而成，研发过程是一个充满人类智慧劳动的过程，新开发的金融产品成为开发者的无形资产，完全符合知识产权的定义，理应受到知识产权法的保护。从市场制度维护创新成本对激励银行开发新的金融产品有很大的帮助。

2. 金融宏观政策的制度安排。加快金融体制改革，完善银行治理结构。金融的外部性还具有时空转移的特点，在计划经济时期中国银行业的风险与政府指令性行为带来的经济风险具有高度的相关性，由于长期形成的政府与银行的复杂关系，银行被动地承担或分担一些社会安定的成本。政府干预经济职能所产生的负外部性对银行业的影响从计划经济时期转移到转型期，对金融产业经营环境仍然有着风险控制的考验。在金融宏观政策的制度安排上，更重要的问题是政府职能的合理界定与监督。

3. 金融竞争格局的重塑。中国银行业的可持续发展需要健康的金融生态环境，解决金融外部性是使银行业的竞争有效率的途径之一，综合外部性理论解决外部性问题的基本思路有三：一是通过产权制度的界定治理外部性；二是通过政府干预治理外部性；三是通过税收或补偿来治理外部性。前两条基本思路对我国银行业的改革有理论指导意义：一是对国有银行的产权制度改革的启示，使商业银行真正成为市场竞争的主体；二是对中央银行监管职能的启示，对银行业的竞争行为实行适当的限制性政策，防止低效率的恶性竞争，维护金融竞争秩序。

参考文献：

[1] A. C. Pigou. *The Economics of Welfare* [M]. London: The Macmillan Company, 1923.

[2] Clapham J. H. On Empty Economic Boxes [J]. *Economic Journal*, 1922 (32): 305.

[3] Francis M. Bator. The Anatomy of Market Failure [J]. *Quarterly Journal of Economics*, 1958 (7): 101 - 114.

[4] Howard Ellis, Willian Fellner. External Economics and Diseconomies [J]. *American Economics Review*, 1943 (33): 493 - 511.

[5] Marshall A. *Principles of Economics* [M]. London: The Macmillan Company, 1920. 226.

[6] Romer, Paul M. Increasing Returns and Long Run Growth [J]. *Journal of Political Economy*, 1986, 94 (4): 1002 - 1037.

[7] Ronald Coase. The Problem of Social Cost [J]. *Journal of Law and Economics*, 1960 (35).

[8] Tibor Scitovsky. Two Concepts of External Economics [J]. *Journal of Political Economy*. 1954 (7): 101 - 114.

[9] 鲍莫尔. 福利经济与国家理论 [M]. 北京: 商务印书馆, 1982. 9—16.

[10] 黄敬宝. 外部性理论的演进及其启示 [J]. 生产力研究, 2006 (7): 23.

[11] 刘友芝. 论负的外部性内在化的一般途径 [J]. 经济评论, 2001 (3): 7—10.

[12] R. 科斯. 企业、市场与法律 [M]. 上海: 上海三联书店, 1990. 76.

[13] 向昀, 任健. 西方经济学界外部性理论研究介评 [J]. 经济评论, 2002 (3): 58—62.

(《经济问题》, 2007 年第 6 期)

例文 2:

我国失业保险制度存在的问题与完善

郭席四

摘要: 随着社会主义市场经济的发展, 我国失业保险制度出现了一些新问题, 需要进一步完善。为此, 本文认为要着手做好以下几方面工作: ①不断拓展失业保险制度的覆盖范围; ②拓展失业保险基金来源渠道; ③规范和完善失业保险的管理制度; ④提高失业保险的给付水平; ⑤建立以失业保险促进失业者再就业的机制。

关键词: 失业保险制度　保险基金　保障　规范与完善

中图分类号: F241.4　**文献标识码:** A　**文章编号:** 1005 - 2674 (2001) 10 - 43 - 03

"十五"期间, 随着产业结构调整和现代企业制度的建立, 我国失业率将呈上升趋势。因此, 如何在更高层次上完善和发展我国失业保险制度成为摆在我们面前的重要课题。

一、我国失业保险制度发展的现状

失业保险是国家通过立法强制实行的, 由社会集中建立基金对因失业而中断生活来源的劳动者提供物质帮助的一项制度, 其核心内容是社会集中建立失业保险基金，分散失业风险，使暂时处于失业状态下劳动者的基本生活得到保障，并通过失业培训达到就业安置。作为社会主义市场经济体制的重要组成部分，我国的失业保险是随着市场化改革的推进和发展而逐步建立起来的。国务院于1986年7月颁布的《国营企业职工待业保险暂行规定》标志着我国失业保险制度的建立。1993年4月国务院正式颁布了《国有企业职工待业保险规定》，对原有的暂行规定作了进一步的修改和完善，以期更好地适应市场经济的要求。

1992年党的十四大明确指出，我国的经济体制改革的目标模式是建立有中国特色的社会主义市场经济体制。随着市场经济体制的确立，引入竞争机制成为必然趋势。一方面，企业为了生存，降低成本，必然裁减冗员，造成大批企业富余人员下岗失业；另一方面，优胜劣汰，一批企业在竞争中破产，也势必造成一部分劳动者退出劳动岗位，从而使其本人及家属因失去收入而陷入生存危机。因此，如何解决失业者的基本生活保障已成为政府必须面对的一个现实问题。为此，国务院于1999年1月颁布了《失业保险条例》（以下简称《条例》），该《条例》与国务院1993年4月颁布的《国有企业职工待业保险规定》（以下简称《规定》）相比，在覆盖面、缴费比率、引进个人缴费机制等方面作了较大的修改和调整。首先，覆盖面从1993年以来只覆盖国有企业职工扩大到国有企业、城镇集体企业、外商投资企业、城镇私营企业以及其他城镇企业的职工。其次，缴费比率从过去的1%提高到3%，并采用单位和个人共同缴费办法，其中单位按工资总额的2%缴纳；个人按本人工资的1%缴纳，不足部分由财政补贴，失业保险基金也由原来的企业全包全揽逐步转变成由国家、单位、个人三方承担。这一方面减轻了企业的负担，另一方面也扩大了失业保险基金的总额，为促进现代企业制度的建立和市场经济的发展奠定了基础。此外，规范了失业基金的管理，实行“财政专户，收支两条线管理”的模式，建立了管理、监督机制。

《失业保险条例》是我国处于由计划经济向市场经济转型的过程中而出台的社会保险领域的一项重要的法律规定，从立法的角度看，它只是立法过程中的重要中间步骤和过渡形式，只为我国失业保险制度的发展提出了一个最基本的框架。随着社会主义市场经济的发展，我国失业保险制度出现了一些新问题，需要进一步加以完善。

二、我国失业保险制度存在的主要问题

第一，覆盖面小，实施范围窄，不能进一步适应市场经济发展的要求。我国失业保险适用范围狭窄突出表现在三个方面：一是保障对象仅限于城镇国有企业和区县以上大集体企业的劳动者，而区县以下小集体企业、乡镇企业和外资企业的中方职工的失业保险制度仍不健全，私营企业、城镇个体劳动者基本上没有纳入失业保险制度之中。这就限制了劳动力在各种经济成分间的合理流动，也影响了失业保险资金的筹集和功能的发挥。二是下岗职工被排斥在失业保险的适用范围之外。按现行条例和政策的规定，失业保险不适用于那些虽然失去工作但仍然与企业保持劳动关系的职工，即下岗职工。但下岗实际上就是失业，因此，如何使这部分隐性失业者显性化，这是我国失业保险制度必须解决的一个重要问题。三是未曾就业的失业者排除在失业保险范围之外。如1996年颁布的《失业保险条例》对失业人员的认定是"非因本人意愿中断就业的"，即曾经就业者才能算作失业者。事实上，我国目前25岁以下尚未就业的青年失业者比例是很高的。

第二，失业保险给付水平低，不能保障失业者的基本生活和促进就业。我国失业保险金是按照标准工资的50%～70%的比率发放的，而我国的国有企业的标准工资只占原工资额的50%，这样，失业保险金实际上只有原工资收入的25%～35%。据统计，1995年全国城镇发放失业救济金为8.2亿元，领取失业救济人数为261.3万人，平均每人每月领取失业保险金26元；1999年全国城镇发放失业保险金为13.8亿元，领取失业保险人数为330.8万人，平均每人每月领取失业保险金为35元。如此低的失业保险金根本不能保证失业者本人的基本生活，更不要说失业者的家属。

第三，资格条件审核不够严格，欠缺相应的机构。失业保险制度的主要目的在于通过保障失业人员基本生活从而促进再就业，而与其他社会保险相比，其资格条件严格而特殊，世界各国在实践中对失业保险金领取的资格审核也极为严格。我国1999年颁布的《失业保险条例》对领取失业保险金的资格作了严格的限定，规定重新就业者停止领取失业保险金，不能继续享受失业保险待遇。但现实中，由于缺乏相应的资格审核机构，往往使一部分人一边享有就业收入一边领取失业保险金，这一部分人就是人们通常所说的"隐性就业者"。据北京、辽宁、湖南、南京、武汉等省市的抽样调查，失业人员中有30%的人不同程度存在着隐性就业问题，有的地方甚至达到60%～70%。由此可见，"隐性就业"不可忽视，且有悖公平。

第四，失业保险资金筹措不足，管理混乱。在已经实施的失业保险中，失业保险资金筹措渠道主要是企业和国家。显然这种资金负担方式不尽合理，不能筹措到足额的资金以保证失业保险金的发放。这种情况在近年来表现很突出，其原因是：一是一些企业（主要是国有企业）的效益不好，拖欠失业保险金情况严重；二是国家财政比较困难。可见，仅仅依靠企业和国家来筹措失业保险金显然是不行的，因此，开辟失业保险金筹措的新渠道，是完善失业保险制度的一个重要方面。而管理混乱是我国失业保险金不足的另一个重要原因。这一方面体现在失业保险金的支出极不合理。1995年全国共支出失业保险资金18.9亿元，其中用于失业保险、促进再就业的为15.1亿元，尚有3.8亿元的失业保险资金支出并未用于失业保险等费用上，这表明失业保险资金的使用渗漏十分严重。另一方面失业保险管理体制也极不完善。现行的失业保险制度并不是一个统一的体系，而是条条管理与块块管理相互交叉，分级式保险与行业性保险各行其是，结果必然是造成各自为政、业务交叉、成本上升、侵蚀失业保险资金，导致失业保险资金不足。

三、完善我国失业保险制度的基本构想

(1) 适应市场经济进一步发展的需要，不断拓宽失业保险制度的覆盖范围。从理论上讲，失业保险应涵盖所有劳动者，因为他们都有被暂时排出就业行列的可能。从现实看，我国目前是各种经济成分并存，并且在深化改革的进程中，我们正面临着城镇各类企业失业职工和农业剩余劳动力不断扩大的趋势，因此，为了确保劳动力生产要素在地区、企业、城乡之间合理、自由流动，为了保障失业职工的基本生活和实现再就业，我们需要一个统一的、规范的适应市场经济的失业保险制度，将全体劳动者纳入失业保险制度范围之内。结合市场经济发达国家的经验，充分考虑我国的实际情况，可按以下思路进行改革：首先，将失业保险制度的覆盖范围扩大到整个工薪阶层，使城镇国有、集体、股份制、私营企业职工和外商投资企业中方职工，都能享受一定期限的失业津贴、失业救济和再就业机会。这既是保障宪法规定的共和国公民享有同等的公民基本权利的需要，也是促进各种经济成分并存和共同发展的需要。其次，将国企下岗职工纳入失业保险对象范围之内。为了适应市场经济的需要，应对在“再就业服务中心”的国企下岗职工实行补偿政策，割断其与原企业的劳动关系，转入“失业保险中心”托管，纳入失业队伍。对劳动合同期限已满的下岗职工，除依法退休的以外，直接进入失业保险范围，实现“下岗”与“失业”并轨，这样就可以使国有企业承担相应的责任同时摆脱不应有的沉重包袱，从而轻装上阵，成为真正的市场主体，促进国有经济的发展。

(2) 拓展失业保险基金来源渠道，保证失业保险待遇及时支付。失业保险制度的核心是失业者能够及时地得到失业保险金，其中失业保险金的筹集又是首要的问题。《失业保险条例》虽然规定我国企事业单位要承担失业保险费用，但在现实中存在着两个问题：一是企业实际负担的失业保险费用相对低，只占职工工资总额的2%，远远满足不了不断扩大的失业人员的现实需求；二是我国失业保险金的收缴是以费用形式进行的，筹集方式不稳定、不规范、强制性较差。如一些新办企业、效益好的企业又因近期内不存在企业职工失业问题而以种种借口不缴纳保险费。针对上述情况，一是要提高企业缴纳比率，二是以税代费，借助税收的强制性、普遍性和固定性，克服筹资的“软约束”，确保失业保险基金的稳定、可靠收缴。

维护社会稳定是政府的一项基本职能。而失业风险蕴含着社会的不稳定因素，建立失业保险制度对社会安定具有重要作用。所以，国家财政应该是失业保险金的重要来源之一，失业保险基金不足部分理应由国家财政予以补贴。可以设想三种办法：①利用出售国有中小企业的存量资产，直接转化为失业保险金；②减持国有股，转化为失业保险金；③通过增发国债或发行彩票为失业保险筹措资金。

（3）规范和完善失业保险的管理制度。加强对失业保险管理制度的建设是保证失业保险制度顺利运转的前提和基础。规范和完善失业保险管理制度是一项复杂的系统工程，从目前来看，主要从以下几个方面着手：①严格失业保险资格条件，设立专门的失业保险资格审核机构。我国要明确界定“就业”与“失业”，督促失业者早日进入失业保险体系。这样一方面能使失业保险金的发放落到实处，另一方面也能解决“隐性就业”导致的失业保险金的流失现象。②加强对失业保险基金的管理。现行制度中资金浪费严重，基金被挤占、挪用的情况十分突出。因此，必须切实加强对失业保险基金筹集、使用和管理与监督，真正做到专款专用。③加强对失业保险机构的管理。鉴于我国目前的失业保险制度管理体制不顺、政出多门等问题，应合理和明确地界定有关部门的职责和权限，解决政企不分、政出多门和互相扯皮等问题。

（4）提高失业保险的给付水平。失业保险的目的是为了促进失业者实现再就业和维持其失业期间的基本生活。我国目前失业保险给付水平仅略高于最低生活保障线，如2000年武汉市最低生活保障线为每月195元，而失业保险金为每月200元，其他省市城镇的情形也大致如此。就目前我国的失业水平来看，显然很难达到上述的目标。因此，要采取多种有效的手段，筹措失业保险金，提高失业保险的给付水平。

（5）建立以失业保险促进失业者再就业的机制。中国是一个发展中国家，经济发展水平以及由此决定的财力不可能像西方发达国家一样实行高度保护的失业保险制度。中国失业保险制度应该包括失业保障（救济）和就业辅助两个方面，相比之下，就业辅助更为重要。所谓就业辅助就是通过就业培训和就业服务，帮助失业者提高就业能力、创造就业机会，目的是从根本上解决失业者的基本生活问题。由于经济发展需要大量的资金，在相当长的一个时期内，我国不可能像西方国家一样拿出大量的资金来建立高保护的失业制度，而应该把失业保障的重点放在对失业者的再就业培训上，努力实现一个以再就业培训为主导、兼顾失业者基本生活的失业保险制度。

（《当代经济研究》，2001年第10期）

评析：

经济论文的选题，首先要考虑客观需要，因为客观需要是写作的前提和关键。所谓客观需要，一是社会需要，二是问题重要。这篇论文涉及的问题极为重要，是社会需要的。失业是工业社会的一种正常社会现象。尽管我国选择了通过现代市场经济的发展实现由农业国转变为工业国的发展道路，同样也避免不了一些劳动者失业。且“十五”期间，随着产业结构调整和现代企业制度的建立，我国失业率将会呈上升趋势，如何面对失业保险制度中出现的新问题，如何在较高层次上完善和发展我国失业保险制度，这是当前必须正视和着手解决的问题。毫无疑问，探讨如何完善我国失业保险制度，对于保障公民的基本权利，促进各种经济成分并存，完善社会保障制度，维护社会稳定，进而促进社会主义市场经济的发展都是有着积极意义的。这篇论文的组织结构符合一般逻辑思维的要求，首先揭示我国失业保险制度发展的现状，这是基本情况的分析。在此基础上摆出我国失业保险制度存在的主要问题，衔接自然。如何解决这些问题呢？论文最后提出完善我国失业保险制度的基本构想，论文沿着提出问题、分析问题、解决问题的思路推进，自然严密、水到渠成。

第三节　毕业论文与毕业设计

一、毕业论文

（一）毕业论文概述

毕业论文是高等院校大学应届毕业生总结性的独立作业，也是高等院校必不可少且非常重要的实践性教学环节。本节主要以本科学生的毕业论文为例来谈毕业论文的完成。根据《国家学位条例》的规定，本科毕业生的毕业论文成绩是作者能否获得国家授予的学士学位的主要依据。因此，大学毕业论文又叫做学士学位论文。根据学位条例规定，合格的学士学位论文必须能够体现作者已经较好地掌握了本门学科的基础理论、专门知识和基本技能，并且有从事科学研究工作或担负专门技术工作的初步能力。篇幅一般为一万字左右。

撰写毕业论文的目的在于总结学习成果，培养学生综合运用所学知识解决实际问题的能力，使其受到科学研究规范性的基础训练，以便为毕业后独立从事工作奠定良好的基础。作为一名大学毕业生更要充分利用在校的有利条件，运用所学知识进行一次科研尝试，在实践中得到锻炼，提高写作能力，增长才干。

毕业论文并不是一种独立的文体，对经济专业的学生来说，它是经济论文的一种形式，是经济论文的一种实际运用。我们掌握了经济论文的写作方法，对于指导毕业论文的写作是完全适用的，本节仅就毕业论文写作的一些特殊要求加以介绍。

毕业论文的主要作用有汇报作用和检测作用。

汇报作用，即学生汇报自己在校期间的学习成果。检测作用，即校方通过学生撰写毕业论文以检测学生运用所学专业知识提出问题、分析问题、解决问题等综合能力。毕业论文的通过，标志着学生被准予毕业。

（二）毕业论文写作准备阶段

1. 毕业论文的选题

毕业论文的选题和经济论文的选题一样，要遵循选题的基本原则，但大学生还不完全具备独立从事科研工作的能力，尤其尚不具备独立选题的能力，因而较之科研工作者在选题时应注意以下几点：

（1）以专业课的内容为主选题。毕业生一般应在专业范围内选题，以坚实的专业理论为基础，便于理论联系实际，有利于运用所学知识去探讨、去解决实际问题，发挥业务专长。例如，会计学专业的大学毕业生，一般应在会计原理、专业会计、专业财务管理、专业经济活动分析、专业管理会计等专业范围内选题，而不能选法学或哲学等专业领域的课题。

（2）按照不同方式选题。目前高等院校毕业论文选题方式一般有三种：一是教师命题与自选命题结合。一般是由专业课教师根据情况拟定一些论文题目，学生根据个人客观条件和兴趣从中自选。二是自选题。由学生在所学专业领域内自主选定毕业论文题目，这适于那些学习成绩优异，平时注重资料累积并做过初步研究，有一定科研能力的学生。三是引导性命题。在辅导教师了解所辅导学生的具体情况的基础上，引导学生选定较为适宜的论文题目，这适于少数学习成绩较差，缺乏科研能力，不能独立选题的学生。

（3）从主客观条件出发选题。具体来说，就是要做到选题大小、难易适中，时间适当。

首先，选题大小要适中。课题大小要根据资料占有多少，内容充实与否及时间长短来考虑。对于初写论文的大学生来说，选题宜小不宜大。选题太大，力不胜任，难以驾驭，虽面面俱到但只是浮光掠影易使论文失之肤浅、流于空泛。选题小易于深钻细究，能够抓住要害，俗话说“伤其十指不如断其一指”，能够把小问题彻底解决，比隔靴搔痒、泛泛而谈更有实际价值。

其次，选题难易要适中。对于刚刚进入科研领域的大学生来说，处理难度大的课题有一定的困难不易写好，但若课题过于简单容易又难以达到锻炼提高科研水平的目的。所以，一定要根据实际情况量力而行，选取难易适中的课题。

再次，选题时间要适当。学生应在经过系统的基础知识、专业知识的学习，有一定理论基础后着手考虑选题范围或研究方向，通常是在大二之后。尽早确定选题有利于今后的学习中有目的、有意识地累积资料，进行创造性研究，有利于取得突出成绩。若平常漠不关心，等到学校布置参考题目后才着手准备、仓促定题，是很难做好毕业论文的。

2. 毕业论文选题具体的方法

（1）选前人尚未研究的问题。这属于探索性研究，困难较大，一般不选。

（2）选前人已研究又没有研究透或研究全的问题。这属于发展性研究，相对容易些。毕业论文大多选这类问题。

（3）选前人已研究过而研究不下去的问题。同学们在研究中如果发现还有另一条路可通的话，毕业论文也可选这类问题。

（4）选众人争鸣的问题。正由于众人争鸣，材料较多，相对容易些。只要阐明己见、自圆其说、有所突破，也许能达到独树一帜或纠正众说的效果。

3. 制订写作计划

科学研究的进行与学术论文的完成通常要经历一个复杂的过程，作者必须对将要着手去做的工作通盘考虑作出具体安排。“凡事预则立，不预则废”，因此在选定了课题之后，首先要制订一个毕业论文写作计划，其基本意义就在于保证整个写作工作的顺利进行，使论文取得成功。

任何一份计划都必须反映目标、措施和步骤三项内容，论文写作计划亦如此，大致包括以下项目：

（1）课题的提出及其内容的阐释。

（2）时间的安排。毕业论文一般是在大四第二个学期进行，整个论文写作过程起止时间，从定题到论文最后完成大致只有 3 ~6 个月，研究与写作的时间都比较少，所以时间安排一定要考虑周详。每一阶段工作所需时间应随着工作步骤安排得到落实。

（3）工作步骤的安排。这一项是整个写作计划的主体部分，要尽可能详尽些。按照论文写作自身的程序，可对工作步骤作如下安排：①搜集、占有资料，要写明获取资料的基本途径、手段及所需时间；②阅读、整理、研究资料；③拟定论文提纲；④执笔撰写论文，要写明从行文准备到文章定稿大致所需的时间；⑤修改定稿。

每个人可根据以上项目结合自己的具体情况，分配好各段时间，制订出切实可行的计划。在制订计划时，可向指导教师请教，还可与往届毕业生交流经验，以资借鉴。

4. 搜集资料，研究课题

写毕业论文和写经济论文一样，无疑要把大量的时间和精力放在搜集与研究资料上，而且资料搜集往往是先于选题的，“养兵千日用在一时”，只有平时不断积累才能做到“厚积薄发”。对于初次进行科研工作的大学生，不仅要掌握利用图书馆查阅文献和进行实地调查这两种获取资料的有效途径，更重要的是应掌握一些阅读文献和整理资料的基本方法和技巧。

搜集文献资料，查资料与阅始终是相依相伴的，常用的阅读方法有如下几种：

（1）粗读法，是指用较短的时间粗略地查阅文献资料，通过对关键词句、段落的感受，大致了解主要内容。例如，读一篇学术论文，首先读标题、摘要、开头段、结尾以及正文各段的关键词（特别是段中主句）、参考文献等，这样就能大致掌握一篇论文的基本内容。

（2）浏览法，是指大略地阅读文献资料，在粗读法处理之后觉得有必要，就可采用浏览法。这种方法在阅读中并不过多停滞、推敲，只求对整个文献内容有个全面、系统的了解，如有需要进一步钻研之处，可作记号留待下一步精读。

（3）研读法，是指一种高度集中精力，充分理解内容，积极调动思维的读书方法。凡是经浏览处理之后觉得有价值，就可采用研读法，它要求作者边读、边思、边记录，有的还要反复研读，直到把内容全部吃透为止。记录文献资料的方式很多，如复印、剪贴、微机存储等，但无论如何笔记仍是最基本最通常的记录手段。常见的笔记种类有：

一是摘录笔记。在阅读资料时，遇到重要的段落和关键的语句要摘录下来。摘录的内容一般是文献的论点和结论，或者其他具有重要参考价值或可以直接引证的资料。

二是提纲笔记。在阅读书籍或篇幅较长的论文时，对全文的总论点、每个部分和每个层次的分论点、说明论点的主要材料，加以高度概括，并把它们依次排列出来，写出一个能够反映读物基本结构框架的大纲，即为提纲笔记。

三是心得笔记。这是在阅读之后记录自己的体会、感受、收获、批评、质疑的一种笔记。以写自己的认识为主，也可适当引用原文，以证明自己对某一问题的看法。

四是索引笔记。在查阅资料时，遇到与自己专业有关，估计以后有可能用到，但暂时没有条件或并没有必要仔细阅读的书籍、文章或其中的某些章节，为了今后查阅的方便，可把书名或篇名、作者、出版单位或出处、出版时间等记录下来，还可对其内容做个极其简要的介绍，这样就做成索引笔记。

搜集资料的方法因人而异，因时而异，要根据个人利用图书资料的条件因地制宜，不必强求一律，只要能为毕业论文的写作奠定扎实的基础，尽可不拘一格采取自己习惯、便利的方法。

5. 筛选材料必须遵循以下原则

（1）必要原则。根据观点取舍材料，对可要可不要的材料，应忍痛割爱。

（2）可靠原则。所选材料是否真实可靠，对毕业论文的观点极其重要，必须认真核实材料，确保材料的真实可靠。

（3）新颖原则。

（4）充分原则。为了阐明观点，必须要有充分的材料，否则论文的观点就显得苍白无力。

（5）典型原则。毕业论文所选的材料还必须典型、有说服力，做到用最经济的篇幅阐明观点。

（三）毕业论文的写作

与经济论文的写作步骤一样，毕业论文写作也要经过拟定提纲，执笔起草，修改定稿等过程。起草完毕应反复推敲修改，然后送指导教师审阅。由指导教师提出意见，再进行修改，直到指导教师认可为止。指导教师签署意见定稿后，再撰写文稿，并按统一要求装订，整个写作过程才告完结。

根据 GB7713—87 的规定，毕业论文通常由前置部分、主题部分、附录部分和结尾部分四部分组成。

1. 前置部分

（1）封面。与发表在学术期刊上的论文不同，由于毕业论文篇幅较长，且都是以单行本递交学位审定委员会，最后以单行本存档，因此要求毕业论文有封面。一般封面都有统一的格式，包括题名、作者姓名、指导教师姓名、作者主修专业名称、论文完成日期（包括论文提交日期、答辩日期、学位授予日期）。

（2）目录。如果论文的篇幅较长，就应该编出简单目录。目录由论文的篇、章、条、款、项、附录等的序号、名称和页码组成，另页排在封面之后。目录并非毕业论文必备项目，若篇幅不长，层次不太多，则不必编写目录。

（3）摘要（内容提要）。在论文目录之后，正文之前要求有比较简短概括性强的摘要，其写法与经济论文摘要写法相同。其目的是提供给论文评阅人、答辩委员会、学位评审委员会获取必要的信息，了解论文的基本内容。摘要虽放置在正文之前，但却是在正文写完经指导教师评审定稿后最后完成的。

（4）关键词。毕业论文可选择 3 ~ 8 个词作为关键词，如有可能尽量用《汉语主题词表》提供的主题词。

（5）插图、附表清单。论文中如果图、表较多，可以分别列出清单置于目录之后。图的清单应有序号、图题和页码。表的清单应有序号、表题和页码。

2. 主体部分

主体部分即毕业论文的正文部分，一般包括引言、本论、结论、致谢及参考文献。

（1）引言（绪论、前言）。毕业论文的引言与一般经济论文有不同的要求。一是要求对选择这一课题的原因作较详细的说明。二是要求对与论文主题有关的文献进行综述。这是一项重要的、必不可少的内容，它能反映研究工作的范围和质量，反映作者对文献的分析、综合和判断能力。但是不要不分主次将大量文献逐一说明，而应根据论文主题需要加以选择，并按其重要性作详略不同的评述。三是要求对研究工作的界限、规模、工作量作必要说明。增加这些内容后，毕业论文的引言自然要比一般经济论文长，但表述时仍要简明扼要。

（2）本论。本论是对问题的分析，对观点的证明，集中表述研究成果的部分，一篇论文质量的高低主要取决于本论部分的写作。本论必须有论点、论据和论证三要素。论点是作者的观点和主张，一篇论文除有一个基本论点外，还有若干个用来证明基本论点的分论点。论点要求正确、集中、新颖、鲜明、深刻。论据是用来证明论点的材料，包括事实论据和理论论据。理论论据可以是学者的经典论述、公理、原理、公式等；事实论据可以是现实经济活动、现象、数据等。论据要求典型、可靠、真实。论证是用论据证明论点的过程和方法，论证应当严密、完整、富有逻辑性。

本论的篇幅长、容量大，一般由多个层次段落组成，按照层次或段落之间的关系及论点的排列方式不同，可以把本论部分的结构形式分为并列式、递进式和混合式三种类型。为防止由于内容过多而使本论部分条理不清，一般可采用在各层次前加序码、小标题及空行的方式添加外在标志，以表示论述的层次。

（3）结论。结论是毕业论文的收尾部分，起着归纳总结全文，完整揭示研究成果或结论的作用。结论是理论分析的逻辑发展的自然归宿，它可以是中心论点的重申或主要论点的概括，也可以是对本课题研究前景的展望或是在研究结果基础上进行的预测。此外，研究中遗留的问题或尚待进一步探索的问题，也可以在这一部分提出来。从表达上看，结论部分必须逻辑严密、措辞考究、观点明确、文字简洁，要避免含糊其辞、模棱两可。

（4）致谢及参考文献。此部分的写作要求与经济论文的写作要求相一致，可参阅上节有关内容。

3. 附录部分

附录是对正文的重要补充，也是对研究工作质量的体现。凡是论文正文不宜使用而对说明和理解论文有重要作用的原始数据和资料，都可以作为附录置于论文之后备查，如各类统计表、各类图表、较为复杂的公式推导、计算运行结果、术语符号的说明等。

4. **结尾部分**

结尾部分可以包括分类索引、著者索引、关键词索引等。结尾部分还有衬页和封底。

毕业论文按照以上各项全部完成后，需按照学校统一要求进行装订。装订的顺序为：①封面；②指导教师、答辩或评审意见表；③目录；④摘要（内容提要）；⑤正文；⑥附录；⑦衬页；⑧封底。

（四）毕业论文的修改

作为反映有创见的科研成果的经济论文，在初稿完成后，还需要由内容到形式等各个环节进行反复多次推敲、修改才能最后定稿。

修改时应先从总体上审查初稿是否合乎作者的写作意图，能否达到应有的功效，着重看论点的说明和论证是否充分、合理，论点和材料是否一致，各部分的逻辑关系是否清楚。然后再作局部检查，看材料出处是否可靠，图表、数字是否有误。除了修改毛病外，还有润色的任务，通过增补、删削、调整、润色的方式可使论文更具表现力。

（五）毕业论文答辩

论文答辩是审查毕业论文的一种补充形式，是对论文水平的检验，是评定论文的成绩的重要依据之一。

毕业论文答辩主要是由答辩委员会就论文中阐述不清楚、不详细、不完善、不确切之处在公开答辩时提出问题，由作者当场或略作准备后作出回答，以进一步了解作者立论的根据以及处理课题的实际能力。论文答辩对于学生来说，不仅是对其论文的质量和水平的考察，同时也是对毕业生的口头表达能力、演讲能力、思维能力、应变能力的一次实际锻炼和考察。

一般毕业论文答辩时间总计为30～50分钟，其中自述时间15～30分钟。要把一万字左右的内容在几十分钟的自述时间内说清楚，并且要准确无误地回答答辩委员会提出的各种问题，并非易事，为了顺利通过答辩，在答辩前作者应在论文所涉及的学术范围内进行必要的准备。

1. **答辩前的准备**

答辩开始要由论文作者简要报告论文的主要内容（也称自述）。自述部分阐述好坏是答辩成功的关键，因此首先要根据论文摘要写一份2000～3000字的发言提纲。若答辩需要实际演示和操作（主要是适用于自然学科的毕业论文），还需准备必要的挂图、照片、幻灯片、事物模型、多媒体示范软件等，并且要事先经过演练、试讲。

回答问题是答辩的主要方式。答辩委员会所提到的问题，一般只限于论文本身所涉及的学术问题，如有关的基本理论知识，各种结果的比较分析，研究工作的某些细节等。所以在准备答辩时应将答辩委员会有可能问及的问题归纳整理一下，以便答辩时做到心中有数、从容应对。一般应准备的内容有以下几个方面：①论文的撰写过程；②选题的目的、学术价值、现实意义；③选题的研究成果与现状，有待解决的问题；④论文的基本观点、立论的主要根据以及论证的思路；⑤重要引文、版本及出处；⑥论文中涉及或涉及很少，但研究中自己有一定见解，因与论文中心关联不大而未写入的内容；⑦论文涉及但尚未解决的问题，或因力所不及而未能涉及的问题；⑧对课题研究前景的展望。

2. 答辩时应注意的问题

参加答辩时，一般应携带论文的底稿和主要资料，以备临时查阅。答辩时应充满自信、冷静沉着，回答问题时，语言要流畅，语气要肯定，思维要敏捷，条理要清晰，决不可用似是而非、模棱两可的语言。尤其是辩驳的时候，一要有勇气，二要能自圆其说。勇于辩论，有时会擦出智慧的火花，甚至可以弥补论文的不足，并强化论题的深度。自圆其说要做到有理有据、据理以驳，以充足的理由尽可能地完善自己的观点。

答辩时无须紧张，精神应适度放松，注意听清对方的提问，听不准的可以请提问者复述一遍。对于没把握的问题不要回答，更不可辩解。因为提问者对这个问题可能有比较深入的研究，是有根据地提出质疑的。遇到这种情况，应当实事求是地虚心表示此阶段研究过程尚未搞清楚，今后将进一步研究此问题。

在答辩结束后，无论答辩委员会提出什么意见，无论自己答辩情况如何，都应从容地、有礼貌地退场。

论文答辩之后，要认真小结，对答辩委员会提出的意见要认真考虑，既明确这次科研所取得的成绩，又要找出不足，作为今后研究其他课题的借鉴。

二、毕业设计

毕业设计是高等院校技术科学专业及其他需要培养设计能力的专业或学科的应届大学毕业生，针对某个具体课题综合运用自己所学的基础理论、专业知识、基本技能作出的解决实际问题的设计。毕业设计相当于一般高等院校的毕业论文，是评定学生毕业成绩的重要依据，也是能否授予设计者相应学位的重要依据。

进行毕业设计的意义在于培养学生开展科学研究、综合运用所学知识和技能解决实际问题的能力，通过毕业设计可以激励学生勇于创新、充分展示才华，便于发现、选拔人才。同时毕业设计是对学生完成工程师基本训练的最后一个教学环节，是检验教学效果、提高教学质量的重要措施，毕业设计能促进教学、科研、实验、生产相结合，能促进教师、科研人员、工人、学生相结合，从而推动高等院校各方面的工作，有的毕业设计还能直接产生社会效益和经济效益。

（一）毕业设计的特点

由于毕业设计是对毕业生进行的一种全面综合性的工程设计基本训练，强调的是学习工程设计的全过程，掌握工程设计的基本方法，培养独立设计的本领。一般要求每人独立完成一个设计课题。但是，由于毕业设计受时间、经费、专业范围以及某些资料和条件的限制，不可能完成一个工程设计或设备设计的全过程。因此，它与设计部门实际的设计又是有所不同的。其特点主要表现在：

（1）毕业设计具有科学性，但由于是从实地考察中对工程技术所作的设想和计划，因而毕业设计方案又带有一定的主观性、预测性，设计中较多使用“预算”、“估计”之类的词。

（2）毕业设计以计算为主，力求详尽，多用图表表达，设计方案力求周密。

（3）毕业设计是由应届大学毕业生做的，由于他们的经验少，时间又短，一般都不可能按实际生产设计的要求完成设计任务。

（二）毕业设计的种类

毕业设计一般可以分为工程（工艺）设计和设备（产品）设计两大类型：

（1）工程设计具有整体性，涉及工程的整体布局，主要是工艺工程设计，也包括主要设备的选型和专用设备的设计以及其他辅助设施的设计等。

（2）设备设计具有局限性，主要对某一具体设备（产品）的规格、形式、传动结构等进行设计。

以上两类设计，都因不同的专业而有不同的内容和要求，乃至不同的设计角度。例如：冶金专业的大学毕业生可以进行冶金生产工艺流程的设计，或对冶炼生产设备进行设计；工业电气自动化专业的学生，可进行工艺流程的自动化设计，或进行某个主要设备的自动化控制的设计；建筑专业的学生，可进行某个厂房的建筑设计，或进行某一桥梁的建筑设计等。

（三）毕业设计的写作

撰写毕业设计，就是用文字和图示把毕业设计成果表达出来，这是毕业设计过程中的最后一个重要环节。毕业设计成果的书面文字表达形式，叫毕业设计说明书。一份完整的毕业设计说明书应包括以下内容：

1. 封面

封面上应有院校名称、专业班级、指导老师、评审人、设计人以及年月日等。

2. **目录**

3. **毕业设计任务书**

毕业设计中的课题任务书是由指导教师提出，经教研室审批系批准后向学生下达的，相当于实际的工程设计中的设计任务书。毕业设计任务书包括题目名称，必要的设计资料（如地形、水文、气象、交通、通信等必要的资料），设计的基本内容和要求，专题部分内容和要求，完成期限等。

4. **设计内容**

设计内容是指设计说明书的正文部分。一般包括绪论、技术部分、经济部分、设计图表、结语。

（1）绪论，又称总说。是对毕业设计的基本内容所作的简要说明。包括对设计题目、设计任务，本设计的指导思想及特点，本设计方案的先进性，设计中采用的新技术、新工艺、新材料，本设计在国家建设中的意义及在国际上和国内已达到的水平，本设计实施后的经济效益等的概要介绍。

（2）技术部分。这是毕业设计的核心部分，但不同专业各有侧重、各有详略。由于技术部分是毕业设计说明书的关键部分，必须做到层次分明、文字表述清楚简洁，要比较全面地反映毕业设计的技术部分的主要内容。

（3）经济部分。设计首先要考虑国家计划和生产的需要，学生在进行这部分的设计计算时，必须树立经济观点，注重经济效益。这部分主要包括本设计的全部投资总额，主要技术经济指标，建设周期，建设效果分析与评价，劳动定员、工资和劳动生产率等。由于毕业设计有诸多客观条件的限制，这部分内容一般只作粗略的预算、概算，计算不宜过细。

（4）设计图表。这是毕业设计说明书必不可少的内容，因不同的专业、不同的设计类型而有不同的内容和要求。例如，进行设备（产品）设计，一般图纸应包括设备总装图、设备部件装备图、全部零件图、设备安装图和毕业设计任务书上要求的其他图。表应包括各组件的零件明细表、标准件明细表、外购零部件明细表。

（5）结语。通常是设计者对自己的工作所作的客观评价，也可以是对设计中遇到的重要问题所作的讨论或发展及对该设计的展望。在文章结束时还应对指导与协助完成设计的有关人员，如教师、有关专家及其他人员表示谢意。

5. **参考文献**

在毕业设计说明书的最后一页列出本毕业设计的主要参考文献及其出处，包括文献的作者、书名，或篇目名称、出版社名称，或刊物名称、出版时间、页码等。

6. **附录**

那些对本毕业设计有用，但限于篇幅不便写入正文的较为重要的数据、详细的附图、计算机程序等资料，都可以附录在参考文献之后。

（四）毕业设计说明书写作注意事项

无论写什么样的毕业设计都应注意以下几点：

1. **课题选择恰当**

毕业设计的课题一般有教师命题、自选题和命题与自选结合的三种选题方式，但不论是哪种选题方式，所选课题都要难易适中，角度恰当。毕业生应在教师的指导下，从主客观条件出发，选择最适合自己、能发挥自身优势的课题，并要对自己的设计进行详细的论证和计算，对设计方案的选择过程作出必要的说明。

2. **突出重点内容**

写毕业设计说明书，一般都要参考和继承前人的成果，往往是在接受别人成果的基础上有所改进，有所创新。在写作时，要突出自己在设计中的独到之处和有特色的地方。

3. **表达准确，文面规范、整洁**

写毕业设计说明书时，所用词句要平实准确，不能用文学性语言；论述要注重逻辑性和科学性，任何设计都是多种因素的综合，因此在分析别人的方案时不能武断地否定，在介绍自己的构思时也要留有余地，应避免绝对化的表述词句，如“本设计方案是科学的、完美的”；文字说明必须与图纸一致，并能准确地说明图示。从文面上讲，毕业设计说明书要做到字迹清晰、图示规范、干净整洁、层次分明。

4. **运用计算机知识**

目前大多数院校要求学生在进行毕业设计过程中使用计算机，包括编写计算机程序进行设计计算，以节约计算时间并提高计算精确度；用计算机辅助绘图，以提高绘图质量。学生应尽可能将所学过的计算机知识运用到毕业设计过程中。

5. **毕业设计答辩**

可参考毕业论文答辩的有关内容。

【本章小结】

经济研究文章是指用来进行经济科学研究的文章。学术性、逻辑性和可读性，是这类文章所应具备的特征。毕业论文是高等院校大学应届毕业生总结性的独立作业，也是高等院校必不可少且非常重要的实践性教学环节。毕业设计是高等院校技术科学专业及其他需要培养设计能力的专业或学科的应届大学毕业生，针对某个具体课题综合运用自己所学的基础理论、专业知识、基本技能作出的解决实际问题的设计。毕业设计相当于一般高等院校的毕业论文，是评定学生毕业成绩的重要依据，是能否授予设计者相应学位的重要依据。

【关键术语和概念】

论文　经济论文

【参考文献】

1. 张金涛．商务文书写作．北京：中国建材工业出版社，2004.

2. 杨文丰．现代应用文书写作．北京：中国人民大学出版社，2001.

3. 胡鸿杰．办公室管理．北京：中国人民大学出版社，2001.

【思考与练习】

1. 什么是经济论文？经济论文选题时要遵循什么原则？

2. 经济论文的标题，常用的有哪两种形式？请你从报刊中找出这两种形式的例证来，并加以说明。

3. 从学术刊物上选择一篇篇幅较长、写法较规范的经济论文，试着从文体特征、课题的选择、观点的确立、材料的选取以及结构的安排、段落的组织、语言的运用等角度入手，对其进行评析，然后根据论文现有的内容和形式，为其拟写一份写作提纲。

4. 经济论文选题的原则是什么？

5. 在科学研究中，获取资料的基本途径有哪些？

6. 根据自己的观察与思考，就你感兴趣的某一学科领域中的问题或社会现象中某些问题写一篇论文。

图书在版编目（CIP）数据

经济应用文写作/杨林主编．—2版．—广州：暨南大学出版社，2012.8
（广东金融学院成人高等教育系列教材）
ISBN 978-7-5668-0281-1

Ⅰ.①经…　Ⅱ.①杨…　Ⅲ.①经济—应用文—写作—成人高等教育—教材
Ⅳ.①H152.3

中国版本图书馆CIP数据核字（2012）第184180号

出版发行：暨南大学出版社

地　址：中国广州暨南大学
电　话：总编室（8620）85221601
营销室（8620）85225284　85228291　85228292（邮购）
传　真：（8620）85221583（办公室）　85223774（营销部）
邮　编：510630
网　址：http://www.jnupress.com　http://press.jnu.edu.cn

排　版：广州市天河星辰文化发展部照排中心
印　刷：广州百思得彩印有限公司

开　本：787mm×960mm　1/16
印　张：19.5
字　数：365千
版　次：2008年8月第1版　2012年8月第2版
印　次：2012年8月第3次
印　数：11001—17000册

定　价：39.00元